D1735812

# DIE AUTOREN

Gemeinsam beschäftigen sich Marlies und Klaus Holitzka seit mehr als dreißig Jahren mit philosophisch-spirituellen Fragen. Dabei gilt ihr besonderes Interesse fernöstlichen Weisheitslehren wie dem Taoismus, Zen und Buddhismus sowie modernen Methoden und Techniken zur Persönlichkeitsentwicklung. In ihren zahlreichen Publikationen und Seminaren verbinden sie alte und neue Methoden, um Leser und Seminarteilnehmer bei der ganz pragmatischen Umsetzung großer Einsichten ins tägliche Leben zu unterstützen.

*Marlies Holitzka* (Jahrgang 53) ist Trainerin der INLPTA und arbeitet als Autorin, Seminarleiterin und freier Coach für Persönlichkeitsentwicklung und Führungskompetenz, außerdem leitet sie Ausbildungen und Seminare in Familien- und Organisations-Aufstellungen.

*Klaus Holitzka* (Jahrgang 47) ist freischaffender Künstler und leitet gemeinsam mit Marlies Holitzka einige der Seminare. Außerdem illustriert er die gemeinsamen Buchprojekte. Neben seinen Illustrationen in unterschiedlichen Büchern über Zen, dem chinesischen Weisheitsbuch I-Ging und dem taoistischen Klassiker Tao Te King gibt es von ihm umfangreiche Veröffentlichungen zum Thema »Mandalas«.

# ZU DIESEM BUCH

Die Welt, so wie wir sie erleben, ist voller Wunder und gleichzeitig voller Schrecken, und das Gleichgewicht zwischen diesen beiden Lebenserfahrungen zu halten oder sogar über sie hinauszuwachsen, ist nicht immer leicht. »Ganz im Moment« basiert auf unseren Seminaren und bietet Ihnen eine Fülle von modernen und uralten Überlegungen, Erkenntnissen, praktischen Übungen, Geschichten und Trancereisen an, um Sie auf Ihrer ganz persönlichen Weg zu mehr geistiger Klarheit, innerer Gelassenheit und einer weiseren Lebenshaltung zu begleiten. Wir möchten darin mit dem Vorurteil aufräumen, Erleuchtung sei etwas, daß es irgendwann in der Zukunft zu erlangen gäbe. Sie sind längst erleuchtet, auch wenn Sie es bisher noch nicht bemerkt haben. Denn gleich-gültig ob Sie Ihre ursprüngliche und schon immer erleuchtete Wesenheit wahrnehmen oder nicht, Sie selbst und die ganze Welt sind nichts anderes als ein Spiegelbild des universellen Seins, reflektiert im Spiegel Ihres Bewußtseins. Sie müssen nichts ändern, auf nichts warten, keine mühsamen Übungen absolvieren oder gar asketisch leben. Sie brauchen sich nur Ihrer ursprüngliche Bewußtheit, Ihrer inneren Buddha-Natur erinnern und sich dessen gewahr werden, was jetzt und hier gerade geschieht – wie ein Zeuge, der weiß: »Ich bin nicht mein Körper, ich bin nicht mein Verstand, ich bin nicht mein Gefühl, sondern ursprüngliches reines Bewußtsein.« Erinnern Sie sich einfach nur dessen, was Sie längst sind.

MARLIES HOLITZKA • KLAUS HOLITZKA

# *Ganz* IM MOMENT

oder
*Warum sollte sich ein Tautropfen*
*vor dem Ertrinken im Ozean fürchten?*

AUF DER SPUR VON MEHR KLARHEIT, GELASSENHEIT,
WEISHEIT UND ERLEUCHTUNG

Schirner
Verlag

ISBN 3-89767-159-X

© 2003 Schirner Verlag, Darmstadt
Erste Auflage

Alle Rechte vorbehalten

Umschlag und Illustrationen: Klaus Holitzka
Redaktion und Satz: Kirsten Glück
Korrektorat: Klaus-Dieter Baumann

Printed in Germany

# INHALTSVERZEICHNIS

Vorwort 9

7

# Vorwort

Im wesentlichen lautet die Botschaft dieses Buches: Entdecke, wer du bist in der Unendlichkeit des Universums.

Lerne, deine Sinne zu gebrauchen und deine Umwelt unmittelbar zu erfassen, sodann mache dir deine Überzeugungen und Gefühle intensiv bewußt. Suche die ureigene Bedeutung deines Lebens, und bilde deine Intuition so weit aus, daß du dich darauf verlassen kannst. Finde deine ganz persönliche Kraft, indem du die physikalischen, elementaren Gesetze des Universums und des menschlichen Bewußtseins erkennst. Nutze diese Kräfte dazu, dein Leben zu formen, und zwar nicht durch Zwang und Gewalt, sondern durch Annehmen und So-sein-Lassen. Lerne, die Welt zu gestalten, indem du ein tiefes Verständnis der natürlichen Gesetzmäßigkeiten entwickelst, so daß du und die Dinge von selbst zusammenstrebt.

Füge dich selbstbewußt dem ewigen Wandel, und höre nicht auf zu finden.

# EINLEITUNG

Erleuchtung kann man nicht »machen«*, sowenig wie man Liebe »machen« kann. Aber man kann Bedingungen schaffen, sie geschehen zu lassen. Im Gegensatz zur Liebe steht Erleuchtung auf der Wunschliste modern denkender Menschen nicht sehr weit oben. Geistige Klarheit, eine gelassene Lebenseinstellung und Weisheit wünschen sich dagegen viele. Denn wer diese Eigenschaften in sich vereint, hat die höchste Stufe des Menschseins erreicht – er ist ausgeglichen, seelisch gesund und innerlich unverletzbar. Das sind unschätzbare und wertvolle Eigenschaften bei der Begegnung mit den Herausforderungen des Lebens; besonders, wenn das Leben mal wieder ganz anders verläuft, als wir es uns wünschen. Menschen, die geistig klar und gelassen eine weise Haltung gegenüber dem Leben einnehmen, kommen dem, was wir erleuchtet nennen, schon ziemlich nahe. Aber da wir nur so wenige Menschen dieser Art kennen, muß es wohl außerordentlich schwierig oder eine besondere Gnade sein, die Welt als gelassener, geistig klarer und weiser Mensch zu erleben.

Die Suche nach diesen Eigenschaften ist Jahrtausende alt, und wer sie in sich vereint, wird – je nachdem, in welchem Kulturkreis er lebt – als Gott, Heiliger, Prophet, Weiser oder Erleuchteter betrachtet Es gibt wohl nur wenige Begriffe, die mit so vielen mystischen Vorstellungen überfrachtet sind wie das Wort »Erleuchtung«. Wir verbinden damit einige wenige außergewöhnliche Menschen wie Buddha und andere fernöstliche Meister sowie einige Heilige unseres Kulturkreises. Nach gängiger Vorstellung übten sich all diese Menschen lebenslang in Konzentrationsübungen und Gebeten, lebten asketisch und entsagten der Welt, indem sie sich in die Einsamkeit einer Berghöhle zurückzogen oder ins Kloster gingen. Für die meisten von uns eine wenig anziehende Vorstellung.

---

* i.S.v. herstellen

In der westlichen Welt gebrauchen wir das Wort Erleuchtung eher im Sinne einer blitzartigen Erkenntnis. Dann werden uns Zusammenhänge von einem Augenblick zum anderen klar, oder wir finden ganz plötzlich die Lösung eines Problems. In der östlichen Welt versteht man unter Erleuchtung eher ein »Erwachen« im Sinne einer Einsicht in die Leere als Urgrund allen Seins, einer Befreiung aus Dualismus und weltlichen Verhaftungen.

Obwohl das zwei unterschiedliche Auffassungen sind, haben sie zumindest eines gemeinsam: Sie geschehen unverhofft und blitzartig, wie ein Blitz aus heiterem Sein. Und einer Erwachen erlöst uns – entgegen einer weitverbreiteten Meinung – nicht von den Schrecken der Welt. Nach Erleuchtungserlebnissen findet man sich ganz unheilig in seiner Alltagswelt wieder. Ein alter Zen-Spruch lautet daher: »Vor der Erleuchtung Unkraut jäten – nach der Erleuchtung Unkraut jäten.« Zwar wirkt der Moment der Erleuchtung oder des Erwachens nach und strahlt in das Alltagsleben hinein, doch den Aufgaben und Herausforderungen der äußeren Welt müssen wir uns weiterhin stellen. Allerdings ist die innere Haltung nach Momenten des Erwachens eine gelassenere und weisere, weil wir tief in uns andere Dimensionen der Wirklichkeit erfahren haben. Die uralte Fragen »Wer bin ich?« und »Was hält die Welt und das ganze Universum im Innersten zusammen?« beantwortet in solchen Momenten nicht der klassifizierende, auf Unterscheidungen getrimmte Verstand, vielmehr erfahren wir in einem Nu die Einheit allen Seins – das »große Leben« oder das »große Bild« – und damit eine Dimension von Freiheit, die wir in unserer Alltagswelt selten finden.

Dann und wann erleben wir wie von selbst kleine Erleuchtungszustände, auch wenn wir für diese Erfahrung vielleicht nicht das Wort Erleuchtung benutzen. Es sind jene Momente, in denen wir mit uns selbst und der Welt im Einklang sind; jene Momente, die wir als inneren Frieden, als Einssein, als Glückseligkeit oder eben Erleuchtungserfahrungen erleben; in denen wir über angenommene Grenzen hinauswachsen und uns als Teil von Ereignissen und Erscheinungen fühlen, die uns im alltäglichen Ich-Bewußtsein fremd sind. Solche

Erfahrungen sind ganz natürlich und Teil unseres menschlichen Erbes. Sie sind also nichts Besonderes, vielmehr ein in unseren Genen angelegtes uraltes Wissen um das Einssein von allem, was ist. Und wenn wir hin und wieder – ob unverhofft oder lange vorbereitet – in dieses Gefühl von universeller Einheit eintauchen, dann heilt etwas in uns. Obwohl diese Momente der Erleuchtung selten stattfinden und schnell vorübergehen, haben sich anschließend das eigene Leben und die Welt auf subtile Weise verändert.

Momente der Erleuchtung finden einfach statt. Sie müssen dafür nichts Besonderes tun, leisten oder sein, weder heilig, spirituell oder esoterisch noch religiös oder philosophisch. Diese Augenblicke sind einfach Bestandteil unseres natürlichen Wesens. Um sie zu erfahren, bedarf es keines Meisters und keiner Priester, keiner Belehrung und keiner Lehre. Um Erleuchtung zu erleben, müssen Sie kein Einsiedler werden oder in ein Kloster gehen. Sie müssen nicht stillsitzen und meditieren, Sie brauchen nicht stundenlang ein heiliges Mantra zu wiederholen oder das Geheimnis eines Zen-Koans zu lösen. – Sie müssen nur wahrnehmen, was wir im Innersten schon immer waren, sind und sein werden.

Allein diese Bereitschaft ist nötig, damit Sie in das universelle Sein eintauchen können. Im Moment des Erwachens fällt jegliches Bewußtsein von »Ich« und »das Andere« ab. In diesen Momenten löst sich das Trennende im »Nichts« auf, und wir tauchen in all das Wunderbare ein, was ist. Hier gibt es kein von der Welt getrenntes Ich, vielmehr sind Ich, Musik, Klang, Welle, Energie, Idee, Universum eins und auch wieder nicht – und an dieser Stelle endet die Macht der Sprache, etwas zu beschreiben. Was hier geschieht, kann man nur erleben.

# Unterschiedliche Wege, ein Ziel

Ganz bewußt verzichten wir in diesem Buch darauf, die klassischen Erleuchtungswege in aller Ausführlichkeit zu beschreiben, und beschränken uns auf das, was uns für den westlichen Menschen zeitgemäß erscheint.

Der Buddhismus und im besonderen seine klassischen Ausprägungen des Zen-Buddhismus in China und Japan beschäftigen sich seit Jahrtausenden mit Techniken und Übungen, mit Gleichnissen und Tätigkeiten, die den Weg zur Erleuchtung zeigen. Doch sie sind in Kulturen und in Zeiten entstanden, die uns westlichen Menschen fremd sind. Ihre Gesellschaftsformen, Rituale und Lebensumstände haben mit unserer Lebenswirklichkeit nur sehr wenige Berührungspunkte.

Die Gegenwart und unser westliches Verständnis erfordern andere Methoden als die des alten Indiens mit seiner unglaublich bunten Götterwelt; andere Techniken als die eines schwertschwingenden Samurais, der mit Hilfe der Kampfkunst zur Erleuchtung findet. Aber genausowenig lassen sich die Methoden unserer europäischen Heiligen vergangener Zeiten auf unsere Zeit übertragen. Wir modernen Menschen müssen unsere ganz eigenen Vorgehensweisen und Gleichnisse finden, welche die Tore zu jenen Räumen öffnen, wo uns eine Erfahrung zuteil wird, die der »große Alte« des chinesischen Taoismus, Lao Tse, mit den Worten beschreibt:

*Das Geheimnis aller Geheimnisse,*
*das Tor, durch das alles offenbar wird.*

Mögen auch die letzten Wahrheiten zeitlos und ewig sein, jede Kultur und Zeit hat ihre besonderen Wege, ihre eigenen Symbole und Metaphern, ein eigentlich unbeschreibliches Ereignis zu umschreiben und das Unaussprechliche in Worte zu fassen. Und zugleich sind einige Bilder und Gleichnisse so zeitlos und so universell, jeder Zeit und in jeder Zivilisation verstanden werden, weil sie überall und zu allen Zeiten gültig sind.

Nach unserem* Verständnis gibt es nicht *die* Erleuchtung, die über diese oder jene Schule, Einweihung oder Führung durch einen Meister erreicht werden kann. Vielmehr findet jeder seinen individuellen Wege nach innen und zum Ganzen. Und jedes individuelle innere Erleben ist in seiner Art und Weise im wahrsten Sinne des Wortes ein einzigartiges Erwachen.

Wer sich nach außen wendet und dort nach Weisung und Führung sucht, wird immer nur den Weg eines anderen finden, nicht aber den ureigenen Weg zum Kern seines wahren Wesens. Wer dies erkennt, wird alle Lehren, Anleitungen und Schriften nur als Wegweiser nutzen (als solchen verstehen wir auch dieses Buch) und sie schließlich hinter sich lassen, um in sich selbst anzukommen.

Bei sich selbst anzukommen ist nichts Kompliziertes, nichts, was ein anderer Mensch uns erläutern oder erklären muß. Wir existieren zwar in einem äußerst komplexen Universum – und bei genauerer Betrachtung entpuppen sich unser Körper und unser Geist ebenfalls als ein universelles Netzwerk aus unglaublich komplexen Vorgängen – aber das Sein zu leben ist ganz simpel. Wenn du durstig bist, trinkst du, wenn du hungrig bist, ißt du, wenn du müde bist, legst du dich schlafen. Dazwischen gibt es Gedanken und Gefühle, Arbeit und Spiel, Vogelgesang und Blütenduft, Musik und Tanz, Höhen und Tiefen, Lachen und Weinen, Krieg und Frieden, Bewußtsein und Tiefschlaf – die ganze Palette aus Werden und Vergehen, die wir Leben nennen.

So komplex und undurchschaubar diese Welt auch ist, im Ursprung ist alles ganz einfach. Das Leben bedarf keiner Definitionen, keines Glaubens, keiner Religionen. Das Leben existierte schon, lange bevor die Menschheit die Bühne der Welt betrat und es in ihren Bemühungen, zu verstehen, in Begriffe faßte und seine Erscheinun-

---

*Immer wenn wir in diesem Buch Meinungen äußern oder aus unserem persönlichen Erfahrungsschatz berichten, meinen wir uns als Autoren.

gen zu deuten begann. Wie wir das Leben und seine Ausformungen interpretieren, ist letztlich von einem willkürlichen, zeitlich begrenzten Verstehen bestimmt. Es ist abhängig davon, worauf wir unsere Aufmerksamkeit richten und welche Schlußfolgerungen wir ziehen. Und je nachdem, worauf wir uns konzentrieren und welche Bilder wir zur Erklärung der Welt heranziehen, leben wir in völlig unterschiedlichen Welten. Wenn Sie das Leben als Kampf begreifen, werden Sie überall in der Welt auf einander bekämpfende Elemente stoßen. Betrachten Sie dagegen das Universum und Ihr Dasein als einen Tanz kosmischer Elemente im ewigen Kreislauf des Lebens, werden Sie ganz andere Gedanken entwickeln und andere Gefühle erleben. Dem Leben und der Welt sind unsere Interpretationen und Deutungen völlig egal. Doch für unsere eigene Befindlichkeit ist die Deutung der Welt alles andere als gleichgültig, denn sie bestimmt maßgeblich darüber, wie wir uns selbst erleben und welche Erfahrungen wir in dieser Welt machen (wollen).

## BILDER UND GLEICHNISSE

Metaphern, Gleichnisse, dienen seit jeher dazu, Wissen zu vermitteln, weil sie vertraute und bekannte Situationen und Dinge nutzen und auf bisher Unbekanntes übertragen. Sie helfen, bisher Unerlebtes nachvollziehbar zu machen und Unaussprechliches in Worte zu fassen. Bildhafte Vergleiche lassen uns Dinge verstehen, die wir zuvor nie gesehen oder erlebt haben, und vermitteln eine Ahnung davon, wie und was sie sein könnten.

Auf den folgenden Seiten werden Sie auf zahlreiche Metaphern stoßen, die als eigenständige Geschichten in die Texte einfließen und jenseits unseres Verstandes andere Bewußtseinsebenen ansprechen. Denn dort denken und fühlen wir in Bildern und Gleichnissen, verstehen unser Da-Sein am besten auf diese Weise.

Kein Wunder also, daß alle Religionen, Künstler und Therapeuten Metaphern schätzen und dazu nutzen, uns in unbekannte Gedankenwelten einzuführen und so bereits Bekanntes mit Unbekanntem zu verknüpfen. Selbst die modernen Wissenschaften, allen voran die Quantenphysik, können nur noch in Vergleichen mitteilen, welche Entdeckungen sie jenseits der sichtbaren und vertrauten Welt der Materie machen.

Nicht anders geht es jenen Menschen, die von Erleuchtungserfahrungen berichten. Zugegebenermaßen ist es ein schwieriges, wenn nicht gar unmögliches Unterfangen, Unbeschreibliches mit Worten auszudrücken. Trotzdem wurde und wird es immer wieder versucht. Denn das Leben verarmt, wenn man nur das zu denken wagt, was man auch glaubt leben zu können.

Jenseits der Barrieren, die unser Verstand und unsere Vorstellungen im Laufe der Zeit aufgebaut haben, gibt es das ursprüngliche Sein – die Quelle, aus der alles entspringt, wir brauchen uns ihrer nur zu erinnern und sind Zuhause in der Allheit, Einheit, Ewigkeit. Allerdings gibt es hier für unsere von der westlichen Zivilisation geprägte Denkweise ein entscheidendes Hindernis: Das Geheimnisvollste und Abschreckendste für verstandesorientierte Menschen ist die Vorstellung, daß auf der Ebene der Erleuchtung, des Einsseins, kein »Ich« vorhanden sein soll. Für unseren Verstand ist das eine Horrorvorstellung – und völlig absurd. Wozu soll es gut sein, jenseits eines Ich-Bewußtseins zu existieren? Geht das überhaupt? Und was habe ich davon?

Eine Menge! behaupten seit Jahrtausenden Menschen unterschiedlicher Kulturkreise. Denn jedes Erwachen und jede noch so kleine Erleuchtung bringt uns dem wieder näher, was wir im Innersten unseres Wesens sind: Teil eines unendlich fein verwobenen Netzes aus unendlich kleinen Partikeln, die sich letztlich in etwas auflösen, das nur noch mit Leere zu umschreiben ist – dem Ursprung allen Werdens. Und alles, was daraus hervorströmt, bleibt unmittelbar verbunden. In diese Einheit jenseits aller trennenden Gegensätze, der Dualität, einzutauchen birgt ein wundervolles Gefühl tiefer Zugehörigkeit, aus dem heraus das »Ich-bin«, unser Jedermann-Bewußtsein, überraschende neue Blüten treibt.

18

# KAPITEL 1
# KLARHEIT DES GEISTES

## DAS ZENTRUM

Ganz im Moment, gerade jetzt, befinden Sie sich in einem Universum, das per Definition unendlich ist. Jedes Jahr blicken wir tiefer in die unfaßbare Weite dieses Universums hinein und lernen mehr über seine unglaubliche Komplexität. Angesichts der Milliarden von Galaxien, von denen jede einzelne wiederum aus Milliarden von Sternen besteht, die in den unvorstellbaren Weiten des Weltalls langsam umeinander kreisen, gerät der menschliche Geist ins Strudeln. Gleichgültig in welche Richtung Sie Ihre Aufmerksamkeit lenken, die Entfernung zwischen Ihnen und dem Ende des Universums bleibt immer unendlich. Und genau da, wo Sie jetzt stehen, inmitten von Milliarden von Galaxien mit ihren Abermilliarden von Sternen, genau hier ist das Zentrum des Universums. Ihres Universums.

Zum Zentrum des Universums konnten Sie nur werden, weil vor Milliarden von Jahren ein geheimnisvoller Urknall dieses Universum ins Leben gerufen hat. Aus einer Handvoll umherfliegender Urelemente entwickelte sich in Jahrmilliarden und im Laufe der Evolution die Welt, wie wir sie heute kennen. Zoomt man in diese

Welt immer tiefer hinein, bis in ihre allerkleinsten Bestandteile, stellt man fest, daß die winzig kleinen atomaren Materieteilchen in der Hauptsache aus leeren Räumen bestehen. In diesem weiten leeren Raum des atomaren Universums kreisen Elektronen um den Atomkern wie Planeten um die Sonne; ins Verhältnis gesetzt sogar ungefähr im gleichen Abstand. Zoomt man noch weiter hinein, zerfließen die Grenzen zwischen Sein und Nicht-Sein und das Ganze entpuppt sich als ein Gewoge unfaßbarer virtueller Energie. Als vollkommene materielle Leere.

Aus dieser Leere voller unbegreiflicher Energie entstehen auf rätselhafte Weise flüchtige Konstellationen von unbekannten Partikeln, die auf geheimnisvollen Bahnen entlangblitzen, sich zu Atomen verdichten, die sich zu Molekülen vereinen, zu Zellen zusammenschließen, die Organe bilden und zu einem physischen Körper und schließlich zu einer Persönlichkeit heranreifen, die »Ich bin« sagen kann.

Und vor einiger Zeit haben unter Milliarden von Menschen ein Mann und eine Frau zusammengefunden und gemeinsam das Leben weitergereicht – an Sie. Eine winzige Eizelle in Ihrer Mutter wartete, und Millionen von nahezu unsichtbaren Samen Ihres Vaters machten sich auf den Weg, diese Eizelle zu finden. Und in diesem Rennen von Millionen Samen zu einer einzigen Eizelle, konnte nur ein Same gewinnen. Einer unter Millionen. Die Chance, daß ausgerechnet *der* Same *die* Eizelle erreicht, aus der *Sie* entstehen würden, stand eins zu mehreren Millionen, war also nicht sehr groß. Und doch, Sie haben gewonnen. Sie sind sozusagen ein echter Lottogewinn, ein Sechser im Lotto des Lebens.

Und dieser Sechser im Lotto wächst, indem die befruchtete Eizelle sich in zwei Zellen teilt, dann in vier, acht, sechzehn, zweiunddreißig, vierundsechzig ... bis daraus ein Körper geworden ist, der sich aus durchschnittlich

$$10.000.000.000.000.000.000.000.000.000$$

($10^{27}$) Atomen zusammensetzt – jedes Atom ein kleines Universum für sich. Und als wäre das alles nicht schon unglaublich genug, hat die Schöpfung darüber hinaus etwas so Unbegreifliches wie Bewußtsein erschaffen. Jenes Phänomen, das dazu führt, daß Sie »Ich bin« sagen und sich als Zentrum des Universums erleben können.

Inmitten dieses überwältigenden universellen Mysterienspiels entfaltet sich Ihr Leben im Bruchteil eines kosmischen Wimperschlags in der Ewigkeit des Seins. Und doch ist das eigene kurze Leben mit seinen wenigen Sternstunden – jedenfalls für uns selbst – das, was wirklich zählt. Unser Körper: im wesentlichen leerer Raum. Unser Bewußtsein: ein kosmisches Rätsel. Doch mehr als die Unendlichkeit, mehr als alle Galaxien und Paralleluniversen zusammen, interessiert uns das Phänomen, das wir Ich nennen.

## ENTDECKE DEINE MÖGLICHKEITEN ...

Der Teil Ihres Körpers, der in der Lage ist, sich dieses kosmische Szenario vorzustellen, der eine Welt außerhalb von sich erfassen und eine Welt innerhalb von sich gestalten kann, ist etwa so groß wie eine Grapefruit. Von außen betrachtet ist er von einer etwas unappetitlichen, wabbeligen Konsistenz, unscheinbar hellgrau, und im Durchschnitt wiegt er 1.500 g – die Rede ist vom menschlichen Gehirn.

Was sich in seinem Inneren abspielt und wie es funktioniert, ist, trotz der enormen Fortschritte, welche die Neurowissenschaften in den letzten Jahrzehnten machten, noch immer eines der größten ungelösten Rätsel. Denn alle Bemühungen, das menschliche Gehirn zu verstehen, scheiterten bisher an seiner unfaßbaren Komplexität.

Wie komplex dieses unscheinbare, grapefruitgroße Organ tatsächlich ist, läßt sich am anschaulichsten in einem Vergleich darstellen: Um die Datenmenge einer der großen Symphonien Beethovens auf einer CD zu speichern, braucht es etwa 750 Megabytes.

Selbst vorsichtige Schätzungen über realisierbare Vernetzungs-möglichkeiten zwischen den einzelnen Nervenzellen (Neuronen) unseres Gehirns kommen auf die unglaubliche Zahl von 1,25 Millionen Verbindungen. Nimmt man all die vielfältigen Zwischenstufen hinzu, die unter den einzelnen Nervenzellen über besondere Nervenkontaktstellen (Synapsen) »geschaltet« werden, dann kommt man auf eine unglaubliche Zahl: 20 Millionen CDs mit je 750 MB wären notwendig, wollte man die Informationsmenge unseres Netzwerks Gehirn auf CDs pressen.

Zudem scheint das Gehirn sich schneller weiterzuentwickeln, als die Wissenschaftler forschen können. Denn als dynamisches, sich selbst organisierendes System ist es ihren Erklärungsversuchen immer einen Evolutionsschritt voraus. Das Wunderwerk Gehirn besitzt, wie alle lebenden Systeme, die Fähigkeit, sich zu verändern und sich fortlaufend weiterzuentwickeln.

Unser Großhirn erinnert in seinem Erscheinungsbild an den Kern einer Walnuß. Wie sie ist es in zwei Hälften (Hemisphären) geteilt, die durch einen etwa bleistiftdicken Nervenstrang miteinander verbunden sind, das Corpus callosum. Da die beiden Hemisphären oberflächlich betrachtet einander sehr ähnlich sehen, ging man lange davon aus, daß sie auch ähnlich funktionieren. Erst in den Sechziger Jahren des letzten Jahrhunderts konnte man nachweisen, daß unser Großhirn doppelt angelegt ist und die beiden Gehirnhälften über zwei völlig unterschiedliche Arten der Wahrnehmung verfügen:

- Die linke Hemisphäre ist für unsere Sprache, für Schrift und Zahlen zuständig. In ihren Bereich fällt das Analysieren der Dinge, wobei sie sich am liebsten nur auf eine Sache konzentriert und eins nach dem anderen abarbeitet. Sie beschäftigt sich gerne mit Details, und kausale Ursache-Wirkung-Beziehungen sind ihre besondere Spezialität. Sie ist geradezu dafür prädestiniert, die Welt objektiv und rein faktisch zu erfassen.
- Die Vorlieben der rechten Hemisphäre sind dagegen ganz anders gelagert. Im wahrsten Sinne des Wortes denkt sie sprach-

los, und zwar in Bildern, Geschichten und Vergleichen. In ihrem Reich sind Gefühle, Phantasie, Kreativität, Visionen zu Hause. Sie läßt uns intuitiv und spontan handeln und erlebt sich selbst und die Umwelt auf eine ganz eigene, subjektive Art. Da sie hauptsächlich am großen Ganzen interessiert ist, liebt sie den Überblick mehr als die Details.

Jede Gehirnhälfte ist hoch spezialisiert und funktioniert unabhängig von der anderen. Im Idealfall sind jedoch beide gleich gut entwickelt und arbeiten einander zu. Je nachdem, welche Anforderungen anstehen, übernimmt mal die eine, mal die andere die Führung, um eine Aufgabe zu erledigen, während die jeweils andere in den Hintergrund tritt.

Durch Vererbung, in weit größerem Maße aber durch kulturelle Einflüsse, durch Erziehung und Förderung ist eine der beiden Gehirnhälften meist besser trainiert als die andere. Ähnlich wie wir die rechte oder linke Hand bevorzugen und sie durch ständigen Gebrauch geschickter einsetzen können als die weniger benutzte, lernen wir, eine der Gehirnhälften öfter und besser zu gebrauchen als die andere.

Wenn wir aber etwas oft nutzen und Handlungen ständig wiederholen, führt das natürlich zu einer besseren Leistung; und weil wir für gute Leistungen Anerkennung und Lob ernten, geben wir im Laufe der Zeit einer Gehirnhälfte und ihrer Arbeitsweise den Vorzug und vernachlässigen die andere. Logischerweise gewährt das der vernachlässigten Gehirnhälfte weniger Entwicklungschancen, und ihre besonderen Fähigkeiten verkümmern immer mehr, manchmal so sehr, daß wir sie kaum noch einsetzen.

In unserer Kultur dominiert eindeutig der verstandesorientierte Stil der linken Gehirnhälfte. Das rationale, auf Fakten eingestimmte, Denken wird für die einzig wertvolle, die einzig akzeptable Form des Denkens gehalten. Die intuitive, gefühlsbetonte und imaginationsgesteuerte rechte Gehirnhälfte und ihr ganzheitlich orientierter Ansatz, die Welt zu erfassen, wird nur im Reich der Kunst akzeptiert und gewürdigt. Wer es dagegen wagt, die Welt rechtshirnig zu betrachten, und behauptet, daß Wissen und Einsichten auch intuitiv erworben werden können und ebenso gültige Resultate und zuverlässige Erkenntnisse hervorbringen, wird als realitätsfremder Spinner belächelt und nicht ganz ernst genommen.

Alle modernen Gesellschaften bewerten Wissen höher als Vorstellungskraft, schätzen Aktivität mehr als innere Versenkung und ziehen den Verstand dem Gefühl vor. Doch allmählich zeichnet sich ein kultureller Umschwung ab. Zunehmend entwickeln wir wieder Interesse an Mystik und Phänomenen, die vielleicht nicht rational zu erklären sind, aber trotzdem wirken. In der Medizin entdecken immer mehr Ärzte die Grenzen ihrer auf Spezialisierung ausgerichteten Gerätemedizin und wenden ganzheitlich orientierte Heilmethoden wie beispielsweise Akupunktur oder Homöopathie an. Quantenphysiker und Astronomen stoßen mit ihren Forschungen in Bereiche vor, wo sich Wissenschaft und Mystik nicht mehr strikt voneinander trennen lassen, und immer mehr Menschen interessieren sich für fernöstliche Religionen und deren Sicht der Welt, für Meditation und außersinnliche Wahrnehmungen, für Schamanismus und alle möglichen anderen spirituellen Richtungen.

Die magischen und unerklärlichen Aspekte unseres Daseins rükken zunehmend wieder in das Zentrum der Aufmerksamkeit. Ganz allmählich setzt sich die Ahnung durch, daß weder unser Gehirn noch die Welt sich in ein »Entweder-oder« aufsplittern lassen, ohne wesentliche Elemente zu verlieren. Die ganze Fülle offenbart sich vielmehr im »Sowohl-als-auch«.

Welches Potential in der gleichwertigen Benutzung beider Gehirnhälften liegt, dafür sind eine Reihe ungewöhnlicher Menschen die besten Beispiele. Aufgrund einer natürlich Begabung oder einer antrainierten Fähigkeit können sie die Denkstile beider Gehirnhälften einsetzen und so außerordentliche Leistungen vollbringen.

Der Physiker Albert Einstein (1879–1955) konnte beispielsweise nicht nur logisch, analytisch und in hohem Maße abstrakt denken, die bahnbrechende Entdeckung von der Krümmung des Raumes fand er auf einer »Phantasiereise«. Er stellte sich nämlich vor, auf einem Sonnenstrahl an das äußerste Ende des Universums zu reisen. Seltsamerweise, und nach damaligem Verständnis absolut unlogisch, landete er in seiner Phantasie schließlich wieder am Ausgangspunkt seiner Reise. Und seinem Verstand wurde schlagartig klar, daß das Universum gekrümmt sein müsse.

Das Universalgenie Leonardo da Vinci (1452–1519) war nicht nur ein großartiger Maler, sondern auch Naturforscher und Erfinder, dessen Skizzenbücher voller Bildentwürfe, Maschinenkonstruktionen und mathematischer Formeln ein eindrucksvolles Bild seines umfassenden Denkens und Forschens abbilden.

Der Mystikerin Hildegard von Bingen (1098–1179) hatte nicht nur Visionen, in denen ihr die spirituellen Zusammenhänge der Weltschöpfung offenbart wurden, die sie in poetische Lobgesänge umsetzte, gleichzeitig beschäftigte sie sich als Wissenschaftlerin mit der Heilkraft von Pflanzen, gründete und leitete ein Kloster und beriet hohe Würdenträger aus Politik und Kirche.

Nicht alle Ganzhirnnutzer erreichen derartig glänzende und herausragende Leistungen. Aber selbst wenn die Begabungen nicht zum Genie ausreichen, unsere gesamte Gehirnkapazität einzusetzen verschafft uns in jedem Fall ein reicheres und erfüllteres Leben.

# ICH, NICHT-ICH, BEWUSSTSEIN ...

Kein anderes Wort spielt in unserem Erleben eine so wichtige Rolle wie das Wort »Ich«. Und trotzdem ist das, was wir als »Ich« oder »Ich-Bewußtsein« bezeichnen, noch immer eines der größten Geheimnisse dieses Universums. Auch bei den die Fragen »Was läßt uns ein Bewußtsein von ›Ich‹ entwickeln?«, »Was läßt uns denken, erinnern, handeln und fühlen?«

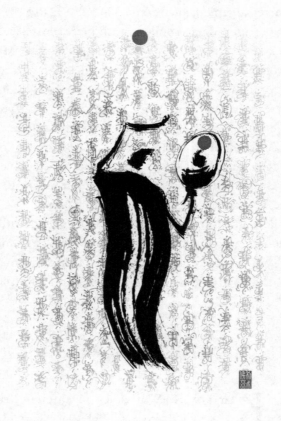

müssen wir trotz der rasanten Entwicklungen und Erkenntnisse, welche die Neurowissenschaftler machen, nach wie vor auf Vermutungen und Spekulationen zurückgreifen.

Im allgemeinen Sprachgebrauch verstehen wir unter »Ich« (lat. ego) die Person, die sich durch alle Veränderungen hindurch als identisch in ihrem Wesen erkennt und als Verursacher ihrer Handlungen versteht. Unser Ich gilt als steuernder und richtungsweisender Ursprung für die meisten Abläufen unseres Erlebens und Handelns. Einige Erlebnisse scheinen unabhängig vom Ich abzulaufen, während bei anderen der verursachende und steuernde Charakter des Ich als eindeutig erlebt wird.

Da das Ich viele unterschiedliche bewußte und unbewußte Funktionen umfaßt, die aber jeweils doch die Gesamtheit des Ich repräsentieren, ist eine Fülle von unterschiedlichen Bezeichnungen und Unterscheidungen eingeführt worden. Die bekannteste Einteilung stammt sicherlich von Sigmund Freund, der das Ich als Ebene des bewußten Erlebens zwischen dem Es (Unbewußten) und dem Über-Ich (z.B. Gewissen) definiert.

In der menschlichen Entwicklung tritt das Ich-Bewußtsein nach Abschluß des Säuglingsalters allmählich in Erscheinung. Erst gegen Ende des zweiten Lebensjahres lernt ein Kind, das Wort »Ich« zu gebrauchen. Das bisher unabgegrenzte, symbiotische Erleben des Säuglings beginnt nun das eigene Ich vom Du zu trennen und zwischen Ich und Außenwelt, Wahrnehmung und Vorstellung zu unterscheiden. Dieser Prozeß setzt sich durch die Jahre unserer Kindheit fort und findet in der Pubertät einen neuen Höhepunkt. In dieser Zeit reift eine neue Form der Ich-Findung heran, und mit der Abgrenzung von »Ich selbst«, »Du« und »Welt« geht die Entdeckung der Einmaligkeit des Ich einher.

»Wer bin ich?« und »Wo stehe ich inmitten der Komplexität des menschlichen Lebens und des Lebens an sich?« werden zu zentralen Fragen, die uns mehr oder weniger bewußt die folgenden Lebensjahre begleiten werden. »Wer bin ich?« ist aber nicht nur eine abstrakte Frage. Vielmehr leitet sie uns an, dem Wesen der eigenen Existenz, der Welt um uns herum und der »Räume« jenseits von uns auf die Spur zu kommen. Sie hilft, Antworten zu suchen und zu finden, die unserem persönlichen Leben einen Sinn verleihen.

Jede Kultur, jedes Zeitalter und jeder Mensch beantwortet diese Frage auf eigene Weise, es gibt keine verläßliche und dauerhafte Definition dafür, was das »Ich« sein soll oder sein könnte. Und für die eigene Wahrnehmung von »Ich« gilt das gleiche. Eine gleichbleibende Wahrheit des Inneren sucht man vergeblich. Die Wahrheit des »Ich« gibt es nur im Plural.

Der französische Philosoph Jean-Jacques Rousseau beschreibt das so: »Nichts ist mir so unähnlich wie ich selbst, darum wäre es müßig, mich anders definieren zu wollen als durch diese einzigartige Mannigfaltigkeit ... Bisweilen bin ich ein harter und grausamer Misanthrop*, dann wieder falle ich in Verzückung ob der Reize der Gesellschaft und der Wonnen der Liebe. Bald bin ich voll Ernst und frommer Andacht ... doch alsbald werde ich zum Wüstling ... Mit anderen Worten, ein Proteus, ein Chamäleon, eine Frau sind weniger wechselwendige Wesen als ich. Das soll den Neugierigen von vornherein alle Hoffnung nehmen, eines Tages meinen Charakter zu erkennen, denn stets werden sie mich in einer besonderen Form antreffen, die nur im selbigen Moment die meine ist.«

Das eigene »Ich« ist kein unveränderliches, gleichbleibendes Sein, sondern vielmehr ein veränderliches, manchmal unzusammenhängendes Erlebnisgeschehen, das man zulassen muß, um die ganze Bandbreite des eigenen Wesens zu erfassen. Das Selbst ist kein festgefügter Monolith, der in einer unsicheren Welt Halt bietet, sondern das Selbst ist es, was uns auf eine abenteuerliche Reise ins Ungewisse schickt.

Selbsterkenntnis sucht nach Antworten auf die Fragen »Was bin ich?« und »Wer bin ich?«. Dieses *Was* und *Wer* zielt auf ein zusammenfassendes, gleichbleibendes Bild, das man als »Ich« oder »Selbst« jederzeit und in jeder Situation wiedererkennen kann. Wenn das ei-

---

*Menschenfeind

gene Ich sich aber als eine vielseitige, oft widersprüchlich agierende, bruchstückhafte und scheinbar unvereinbare Mischung aus bekannten und unbekannten Elementen erweist, ist ein zusammenfassendes und damit verläßliches Urteil darüber, *was* und *wer* Ich ist ein unmögliches Unterfangen. Wenn jedoch Selbsterkenntnis im Sinne eines zusammenfassenden und verläßlichen Urteils über das Selbst unmöglich sein sollte, bleibt nur die Selbstgewißheit übrig: Ich weiß, daß ich so bin, wie ich in diesem Moment bin. Das beantwortet nicht die großen Fragen »Was bin ich?« und »Wer bin ich?«, ist aber mehr als die einfache Selbstgewißheit, daß ich überhaupt bin.

Haben Sie schon einmal darüber nachgedacht, wer in Ihnen die Frage »Wer bin ich?« stellt und wer sie beantworten kann? Immer wenn Sie über sich selbst nachdenken, Ihr Verhalten beurteilen oder sich selbst in Frage stellen, muß ein »beobachtendes Ich« vorhanden sein, welches das »Ich« betrachtet: Denn das Beobachtete und der Beobachter können nicht identisch sein. Nur von »außen«, sozusagen von einer höheren Warte aus, läßt sich das Ich überhaupt anschauen, erkennen, beurteilen oder in Frage stellen. Wenn Sie über sich nachdenken, dann denkt ein anderes, »beobachtendes Ich« über das »Ich« nach. Und wenn Sie dieses »beobachtende Ich« näher unter die Lupe nehmen wollen, müssen Sie wiederum ein neues »höheres« Ich installieren, um das »beobachtende Ich« überhaupt betrachten zu können.

Nur wenn mein Ich und mein Bewußtsein über dieses Ich auseinanderklaffen, ich also von mir selbst getrennt bin, kann ich anschauen, wer ich bin und was ich gerade tue. In diesem Augenblick sind Sie von Ihrem So-Sein getrennt, und das Trennende ist das erkennende Bewußtsein. Das So-Sein stellt keine Fragen, es ist vollkommen eins mit sich selbst. Nur das Bewußtsein stellt Fragen über das Ich, die Welt und alles andere und ist in der Lage, über das momentan erlebende Ich hinauszudenken.

Beispielsweise wissen wir Menschen, daß wir sterblich sind und unserem Leben eine Grenze gesetzt ist. Die Begrenztheit meines Lebens kann ich jedoch nur erkennen, wenn ich in irgendeiner Form zugleich über das hinausgehe, was mich begrenzt. Ich muß mein Lebensende schon transzendiert* haben, wenn ich mein Ende bedenken können will. Ich kann mir meinen Körper als Leiche vorstellen und die Trauer der Angehörigen und Freunde, die mich überleben. Ich kann in meiner Vorstellung meiner eigenen Beerdigung zusehen und mir eine Welt vorstellen, in der es mich nicht mehr gibt. Ich kann mir eine Welt ohne mich vorstellen und bin mir der Tatsache bewußt, daß das ganze Universum nach meinem Tod weiterhin existiert, so wie alles schon längst vor meiner Geburt begonnen hat. – Ich kann mich selbst wegdenken ... Oder doch nicht?

Selbst wenn ich mich aus der Welt wegdenke und mir meinen toten Körper, mein Begräbnis, die trauernden Angehörigen und eine Welt ohne mich vorstelle, so bleibt doch unhintergehbar ein Teil übrig: mein vorstellendes und denkendes Ich. Ich denke mich weg. Ich muß also übrigbleiben, um mich wegdenken zu können. Bei dem Versuch, mir meine Abwesenheit vorzustellen, muß das Bewußtsein anwesend bleiben. Ohne Bewußtsein gibt es kein Denken und keine Wahrnehmung. Versuchen Sie doch einmal, die Abwesenheit des Bewußtseins zu denken.

Natürlich gibt es Zeiten, in denen das Bewußtsein, bzw. ein Teil davon, aufhört, wir erleben das jede Nacht beim Einschlafen, wenn das Wachbewußtsein dem Unterbewußtsein Platz macht. Aber die Abwesenheit des Bewußtseins ist mir dann nicht bewußt. Jeder Versuch, das Einschlafen bewußt zu erleben, führt nur dazu, nicht einschlafen zu können, und schläft man dann doch ein, hat man es nicht erlebt. Nur wenn ich mein Einschlafen nicht erleben will, gelingt es mir, einzuschlafen. Schlaf geschieht, wenn »Ich schlafe« geht.

Mit dem Erleben tiefer Seinszustände ist das ganz ähnlich. In dem Augenblick, in dem das »Ich denke« geht, kann Eins-mit-allem-was-ist geschehen ... und wahrnehmen ohne Wahrnehmenden geschieht.

---

*überwunden

Doch vorerst zurück zum Ich, zu jenem Ich, als das Sie sich in diesem Moment erleben.

Ein universelles Gesetz lautet: »Das Ganze ist größer als die Summe seiner Teile.« Dieses Gesetz läßt sich überall beobachten. So sind wir weit mehr als die Summe aller Körperzellen, aus denen wir uns zusammensetzen. Eine Melodie bewirkt weit mehr, als die einzelnen Töne, aus denen sie komponiert wurde. Jedes Wort ist weitaus vielschichtiger als die einzelnen Buchstaben, aus denen es besteht; ein ganzer Satz ist mehr als die einzelnen Wörter, aus denen er gebildet wurde, und ein Buch wiederum wächst weit über das hinaus, was einzelne Sätze aussagen können.

Mit dem, was wir Ich nennen, verhält es sich nicht anders. Wir tun meistens immer noch so, als ob das Ich ein einheitlicher Punkt wäre, denn in der traditionellen westlichen Logik gilt als Gesetz die Identität: Ein Apfel ist ein Apfel, eine Rose ist eine Rose, ein Ich ist ein Ich. Diese Art zu denken wird aber allein schon der Rollenvielfalt nicht gerecht, die wir im Alltag leben. Wir sind z.B. Kind unserer Eltern, Partner/in, Vater oder Mutter unseres Kindes, Freund/in, Nachbar/in, Kollege/Kollegin, Vorgesetzte/r, Kunde/Kundin usw. Und in jeder dieser Rollen treten andere Facetten unserer Persönlichkeit zutage.

Will man die Mannigfaltigkeit der eigenen Persönlichkeit entdecken, erweist es sich als nützlich – zumindest als Metapher –, von verschiedenen Teilen der Persönlichkeit auszugehen. Wir haben so unterschiedliche Empfindungen wie Schmerz oder Lust, Gefühle von Haß oder Liebe, sind erwachsen und reagieren doch in manchen Situationen wie ein kleines Kind. Ein Teil von uns ist vielleicht voller Selbstvertrauen und offen für neue Erfahrungen, während ein anderer Teil sich am liebsten verkriechen würde. Einige dieser Teile arbeiten zusammen, zwischen anderen bestehen Konflikte. Einige innere Anteile sind noch nie in Kontakt miteinander gekommen. Sie wissen nicht einmal, daß sie nebeneinander existieren und den gleichen Körper bewohnen. Oft weiß nicht einmal der Wirt, wem alles er unter seinem Dach Unterkunft gewährt. Er spürt nur ihre Auswirkungen in Form von innerer Zerrissenheit, plötzlich auftauchenden Stimmungswechseln oder widersprüchlichen Bedürfnissen.

Solange uns die komplexen Dimensionen der eigenen Persönlichkeit in ihrer Vielfalt und Verwobenheit nicht bewußt sind, verwirren solche Erfahrungen enorm. Löst man sich von der klassischen Sichtweise, ein einziger Ich-Punkt zu sein, der mit sich identisch ist, entpuppt sich unsere Persönlichkeit als ein buntes Kaleidoskop, in der unterschiedliche und widersprüchliche Gefühle und Bedürfnisse eine erstaunliche Erlebniswelt hervorbringen. Dann wird auch viel klarer, wie sich die einzelnen Rollen und Teile zueinander verhalten, wo und wie sie einander ergänzen oder gegeneinander kämpfen. Wir können dann Ich als jemand, der im Beruf abenteuerlustig ist, wahrnehmen, aber auch Ich als jemand, der im Privatleben Veränderungen ängstlich vermeidet; oder Ich als jemand, der kreativ ist, und Ich als jemand, der auf traditionelle Werte besteht; Ich, als jemand, der das Alleinsein liebt, und Ich als jemand, der sich nach einem Partner sehnt; Ich als Mutter, Ich als Partner, Ich als Kind meiner Mutter, Ich als Freundin, Vorgesetzte, Kollege usw.

Ein Körper, dessen einzelne Teile gegeneinander arbeiten, wird krank; für unsere Psyche gilt das gleiche. Wenn ein Teil Ihrer Persönlichkeit sich nach Liebe und Nähe sehnt, ein anderer aber befürchtet, dadurch verletzbar zu werden oder seine Freiheit zu verlieren, fühlen Sie sich ständig zwischen Ihrer Sehnsucht nach Liebe und Nähe und der Angst, Ihre Freiheit zu verlieren, hin- und hergerissen. Am Ende bekommen Sie meistens weder Ihre Freiheit noch Liebe.

Oder ein Teil von Ihnen wünscht sich mehr Zeit mit Partner und/oder Kindern zu verbringen, während ein anderer gleichzeitig ehrgeizig die Karriere voranbringen will und an den vollen Schreibtisch und all die unerledigte Arbeit erinnert. Egal ob Sie sich jetzt für die Freizeit oder die Arbeit entscheiden, höchstwahrscheinlich werden Sie weder Ihre freie Zeit mit Partner und Kindern voll genießen noch die Arbeit schnell und konzentriert erledigen. Der zurückgesetzte Teil wird keine Ruhe geben. Am Schreibtisch sitzend werden Sie nach draußen schauen und sich sagen, daß dieser sonnige Tag eigentlich zu schade für Büroarbeiten und es höchste Zeit sei, sich mal wieder um Ihre Lieben zu kümmern; außerdem hätten Sie körperliche Betätigung dringend nötig. Am Ende des Tages aber ist die Arbeit längst nicht so weit gediehen, wie Sie es sich vorgenommen haben. Haben Sie sich dagegen für Partner und Kinder entschieden, spukt Ihnen der Gedanke an all die unerledigte Arbeit im Kopf herum. Am Abend fühlen Sie sich erschöpft und schlecht gelaunt, trotz Freizeit und frischer Luft. – In einem solchen Fall ist es häufig sogar so, daß man am Ende weder das eine noch das andere tut, sondern den Tag unschlüssig zwischen „ich sollte" und „ich wollte" verbringt.

Wenn es Ihnen öfter so ergeht, machen Sie sich Ihre inneren Teile doch einmal bewußt. Am einfachsten geht das, wenn Sie so tun, als ob jeder Teil in Ihnen eine eigene abgegrenzte Gestalt und sogar eine Art eigene Persönlichkeit hätte. Tun Sie einfach so, als ob Sie sie sehen, hören oder fühlen, sie als Gestalt, Energie oder Stimme wahrnehmen könnten. Wie sieht der Teil in Ihnen aus, der für Karriere steht? Und wie sieht derjenige aus, der für mehr Freizeit und Familienleben plädiert? Und weiter: Welche Form oder Farbe hat der Teil, der für Ihr Bedürfnis nach Liebe steht, und welche der, der Freiheit will? Wie sieht der Teil aus, der Ihre Wut verkörpert? Ihr ängstlicher Teil, der Ehrgeizige, der Faulenzer? Und wie nehmen Sie den Teil in sich wahr, der für Lebensfreude steht?

Stellen Sie sich vor, in Ihrem Inneren gäbe es eine Art Konferenztisch, an dem unter Ihrer Führung jeder Persönlichkeitsanteil einen Platz hat. Eine innere Tafelrunde, an der alle Ihre Ich-Aspekte herzlich willkommen sind – alle, auch die, die Sie bisher ablehnten oder noch gar nicht kennengelernt haben. Lassen Sie sich überraschen, wer alles im Laufe der Zeit dort Platz nehmen wird. Begrüßen Sie auch jene Teile freundlich, deren Aussehen oder Benehmen Sie zunächst vielleicht abstößt oder erschreckt.

Nehmen Sie Kontakt mit ihnen auf, und fragen Sie nach der

positiven Absicht der einzelnen Teile, also danach, was jeder mit seinem Verhalten anstrebt. Da die Teile mit Ihnen genauso leben müssen, wie Sie mit ihnen, sind sie in der Regel nur allzu bereit, ihr Anliegen offenzulegen. Dort, wo Sie Konflikte zwischen einzelnen Teilen bemerken, fragen Sie jeden der Kontrahenten wieder nach seiner positiven Absicht. Überraschenderweise stellt sich meistens schon nach wenigen Fragen und Antworten ein gemeinsames Ziel heraus. Die positive Absicht des Karriere-Teils könnte z.B. lauten »Ich will, daß es dir (finanziell) gutgeht« und die des Freizeit-Teils »Ich will, daß es dir (privat) gutgeht«. Beide Teile wollen also im Grunde dasselbe, wollen das gleiche übergeordnete Ziel erreichen: Es soll Ihnen gutgehen. Jeder versucht das allerdings auf unterschiedliche Weise zu erreichen.

Ist dies den beiden erst einmal bewußt, können sie sich gegenseitig viel leichter anerkennen und nach ganz neuen Möglichkeiten der Zusammenarbeit Ausschau halten. Das bisherige Gegeneinander verwandelt sich in ein neues Miteinander. Beispielsweise könnten die beiden Teile jetzt Zeiten aushandeln, in der jeder für eine bestimmte Zeitdauer seine Bedürfnisse voll und ganz ausleben kann. Die Abmachung zwischen ihnen könnte z.B. lauten: Für die Zeit x ist der Karriere-Teil ruhig und nörgelt nicht dazwischen. Und wenn danach der Schreibtisch anliegt, hält sich der Freizeit-Teil zurück und läßt den Karriere-Teil ungestört arbeiten.

Das können Sie auch auf alle anderen Persönlichkeitsanteile übertragen: Wenn der ängstliche Teil in Ihnen sicher sein kann, daß seine Bedenken anerkannt und gehört werden, braucht er nicht unnötig vehement und zur unpassenden Zeit gegen den abenteuerlichen Teil in Ihnen zu rebellieren. Wenn der Teil, der sich nach Liebe und Hingabe sehnt, mit dem Teil ins Gespräch kommt, dem Freiheit über alles geht, und sich herausstellt, daß beide letztlich das gleiche Ziel haben, dann läßt sich viel leichter Verständnis füreinander aufbringen und eine gemeinsame Lösung finden.

Solange unsere Teile sich fremd sind oder gegenseitig bekämpfen, wird es keinen inneren Frieden geben. Sobald sie aber ihre Fähigkeiten und Talente vereinen und sich gegenseitig achten und unterstützen, werden neue, bisher ungeahnte Kräfte freigesetzt. Betrachten Sie Ihre inneren Teile als eine Quelle vielfältiger Ressourcen, die alle Ihr Bestes wollen, und Ihre Persönlichkeit wird um viele Facetten reicher werden.

### DER SCHMETTERLING

*Einst träumte ich, ein Schmetterling zu sein. Obwohl ich mir ganz sicher war, noch immer auf der Erde zu sein, lebte ich in einer anderen Dimension. Ich fühlte mich vollkommen frei, und in jeder Hinsicht erlebte ich eine andere Welt. Ich ahnte nicht einmal mehr, daß es so etwas wie die Welt der Menschen gab. Eine Weile später wachte ich auf und war wieder ganz ich selbst. Jetzt aber weiß ich nicht mehr, bin ich ein Mensch, der davon träumte, ein Schmetterling zu sein, oder bin ich ein Schmetterling, der gerade träumt, ein Mensch zu sein?*

# DAS WISSEN VON HEUTE
## IST DER IRRTUM VON MORGEN

Der schnellste Weg, geistige Klarheit zu gewinnen, ist die Erschütterung unserer bisherigen Überzeugungen. Das klingt vielleicht widersinnig, ist es aber nicht. Denn jedesmal, wenn Ihre bisherige Vorstellungen über das Leben, die Welt und Sie selbst erschüttert wurden, haben Sie neue Erkenntnisse und Überzeugungen gewonnen. Sie sind reifer geworden und sehen die Welt und sich selbst von nun an etwas anders.

Das mag nicht immer angenehm sein, aber ohne diese Erschütterungen neigen wir Menschen dazu, es uns in der scheinbar wahren Welt unserer festgefügten Überzeugungen einzurichten, sie für absolute Wahrheit zu halten – und inmitten eines lebendigen Flusses zu erstarren, festgefahren in der mehr oder weniger angenehmen und sicheren Welt unserer Vorstellungen.

Doch unsere Überzeugungen und unser Glaube unterliegen, wie alles auf dieser Welt, einer ständigen Veränderung. Wir brauchen nur einen Blick in unsere eigene Vergangenheit oder die Geschichte der Menschheit zu werfen, um zu erkennen, auf welch vielfältige und widersprüchliche Weise sich Menschen im Laufe der Zeit die Welt erklärten.

Was unsere Vorfahren für die absolute Wahrheit hielten, erscheint uns heutzutage geradezu lächerlich: Niemand glaubt mehr an einen Gottvater Zeus, der auf dem Olymp thront und sich mit seiner Sippe immer wieder in menschliche Schicksale verstrickt. Kein gebildeter Mensch glaubt noch, daß Menschenopfer blutrünstige Götter gnädig stimmen könnten, und die Vorstellung der Erde als Scheibe und Mittelpunkt des Universums ist längst von der Idee des Urknalls abgelöst worden.

Jeder Glaube und alle Überzeugungen sind nur Geschichten, die wir Menschen aus unserem zeitgemäßen Verständnis heraus erfinden, um die Welt zu verstehen und ihr Ordnung und Sinn zu verleihen. Alle Religionen, Philosophien und Wissenschaften erklären mit ihren jeweiligen Erkenntnissen und Wahrheiten nur für eine längere oder kürzere Zeit die Welt und schaffen so Rahmenbedingungen für gemeinsame Erfahrungen. Aber alle Erklärungen und Wahrheiten gelten eben nur so lange, bis neue Entdeckungen, Bedürfnisse und Ideen sie überholen und neue Geschichten und Mythen gewebt werden.

Unter dem Einfluß von Zeitgeist, Religion, Gesellschaft und Familie trägt jeder ein mehr oder weniger festgefügtes Bild der Wirklichkeit in sich, das er für die Realität hält. Einerseits vermitteln uns diese Überzeugungen ein Gefühl von Sicherheit und Stabilität, denn sie helfen, die Erscheinungsformen der Welt einzuordnen und zu verstehen. Andererseits schaffen sie die Basis für zwischenmenschlichen Austausch: Solange sich eine Gesellschaft, eine Religionsgemeinschaft oder eine Familie an gemeinsamen Überzeugungen und Werten orientiert, sprechen sie eine gemeinsame Sprache und treffen eine stillschweigend angenommene Übereinkunft über Sinn und Zweck ihrer Handlungen. Diese Konstruktionen sind nützlich, um sich in der Welt zurechtzufinden, um sich eine Meinung zu bilden und um für Partner, Kinder, Freunde und Mitmenschen ein einschätzbarer, verläßlicher Mensch zu sein.

Glaubenssätze bieten Orientierungshilfe und vermitteln Sicherheit. Daher sind wir in vielen Bereichen des Lebens tatsächlich auf sie angewiesen, um das Nicht-Wissen auszugleichen. Solange wir sie als vorläufige Erklärungsversuche begreifen, die wir wieder verwerfen können, wenn sie uns schlechte Dienste erweisen oder wenn neue Erkenntnisse zur Verfügung stehen, ist unser Glaube eine Bereicherung. Wird aus der Annahme aber eine scheinbare Gewißheit, dann schränkt der Glaube ein und hindert uns daran, andere, vielleicht gewinnbringendere Verhaltensweisen und Möglichkeiten auszuprobieren, neue Einsichten zu gewinnen oder auch nur neugierig und unbefangen die Dinge aus anderen Perspektiven wahrzunehmen – und sei es nur, um zu erleben, welche Auswirkungen sie für unser Leben hätten.

Denn jenseits unserer engen gesellschaftlichen und religiösen Glaubensvorstellungen und Wahrheiten könnte eine Erlebniswelt liegen, die wir bisher ausgeblendet haben, weil wir sie für nicht existent halten. Nicht weil es sie nicht gibt, sondern weil in unserer Konstruktion der Wirklichkeit kein Raum für sie ist. So und nicht anders funktioniert die Welt, glauben wir, ungeachtet der Tatsache, daß es genug Gegenbeweise gibt. Dazu eine Geschichte:

# Von der wahren Lehre
## und der Kunst,
### über Wasser zu gehen

*Einst ging ein gelehrter Derwisch, über letzte Erkenntnisse sinnierend, an einem Flußufer spazieren. Plötzlich riß ihn ein lauter Schrei aus seinen Gedanken. Von irgendwo her hörte er den heiligen Ruf der Derwische. Doch als er genauer hinhörte, sagte er sich: »Was dieser Mann macht, ist völlig unsinnig. Wenn er den heiligen Ruf weiterhin falsch ausspricht, wird er sein Ziel nie erreichen. Ich muß ihm unbedingt mitteilen, daß er nicht YA HU, sondern U YA HU rufen muß. Wahrscheinlich hatte der Unglückliche nie eine richtige Anleitung erhalten und müht sich nun ganz vergeblich, das große Ziel zu erreichen. Es ist meine Pflicht, unserem unwissenden Bruder den rechten Ruf beizubringen.«*

*Da die falschen Derwischrufe von der Insel mitten im Fluß kamen, wie er herausgefunden hatte, mietete er sich ein Boot und ruderte zu der Insel hinüber. Dort fand er eine ärmliche Schilfhütte, in der ein Mann saß, sich rhythmisch hin und her bewegte und dazu YA HU rief.*

*»Mein lieber Bruder«, sagte der gelehrte Derwisch, »zufällig habe ich deine Rufe gehört, und jetzt bin ich gekommen, um dich darauf aufmerksam zu machen, daß du den Derwischruf falsch aussprichst. Ich halte es als Glaubensbruder für meine Pflicht, dir den richtigen Ruf beizubringen, denn: Verdient macht sich, wer Rat gibt, genauso wie der, der Rat annimmt. Du mußt den heiligen Ruf so aussprechen«, und er machte es dem anderen einige Male vor.*

*Der Inselderwisch dankte ihm für die Belehrung, und der gelehrte Derwisch stieg wieder in sein Boot und begann, zum Ufer zurückzurudern. Er fühlte sich sehr zufrieden und guter Dinge, schließlich hatte er eine gute Tat vollbracht. Denn hieß es nicht, wer die heilige Formel richtig ausspreche, könne sogar über Wasser gehen? Er selbst hatte es zwar noch nie gesehen, aber er hoffte, dieses Ziel eines Tages selbst zu erreichen.*

*Noch in Gedanken versunken, hörte er von der Insel wieder den unsinnigen Ruf »YA HU« herüberschallen. Mißbilligend schüttelte er den Kopf über die menschliche Natur und ihre Beharrlichkeit, in Irrtümern zu verharren. Manchen Menschen war einfach nicht zu helfen.*

*Plötzlich sah er eine seltsame Erscheinung. Von der Insel her näherte sich ihm der andere Derwisch, und — er traute seinen Augen kaum — er ging über das Wasser. Verblüfft hörte er auf zu rudern und starrte der herankommenden Gestalt entgegen.*

*»Entschuldige, Bruder, wenn ich dich belästige«, sagte der Inselderwisch, als er herangekommen war, »bitte unterweise mich noch einmal. Ich kann mir den wahren Ruf einfach nicht merken.«*

Gibt es so etwas wie *die Wahrheit?* Oder führen nicht doch alle Wege in den Himmel? Hat der Papst recht? Oder vielleicht doch die letzten Heiden dieser Welt? Taugen die modernen Wissenschaften dazu, die Welt schlüssig zu erklären, oder haben am Ende etwa die »esoterischen Spinner« recht? Jeder hat da so seine eigene Meinung.

Im Laufe unserer Geschichte wurden und werden um der »Wahrheit« und um des »wahren Glaubens« willen ganze Völkergruppen gnadenlos ausgerottet. Durch alle Zeiten, und mit nur wenigen Ausnahmen, haben fast alle Kulturen andersgläubige Menschen verfolgt, diffamiert und ausgegrenzt. Und oft genug wurden die schlimmsten Auswüchse im Namen der Wahrheit und im Namen Gottes begangen.

Nicht unbedingt im Namen Gottes, aber immer noch unerbittlich, findet dieser Glaubenskrieg auch heute noch allstündlich irgendwo in der Welt an irgendeinem Küchentisch, am Arbeitsplatz, im Bett und auf der politischen Weltbühne statt. Wegen unterschiedlicher Ansichten zerbrechen Freundschaften, kämpfen Söhne gegen ihre Väter und Mütter gegen ihre Töchter. Zwei gegensätzliche Meinungen über das Zusammenleben oder -arbeiten arten schnell in heftige Grabenkriege aus, und Fragen der Kindererziehung können ganze Generationen entzweien. Woher aber beziehen wir die unerschütterliche Sicherheit, daß das, was wir glauben, wirklich wahr ist?

Jede Zivilisation, jeder Mensch, trägt in sich den festen Glauben, so wie er die Welt erlebt und erklärt, sei sie letztlich wahr. Doch wenn unsere eigene Sicht der Welt »wahr« ist, wie kommt es dann, daß so viele unterschiedliche Wahrheiten problemlos nebeneinander existieren und gelebt werden können?

Der Welt scheint es völlig egal zu sein, was wir über sie glauben und wie wir sie interpretieren. Sie funktioniert nach ihren eigenen Gesetzen. Unsere steinzeitlichen Vorfahren erklärten sich den Ursprung der Welt und den Sinn ihres Daseins sicher ganz anders, als es beispielsweise ein moderner Teenager der westlichen Kultur sieht. Das Leben zur Zeit Buddhas und der bunte Götterhimmel Indiens haben mit dem Glaubensmodell eines strenggläubigen Puritaners wenig gemein. Und doch findet jede Glaubensrichtung genau die Zeichen und Erklärungen, die ihr jeweiliges Weltmodell schlüssig erklärt. Dabei hat jedes dieser Erklärungsmodelle natürlicherweise Grenzen und wirft Fragen auf, die sich aus ihm heraus nicht schlüssig beantworten lassen. Das aber blenden wir gerne und sehr geschickt aus oder erfinden notdürftige Erklärungen.

# Subjektive Welt/objektive Welt

 Das meiste, was wir für wahr halten, hat sich über einen langen Zeitraum entwickelt und bewährt. So ist es kaum verwunderlich, wenn der größte Teil der Menschheit fest davon überzeugt ist, daß es eine objektive, absolute und bedingungslose Wahrheit gibt. Wir* teilen diese Meinung nicht.

---

*die Autoren

Vielmehr meinen wir, daß die Vorstellung einer absoluten objektiven Wahrheit ein Irrtum ist, der besser durch den Glauben an verteilte Wahrheiten ersetzt werden sollte. Denn viele Wahrheiten wurden und werden uns von Menschen aufgedrängt, die über Macht und Einfluß verfügen.

In einer Kultur, in der Wahrheit immer als absolut verstanden wird und der Mythos einer objektiv wahren Welt außerordentlich lebendig ist, haben Personen wie Eltern, religiöse Führer, Politiker, Wirtschaftsbosse, Wissenschaftler und die Medien kraft ihrer Machtposition die Definitionsgewalt darüber, was wir letztlich als wahr – als objektiv und absolut wahr – zu betrachten haben.

Manche der von Eltern, Medien, Politikern oder Wissenschaftlern formulierten Wahrheiten entpuppen sich schnell wieder als unwahr und werden durch andere ersetzt. Die meisten Wahrheiten aber, die wir über unsere unmittelbare physische und soziale Umwelt, uns selbst und andere Menschen im Laufe der Zeit annehmen, gelten dagegen als unumstößlich und absolut. Und das nicht ohne Grund, denn für unser Alltagsleben ist die Annahme, etwas sei wahr, ein wichtiges Instrument, weil es uns in die Lage versetzt, in unserem individuellen Kosmos zu existieren. Diese Wahrheiten erleben wir als so offensichtlich wahr, daß wir sie gar nicht mehr in Frage stellen.

Und tatsächlich setzt sich die Welt aus Objekten zusammen. Diese Objekte weisen – unabhängig von Menschen oder anderen Lebewesen, die sie erfahren, ganz bestimmte Eigenschaften auf. Unser Wissen über die Welt erwerben wir, indem wir die Objekte in ihr erfahren und lernen, welche Eigenschaften sie besitzen und in welcher Beziehung sie zueinander stehen. Beispielsweise ist ein Stein ein separates Objekt, und er ist hart. Selbst wenn keine Menschen oder andere Wesen ihn wahrnehmen, ist er trotzdem da und hart. Wir stellen fest, daß der Stein ein separates Objekt ist, weil wir ihn anschauen, anfassen und bewegen können, und seine Härte beweist er, wenn wir ihn berühren oder versuchen, ihn zusammenzudrükken. Ganz unabhängig davon, wie unser persönliches Weltmodell aussehen mag, hat der Stein eine für alle Menschen gültige objektive Realität, und über diese können wir Aussagen machen, die objektiv und absolut wahr oder falsch sind.

Die Annahme einer vollkommen objektiven, unabdingbaren oder absoluten Wahrheit ist aus dem Alltag unserer Kultur und ihrer normalen Auseinandersetzung mit der Welt nicht wegzudenken. Wir glauben, daß wir nur von einem objektiven Standpunkt aus uns selbst, andere Menschen und die äußere Welt wirklich verstehen könnten und daß nur objektives Wissen richtiges Wissen sei. Durch eine objektive Sichtweise könnten wir persönliche Vorurteile und Neigungen überwinden, und nur so sei ein unvoreingenommener Blick auf die Welt möglich. Objektiv zu sein bedeutet, sich vom Verstand leiten zu lassen und nicht irrationalen und gefühlsbetonten Kräften zu vertrauen.

Die radikale Gegenposition vertritt der Subjektivismus, der behauptet, jedes Individuum erschaffe sich in seiner Vorstellung eine eigene Realität, frei von den tatsächlichen Gegebenheiten seiner Umwelt. Genährt wird diese Sichtweise von der täglichen Erfahrung, daß zu den wichtigsten Dingen des Lebens unsere wechselnden Gefühle, persönlichen Empfindungen, unser moralisches Handeln und eine individuelle Geisteshaltung gehören. Dies sind allesamt Zustände, die rein subjektiver Natur sind. Keiner dieser Zustände ist ausschließlich objektiv und rational zu begründen.

Auch in unseren alltagspraktischen Handlungen verlassen wir uns zum größten Teil auf unsere persönlichen Erfahrungen und entwickeln Gefühle und Intuitionen, denen wir mehr oder weniger vertrauen. Und ungeachtet der Meinungen anderer Menschen sind in problematischen Situationen unsere Sinne, unsere persönlichen Erfahrungen und unsere Intuition die besten Ratgeber, um Lösungen zu finden, die ganz auf unsere eigenen Bedürfnisse abgestimmt sind.

Was wären Musik, Malerei und Dichtung, wenn sie nicht mehr, viel mehr wären als eine Beschreibung der objektiven Welt? Kunst und Dichtung gehen über Rationalität und Objektivität hinaus und führen uns in das grenzenlose Land der Phantasie und der Realität

unserer Gefühlswelten. Und der Weg dorthin führt über die Imagination, die Vorstellungskraft und nicht über den Verstand.

Da in unserer Kultur aber der Mythos einer objektiven Sichtweise vorherrscht, richtet sich unsere Aufmerksamkeit vor allem auf das Begreifen der äußeren objektiven Welt. In anderen Kulturen gilt der Weg nach innen als die Königsdisziplin, und die Außenwelt wird als Illusion aufgefaßt, die vom Wesentlichen ablenkt.

## INNEN, AUSSEN UND DAZWISCHEN

Wo aber verläuft die Grenze zwischen objektiver und subjektiver Welt, zwischen innen und außen? Wo hört das eine auf, und wo beginnt das andere? Und was liegt dazwischen? Sind das eine und das andere vielleicht gar keine Gegensätze, sondern ein gemeinsames Ganzes?

Innenwelt und Außenwelt fließen in einem beständigen Austausch ineinander, so wie der Atem von außen nach innen fließt, um anschließend wieder von innen nach außen zu strömen. Ein Mensch, dessen Aufmerksamkeit ganz nach außen gerichtet ist und der nie Interesse für sein inneres Wesen entwickelt, weiß wenig von seinem existentiellen Sein. Solche Menschen können mit ihren Teleskopen bis zum Rand des Universums schauen und die Entstehung des Universums messen und berechnen, aber auf die existentiellen Fragen finden sie dort draußen keine Antwort. Andere orientieren sich ausschließlich nach innen und führen ein asketisches, weltabgewandtes Leben oder vertrauen allein ihren Vorstellungen von der Welt und ihren Gefühlen. Die äußere Wirklichkeit mit ihren Gesetzen und Fakten erscheint diesen Menschen zweitrangig, und manche halten sie für pure Illusion, der man weiter keine Aufmerksamkeit schenken muß.

Aber entweder ist nichts Illusion, oder alles ist Illusion. Denn das Äußere und das Innere sind untrennbar miteinander verbunden. Das eine bedingt das andere, oder besser gesagt: Innen und Außen tauschen sich in einem fließenden Prozeß miteinander aus, und erst ihr ständiger Austausch wird dem Leben gerecht und offenbart die ganze Fülle und Bandbreite unseres Erlebens. Weder das Innen noch das Außen spiegelt die ganze Wirklichkeit des Seins wider, vielmehr spielt sich unsere Erfahrungswelt dazwischen ab.

## WIE KOMMT DIE ÄUSSERE WELT IN UNSEREN KOPF?

So verschieden Menschen die Welt erleben und auf sie reagieren, die Art und Weise, wie Ereignisse aus der äußeren Welt Zugang in unser Inneres finden, ist bei allen Menschen und in allen Kulturen gleich.

Schon als Baby im Mutterleib entwickeln sich unsere fünf Sinne, durch die wir Kontakt mit der Umwelt aufnehmen. Durch Sehen, Hören, Riechen, Schmecken und Fühlen nehmen wir Informationen aus der Umgebung auf, die wir später nutzen, indem wir sie wieder abrufen oder etwas Neues in unserem Inneren konstruieren. Fast unsere ganze Kindheit dient dazu, die Sinne weiter auszubilden und sie immer feiner aufeinander abzustimmen.

Erst durch die fünf Sinne gewinnen äußere Ereignisse für uns an Bedeutung. Für jemanden, der nicht über seine Augen, Ohren und Nase, durch Schmecken und Fühlen Kontakt zur Außenwelt aufnehmen kann, bleibt die Welt außerhalb bedeutungslos. Ohne unsere Sinne würde die Umwelt uns genausowenig interessieren, wie sie einen Komapatienten interessiert. Möglicherweise würden unsere inneren Sinne dann immer noch für eine reiche und phantasievolle Innenwelt sorgen, doch von der Außenwelt wären wir abgeschnitten.

Nun kann man als aufmerksamer Beobachter seiner Mitmenschen leicht bemerken, daß das gleiche äußere Ereignis bei verschiedenen Menschen recht unterschiedliche Reaktionen hervorruft. Während der eine selbst kleine Veränderungen in seinem Umfeld wahrnimmt, beispielsweise daß jemand eine neue Brille trägt, bemerken andere nicht einmal, daß man sich in den letzten Monaten mühsam zehn Kilo abgehungert hat. Musikalische Menschen können ein einmal gehörtes Lied sofort und fehlerfrei nachsingen, während andere schon bei »Happy Birthday« unüberhörbar den falschen Ton treffen. Und jeder kennt Menschen, die sehr feinfühlig und empfindsam jede Gefühlsschwankung ihrer Mitmenschen registrieren, und andere, die dafür völlig unempfindlich sind.

Obwohl eine gesunde Person über alle fünf Sinne verfügt, sind die einzelnen Sinne in der Regel sehr unterschiedlich ausgeprägt. Ein Koch ohne einen ausgeprägten Geschmackssinn, ein Parfümeur ohne die Fähigkeit, selbst feinste Geruchsnuancen zu unterscheiden, ein Musiker ohne nahezu absolutes Gehör würden in ihrem Beruf nicht weit kommen. – Obwohl ein gesunder Mensch über alle fünf Sinne verfügt und sie auch gebraucht, sind oft einer oder zwei unserer Sinne besonders ausgeprägt und maßgeblich dafür verantwortlich, worauf wir unsere Aufmerksamkeit richten und welche Facetten der Realität wir überhaupt wahrnehmen.

Doch die unterschiedliche Nutzung bzw. Bevorzugung der Sinne erklärt allein noch nicht, warum Menschen ein und dasselbe Ereignis sehr unterschiedlich erleben. Denn zwischen das, was draußen tatsächlich geschieht, und unser inneres Erleben haben wir alle eine Menge Filter zwischengeschaltet, die nur bestimmte Dinge durchlassen. Unsere persönlichen Interessen, Vorlieben und Abneigungen, Überzeugungen, Erfahrungen, Werte und Erinnerungen filtern aus, vergrößern und verzerren das Ereignis. Sie zeigen Dinge in einem besonderen Licht und blenden andere vollkommen aus.

Nehmen wir beispielsweise einmal an, Sie wären mit einer großen Freundesclique im Kino gewesen und danach sitzen Sie zusammen und unterhalten sich über den Film. Alle haben den gleichen Film gesehen. Aber nur, weil wir objektiv gesehen alle am gleichen äußeren Ereignis teilgenommen haben, heißt das nicht, daß wir auch das gleiche erlebt haben. Jeder einzelne hat in seinem inneren Kosmos daraus ein einmaliges, ganz individuelles Erlebnis gemacht.

Einige fanden den Film langweilig, weil er viel zuwenig »action« bot, andere fanden ihn gerade deshalb wunderbar und sehr romantisch. Jemand erzählt begeistert von einer bestimmten Szene, und Sie können sich daran überhaupt nicht erinnern. Einige sind noch immer nachdenklich und tief berührt, ein anderer fand ihn hingegen lächerlich, und ein dritter ist gar eingeschlafen.

Anders gesagt: Der eine spricht mit Engeln, und der andere würde sie nicht einmal wahrnehmen, wenn sie direkt vor ihm landeten. Denn was unseren Überzeugungen widerspricht, bleibt schon in den äußersten Grobfiltern hängen und wird gar nicht wahrgenommen oder so verzerrt, bis es in unser Weltbild paßt.

Ereignisse durchlaufen auf ihrem Weg von außen nach innen eine geheimnisvolle Metamorphose und zeigen sich im inneren Abbild in seltsam mutierter Form und Bedeutung. Ähnlich wie bei dem Kinderspiel »Stille Post«, bei dem die Bedeutung der ursprünglichen Botschaft am Ende meist bis zur Unkenntlichkeit entstellt ist, haben die äußere Situation und das innere Abbild manchmal nicht mehr viel gemeinsam.

Wer beispielsweise zutiefst davon überzeugt ist, er sei nicht liebenswert, dessen Filter blenden alles aus, was ihm an Zuneigung entgegengebracht wird. Alle gegensätzlichen Erfahrungen werden entweder gar nicht wahrgenommen oder so umgedeutet, daß sie der Überzeugung entsprechen. Dann ist der andere nur nett, weil er etwas von mir will, aber nicht, weil er mich wirklich sympathisch findet.

Tückischerweise stehen unsere innere Wahrnehmung und die Bedeutung, die wir unseren Erlebnissen geben, in direkter Wechselwirkung mit unserer Stimmungslage, die wiederum direkt unseren körperlichen Zustand beeinflußt. Je nachdem, wie wir das äußere Ereignis im Inneren deuten, fühlen wir uns gut oder schlecht oder irgendwo dazwischen und verhalten uns entsprechend.

Unsere Wahrnehmungsfilter sind uns in der Regel nicht bewußt. Sie sind so sehr Teil unserer Persönlichkeit und der alltäglichen Erfahrung, daß wir sie für selbstverständlich und gottgegeben halten.

Doch nur, weil Sie bestimmte Erfahrungen gemacht haben, Erinnerungen in Ihnen wirken oder Eltern, Lehrer, Wissenschaftler oder Medien etwas behaupten, muß es nicht wahr und richtig sein. Wenn Menschen in unseren Seminaren beginnen, ihre Wahrnehmungsfilter zu entdecken und ihre Überzeugungen zu hinterfragen, sind sie über einige amüsiert, und andere erschüttern sie bis in ihre Grundfesten. Das Gewahrwerden von einschränkenden Überzeugungen und die Befreiung davon zählen mit zu den beeindruckendsten Erlebnissen, die Menschen machen, denn es versetzt sie in die Lage, sich selbst und die Welt neu zu entdecken und zu definieren.

### DIE FEINDE DES WISSENS

*Der erste Feind des Wissens ist die Furcht. Wer die Furcht überwindet, gewinnt Klarheit, und jetzt wird die Klarheit der nächste Feind. Wer auch die Klarheit hinter sich läßt, gewinnt Macht, und jetzt wird die Macht zum Feind. Wer als nächstes die Macht überwindet, hat das Ziel fast erreicht, und dann tritt der mächtigste Feind auf – das Bedürfnis nach Ruhe. Diesen Feind kann man nie ganz überwinden.*

*(Carlos Castaneda in einem seiner Bücher über den Schamanen Don Juan)*

# GLAUBENSSÄTZE, ÜBERZEUGUNGEN, WISSEN

Unsere Welt verändert sich in atemberaubender Geschwindigkeit, und wir stehen vor der gesellschaftlichen und persönlichen Herausforderung, mit dieser Entwicklung Schritt zu halten. Die Wissenschaften überfluten uns ständig mit neuen, teilweise revolutionären Erkenntnissen, und gestern noch gültige Überzeugungen sind heute schon wieder veraltet oder müssen in einem neuen Licht betrachtet werden. Die Globalisierung der Wirtschaft und die Technisierung der Arbeitswelt stellen uns persönlich vor ganz neue Aufgaben. In allen modernen Gesellschaften verlieren traditionelle Glaubensbekenntnisse und Werte rapide an Bedeutung.

In solchen Zeiten sind Flexibilität im Glauben und die ständige Bereitschaft, Neues anzunehmen und auszuprobieren, so gefragt wie nie zuvor. Was gestern noch sinnvoll war und sicher erschien, mag heute ein alter Hut sein, der die persönliche oder gesellschaftliche Entwicklung hemmt. Nur wer es wagt, überholte Überzeugungen über Bord zu werfen, kann sich den neuen Herausforderungen stellen und für aktuelle Erkenntnisse Platz schaffen.

Das gelingt immer dann relativ leicht, wenn die Neuerungen und die bereits vorhandenen Glaubenssätze zueinander passen und sich ergänzen. Schwierig wird es immer dann, wenn neue Erkenntnisse auf alte, verkrustete Überzeugungen stoßen und sich nicht einfach integrieren lassen, sondern einander ablösen müssen. Oftmals ziehen wir es dann vor, an den alten Überzeugungen festzuhalten, selbst dann, wenn die Verhältnisse sich verändert haben. Wir verhalten uns dann wie ein Tiger, der den größten Teil seines Lebens in einem engen Käfig verbracht hatte und nun in einem neuen weitläufigen Gehege untergebracht ist. Auch hier trottet er seine gewohnte Strecke ab, einige Schritte hin und wieder einige Schritte zurück. Er ist gefangen in seiner alten Vorstellung von Gitterstäben, die doch nur in seinem Kopf existieren.

Immer mehr Menschen sind davon überzeugt, daß wir unser volles menschliches Potential auch nicht annähernd ausschöpfen und bisher nur einen Bruchteil davon kennen und nutzen. Einer der Gründe, warum das so ist, sind unsere einschränkenden Glaubenssätze und Überzeugungen. Sie setzen Grenzen, wo in Wirklichkeit gar keine sind.

Sobald wir uns unserer eingefahrenen Denkgewohnheiten bewußt werden und es wagen, scheinbar eherne Wahrheiten und Überzeugungen – wenigstens versuchsweise – in Frage zu stellen, eröffnen sich neue Welten. Vermeintlich unumstößliches Wissen hinter sich zu lassen erfordert Phantasie, aber auch Mut. Denn wer feste Überzeugungen hinter sich läßt, steht zunächst auf unsicherem, schwankendem Boden. Aber als Lohn entdecken wir uns selbst, die Dinge und ihre Bedeutungen auf überraschende, neue Art.

Jeder Glaube, jede Überzeugung ist nur so gut, wie sie sich für uns als nützlich und angenehm erweisen. Daher sollten wir unsere kulturellen und persönlichen Überzeugungen sorgsam überprüfen und, wo notwendig, verändern. Erst unsere Gedanken, Wahrnehmungen und Gefühle erschaffen unser persönliches Bild von der Welt auf der großen Leinwand des Universums. Welches Bild wir malen sollen, dazu macht das Universum uns keine Vorschriften.

Glaubenssätze bestimmen nicht nur das Bild, das Sie von sich und der Welt haben, sie beeinflussen auch, wie leicht und schnell Sie Neues annehmen und lernen, und was Sie für möglich oder unmöglich halten. Überzeugungen beeinflussen unsere alltägliche Leistungsfähigkeit, unser Verhalten und unsere Gesundheit. Wir alle verfügen über Glaubenssätze, die unsere Entwicklung fördern, sowie über andere, die uns unnötig einschränken.

Unsere Überzeugungen zu hinterfragen, sie genauer zu beleuchten und alte, limitierende Glaubenssätze durch neue zu ersetzen ist daher eine wirkungsvolle Methode, mit der Sie Ihr persönliches Potential erkennen und voll ausschöpfen können. Denn »Glaube versetzt Berge«, das lehrt schon die Bibel. Je nachdem, was wir glauben, vollbringen wir Dinge, die manchmal die Grenzen menschlicher Vorstellungskraft sprengen, oder sie sperren uns in einen Käfig, dessen Gitterstäbe, wie bei dem Tiger, nur in unserem Gehirn existieren.

## ICH GLAUBE ... ALSO WEISS ICH

Glaubenssätze lassen sich in zwei Hauptgruppen gliedern. Die einen beziehen sich auf die Welt im allgemeinen oder Teile der

Welt, die anderen auf unsere eigene Identität. Glaubenssätze über die Welt formulieren wir als allgemein gültige Tatsachen wie beispielsweise: »Die Globalisierung läßt sich nicht aufhalten.« Oder: »Es gibt gute und böse Menschen.«

Eigene Überzeugungen entstehen aus Erfahrungen und sich daraus ergebenden Schlußfolgerungen. Wenn Sie beispielsweise mehrmals die Erfahrung gemacht haben, daß Sie aus jeder scheinbaren Niederlage letztlich einen Gewinn gezogen und sich weiterentwickelt haben, könnten Sie daraus die Schlußfolgerung ziehen: »Ich bin ein Stehaufmännchen, mir kann gar nichts passieren.« Oder Sie fühlten sich von Ihren Eltern nicht geliebt und ziehen daraus den Schluß: »So jemanden wie mich kann man nicht lieben. So wie ich bin, bin ich nicht richtig.«

Einer unserer menschlichen Wesenszüge ist, daß wir Erfahrungen, die wir einmal oder häufiger gemacht haben, auf alle Situationen, Dinge und Menschen übertragen und sie verallgemeinern. Das erweist sich im Umgang mit der Alltagswelt als sehr nützlich – beispielsweise, daß man alle Türschlösser im Uhrzeigersinn aufschließt –, im Bereich des Selbst- oder Weltbildes jedoch ist es eine tückische Sackgasse. Es führt zu so verallgemeinerten Selbstwahrnehmung wie »Ich bin beziehungsunfähig« oder »Ich bin depressiv«. So als wären wir zu jeder Zeit, unter allen Umständen, in jeder Situation und in jedem zwischenmenschlichen Kontakt beziehungsunfähig oder depressiv. Außer acht lassen wir bei einer solchen Selbstbeschreibung all die vielen Stunden und Zeiten, Menschen und Erfahrungen, in denen wir gute zwischenmenschliche Kontakte haben oder uns anders fühlten.

Übernommene Glaubenssätze wiederum gründen nicht auf eigenen Erfahrungen, sondern sind Überzeugungen, die wir von Eltern, wichtigen Bezugspersonen oder Autoritäten hören und als wahr übernehmen.

Eigene und übernommene Glaubenssätze wirken wie Wahrnehmungsfilter, die auf der bewußten und unbewußten Ebene dafür sorgen, daß nur bestimmte Ausschnitte der Wirklichkeit wahrgenommen werden. In der Regel sind das jene, die wir für wahr und damit einzig möglich halten.

Die sich selbst erzeugende Macht des Glaubens bezieht sich aber nicht nur auf uns selbst. Auch in unseren zwischenmenschlichen Beziehungen wirken sich unsere Überzeugungen als selbsterfüllende Prophezeiungen aus. Wenn Sie beispielsweise auf Jobsuche sind und mit der Annahme in das Vorstellungsgespräch gehen, daß Sie in Ihrem Alter und mit Ihrem beruflichen Hintergrund sowieso keine Chance haben, dann werden Sie sich unsicher fühlen, gehemmt auftreten und wenig Selbstbewußtsein ausstrahlen. Dies bemerkt natürlich Ihr Gegenüber, der nun seinerseits zu zweifeln beginnt, ob Sie überhaupt in der Lage sind, die Anforderungen der ausgeschriebenen Stelle zu meistern. Daraufhin wird er gründlicher nachfragen, woraufhin Sie noch unsicherer werden und all Ihrer Ressourcen verlustig gehen. Höchstwahrscheinlich werden Sie unter diesen Voraussetzungen diesen Job tatsächlich nicht bekommen.

Unser Denken und Glauben bestimmt unser Verhalten, und wie wir uns verhalten, entscheidet über die Erfahrungen, die wir in der Welt machen. Worauf auch immer Sie Ihre Aufmerksamkeit richten und was immer Sie glauben, Sie werden es in der Welt bestätigt finden. Eine alte indische Geschichte beschreibt die Macht unseres Glaubens so:

### Der Wunschbaum

*In der indischen Version des Paradieses gibt es große Bäume, die Wünsche erfüllen. Man setzt sich einfach unter einen von ihnen, wünscht sich etwas, und schwuppdiwupp! ist es in Erfüllung gegangen.*

*Einst verirrte sich ein Mann, zufällig und ohne es zu merken, ins Paradies. Weil er müde war, legte er sich in den Schatten eines Baumes und schlief ein. Als er wieder erwachte, war er sehr durstig, und er dachte: »Ich wollte, ich hätte jetzt einen Krug kühles Wasser.« Augenblicklich erfüllte sich sein Wunsch, und ein Krug mit Wasser tauchte aus dem Nichts vor ihm auf.*

*Nachdem er seinen Durst gestillt hatte, hörte er seinen Magen knurren. »Eine Reistafel wäre jetzt genau das Richtige«, dachte er. Und vor seinen von Erstaunen erfüllten Augen segelten Teller voller köstlicher Speisen durch die Luft und landeten vor ihm auf dem Boden. Der Mann war hungrig, und so wunderte er sich nur kurz, bevor er sich gierig über die Köstlichkeiten hermachte. Viel später lehnte er sich satt und zufrieden zurück und schaute sich um. Er saß in einer wunderschönen Landschaft inmitten von blühenden Wiesen, und er dachte, wie angenehm jetzt eine schöne Frau an seiner Seite wäre. Im Handumdrehen lehnte eine verführerisch schöne Frau an seiner Schulter und strahlte ihn an.*

*Gegen Abend, die Frau lag schlafend im Schatten des Baumes, als der Mann rundum zufrieden war, fing er endlich an, sich zu wundern. Was ging hier eigentlich vor? Träumte er das alles, oder trieben übermütige Geister ein Spiel mit ihm? Versuchte ihn vielleicht sogar der Teufel? Im nächsten Moment schwirrte die Luft vor Geistern, und ein furchterregender Teufel starrte ihm ins Gesicht.*

*Da begann der Mann zu zittern und dachte: „Meine letzte Stunde ist gekommen. Sie werden mich sicher töten und in die Hölle werfen." Und so geschah es.*

Woran auch immer Sie, bewußt oder unbewußt, glauben, früher oder später wird es in Erfüllung gehen. Nichts anderes als Ihre Gedanken und Ihr Glaube erzeugen Ihr Paradies und Ihre Hölle. Gedanken und Überzeugungen machen glücklich oder unglücklich, sie treiben uns zur Verzweiflung oder gestalten eine erwünschte Gegenwart. Der wunscherfüllende Baum in der Geschichte ist nichts anderes als unser Kopf. Aus ihm heraus spinnen und weben wir die magische Welt unserer persönlichen Realität.

Damit wir unser Leben bewußt gestalten können, ist ein genauerer Blick auf unsere Glaubenssätze überaus nützlich. Denn nur wenn Sie wissen, was Sie über die unterschiedlichen Themenbereiche Ihres Lebens glauben, können Sie beginnen, einschränkende Überzeugungen zu verändern.

## ICH WEISS, ICH GLAUBE, ICH BEZWEIFLE, ICH GLAUBE ZU BEZWEIFELN ... ???

Um die verwirrende Vielfalt unserer Überzeugungen etwas übersichtlicher zu gestalten, haben wir* sie in vier Themenblöcke unterteilt:

· Glaubenssätze über die Welt
· Glaubenssätze über die eigene Identität
· Glaubenssätze über Veränderungen
· unbewußte Glaubenssätze

### Glaubenssätze über die Welt

In diesem Bereich geht es um Überzeugungen, die sich auf die Welt als Ganzes oder auf Teile davon beziehen. Glaubenssätze über die Welt erkennen Sie an Formulierungen, die sich nicht auf Erfahrungen und Erleben einer konkreten Person beziehen, sondern allgemeingültig erscheinen. In diesem Bereich handelt es sich meistens um übernommene Überzeugungen. Aber natürlich gibt es auch hier Glaubenssätze, die auf eigenen Schlußfolgerungen beruhen. Typische Sätze für diesen Bereich sind: »Geld regiert die Welt.« – »Es gibt keine Reinkarnation.« – »Liebe ist der Sinn des Lebens.« – »Männer und Frauen sind grundverschieden und können sich nicht wirklich verstehen.« – »Der Mensch ist des Menschen schlimmster Feind.«

### Glaubenssätze über die eigene Identität

Hier stehen die Überzeugungen im Mittelpunkt, die Aussagen über unser eigenes Selbst machen. Teilweise beruhen sie auf eigenen Erfahrungen und daraus gewonnenen Schlußfolgerungen, teilweise haben wir sie von anderen Menschen übernommen, sie als Tatsachen

*die Autoren

akzeptiert und zu unseren eigenen gemacht. Glaubenssätze über Ihre Identität erkennen Sie an Formulierungen wie: »ich bin«, »für mich«, »mein Leben«, »mir ist«, »ich muß« etc. Typische Sätze über das eigene Selbst sind beispielsweise: »Ich bin ein introvertierter/extrovertierter Typ.« – »Ich muß mich anpassen, damit man mich mag.« – »Ich weiß überhaupt nicht, wer ich bin.« – »Ich bin unmusikalisch.« – »Mein Leben ist verpfuscht.« – »Ich bin ein Pechvogel/zu dick/zu dumm/intelligent etc.« – »Für mich hat das Leben keinen Sinn.« – »In meinem Alter bietet das Leben keine neuen Chancen mehr.« etc.

## Glaubenssätze über Veränderungen

Diese Glaubenssätze beziehen sich auf das, was wir für möglich oder unmöglich halten. Sie spielen eine wichtige Rolle, wenn es um Lebensgestaltung und Selbstentwurf geht. Deshalb sind sie für unsere Zukunftsplanung und Ziele von entscheidender Bedeutung.

Wenn Sie Ihr Leben bewußt gestalten wollen, ist die Fähigkeit, sich selbst zu verändern, eine Grundvoraussetzung. Finden Sie also heraus, welche Einstellung Sie zu diesem Themenkomplex haben. Halten Sie beispielsweise Veränderungen für etwas völlig Natürliches und Selbstverständliches, oder machten sie Ihnen bisher eher Angst? Oder glauben Sie, daß man nun einmal so ist, wie man ist, und wirklich tiefgreifende Veränderungen gar nicht möglich sind? Sind Sie vielleicht der Meinung, daß wichtige Menschen, wie z.B. Ihre Eltern oder Ihr Partner, Sie nicht mehr lieben werden, wenn Sie sich in Ihrem Sinne verändern? Oder haben Sie das Gefühl, dann nicht mehr Sie selbst zu sein?

Solange irgendein Teil in Ihnen Veränderung als bedrohlich erlebt, wird er Veränderungen blockieren. Und so lange nehmen Sie nicht wirklich am Leben teil. Denn – ob Sie wollen oder nicht: Leben bedeutet ständige Veränderung.

Neben dem Aufspüren der entsprechenden Einstellung ist die Frage, welche Überzeugungen bisher eher hinderlich waren und welche Veränderungen das Erreichen Ihrer Ziele fördern, ein spannendes Unternehmen.

### Unbewußte Glaubenssätze

Diese Überzeugungen und Einstellungen sind, wie der Name schon sagt, normalerweise außerhalb unseres bewußten Zugriffs und entfalten ihre starke Wirkung aus dem Unbewußten heraus. Sie aufzuspüren ist ihrer Natur gemäß schwierig.

Eine Möglichkeit, ihnen auf die Spur zu kommen, ist, das eigene Verhalten zu beobachten. Am einfachsten gelingt das, wenn Sie für einen Moment so tun, als ob Sie sich selbst in einem Film zusehen, wie Sie sich verhalten. Wählen Sie dazu einen Lebensbereich aus, den Sie nach unbewußten Glaubenssätzen absuchen wollen. Erinnern Sie sich dann an eine typische Situation z.B. in Ihrer Partnerschaft/der Familie/im Beruf/bei Freunden usw.

Stellen Sie sich jetzt vor, Sie sitzen bequem im Sessel vor Ihrem Fernseher und betrachten sich selbst und die beteiligte/n Person/en auf dem Bildschirm, so als würden Sie sich einen Spielfilm mit sich selbst als Hauptdarsteller anschauen. Wie verhält sich dieser dort im Film? Was macht er? Und was läßt er mit sich machen? Schauen Sie genau hin, und lassen Sie den Film eventuell mehrmals ablaufen, bis Ihnen immer deutlicher vor Augen tritt, was genau diese Person macht und wie sie sich verhält.

Nachdem Sie diesen Film eine Weile betrachtet haben, stellen Sie sich die Frage: Was muß dieser Mensch (Sie selbst) von sich und der Welt glauben, um sich so zu verhalten bzw. sich so behandeln zu lassen?

➡ *ÜBERZEUGUNGEN AUFLISTEN*

*Alle vier vorgenannten Themenbereiche greifen teilweise ineinander über, beeinflussen sich gegenseitig und lassen sich nicht eindeutig voneinander abgrenzen. Wenn Sie sich einen Einblick in Ihre Glaubenssätze verschaffen wollen, ist es trotzdem sinnvoll, jeden einzelnen zunächst für sich zu behandeln und jeweils eine Liste Ihrer Glaubenssätze zu den einzelnen Themen zu er-*

*stellen. Dies verschafft Ihnen einen guten Überblick über Ihr Bild von der Welt.*

*Manche Überzeugungen werden schon allein dadurch entmachtet oder verlieren zumindest an Gewicht, daß Sie ihrer gewahr werden. In jedem Fall aber beginnen Sie nach dieser Arbeit klarer zu erkennen, wo Sie sich selbst Fallen stellen, weil Ihre Überzeugungen und Wünsche in entgegengesetzte Richtungen laufen.*

*Dieses Buch kann Ihnen natürlich nur einige Anregungen vermitteln und vielleicht zu der Einstellung verhelfen, daß Ihre Überzeugungen nicht per se gültig sind, sondern »gemacht« werden. Und was man »gemacht« hat, kann man auch wieder entmachten. Je ehrlicher und schonungsloser Sie dabei vorgehen, desto größer wird die Selbsterkenntnis über Ihre jetzige Lebenshaltung sein.*

*Möglicherweise sind Sie über einige Ihrer Glaubenssätze bestürzt, aber um so wichtiger sollten Sie sie nehmen und sich mit ihnen auseinandersetzen. Unseren Überzeugungen ist es völlig gleichgültig, ob der Verstand mit ihnen einverstanden ist oder nicht – sie wirken trotzdem. Und je energischer das Bewußtsein dagegen angeht, desto stärker wird der innere Konflikt. Scheuen Sie sich also nicht, auch die unangenehmen Einstellungen anzuschauen, denn wenn sie erst einmal an die Oberfläche des Bewußtseins geschwemmt wurden, können sie nicht mehr auf die gleiche Art wirken wie zuvor.*

*Höchstwahrscheinlich werden Sie auch auf einige Überzeugungen stoßen, die Ihnen einfach nur lächerlich erscheinen. Oft stammen solche Glaubenssätze aus der Mottenkiste unserer Kindheit oder gehören sogar noch zum Lebensinventar von Opa und Oma. Notieren Sie sich deshalb hinter jedem Glaubenssatz, ob er*

*a) aus eigenen Erfahrungen und Schlußfolgerung entstanden ist;*

*b) übernommen wurde und, wenn ja, von wem;*

*c) allgemeingültig formuliert ist und Sie nicht wissen, woher er stammt.*

*Auf diese Weise erhalten Sie einen klareren Überblick darüber, ob Sie Ihr Leben bisher eher auf eigenen oder fremden Schlußfol-*

*gerungen aufgebaut haben. Des weiteren kann Ihnen diese Liste als umfangreiche Informationsquelle für weitere Veränderungsarbeiten dienen. Und in jedem Fall ist sie eine gute Grundlage dafür, sich selbst besser kennenzulernen.*

### Widersprüchliche Glaubenssätze

Nun ist es häufig so, daß in einem Themenbereich, wie z.B. Geld, Liebe, Ziele, Partnerschaft, Veränderungen, Sexualität, Identität etc., teilweise sehr gegensätzliche und widersprüchliche Überzeugungen gleichzeitig vorhanden sind.

Als ich [Marlies] zum erstenmal meine eigenen Glaubenssätze zum Thema »Geld« aufschrieb, war ich über deren Gegensätzlichkeit mehr als verblüfft. Einerseits war ich der tiefen Überzeugung, »Geld verdirbt den Charakter« (ungeachtet der Tatsache, daß ich genug reiche Leute kannte, deren Charakter eindeutig nicht verdorben war). Andererseits glaubte ich, »Geld macht unabhängig und frei« – ein Zustand, den ich mir mehr als alles andere wünschte. Das Blatt füllte sich schnell mit Sätzen wie: »Geld ist ein unangenehmes Thema, darüber spricht man nicht.« – »Andere brauchen Geld nötiger als ich.« – »Bei Geld hört die Freundschaft auf.« – »Wer Glück in der Liebe hat, hat Pech im Spiel.« – »Geld ist schmutzig.« – »Geld macht auch nicht glücklich.« Die positiven Aussagen spielten in meiner Aufzählung eine untergeordnete Rolle. Am besten klangen noch: »Geld ist reine Energie«, und: »Geld ist der Gegenwert für Leistung.«

Noch während des Schreibens wurde mir klar, warum ich sowenig wie möglich mit dem Thema Geld zu tun haben wollte und warum ich immer zu wenig hatte. Entschlossen begann ich, meine hinderlichen Überzeugungen zum Thema Geld zu verändern. Als erstes suchte ich mir eine Affirmation, die mir nützlicher und sinnvoller erschien als die alten Überzeugungen. Meine damalige Affirmation lautete: »Meine Arbeit ist es wert, gut bezahlt zu werden.«

Die Affirmation änderte zwar meine Blickrichtung, aber dennoch veränderte sich in der Realität nicht viel – weder konnte ich besser verhandeln, noch liebte ich das Geld jetzt mehr. Kraft und Dynamik erhielt die neue Affirmation erst, als ich lernte, meine inneren Bilder den Worten anzugleichen.

Mit Hilfe eines Freundes entdeckte ich nämlich, daß ich zwar brav meinen neuen Glaubenssatz vor mich hin betete, aber wenn ich diesen Satz als inneres Bild wahrnahm, sah ich es klein, grau, blaß und weit weg von mir, wie ein kleines, unscharfes Foto. Meine Affirmation, in Bilder umgesetzt, wirkte nicht sehr überzeugend und sah wenig verlockend aus. Dachte ich dagegen an die alten Sätze, stiegen die dazugehörenden inneren Bilder groß, in hellen, strahlenden Farben und sehr lebendig vor meinem inneren Auge auf.

Ich lernte schnell, die einschränkenden Glaubenssätze zu entmachten, indem ich sie als kleine, unscharfe, graue Standfotos in weite Ferne rückte. Wenn ich sie dort sah, konnte ich kaum glauben, daß sie mir jemals etwas bedeutet hatten. Den neuen Glaubenssatz, meine Affirmation, setzte ich dagegen in hellen, strahlenden Farben in lebendige Bilder um. Groß waren diese Bilder und fast kitschig schön. Und irgendwie begannen sie unwiderstehlich anziehend zu werden. Heute bin ich immer noch nicht reich, aber mein Verhältnis zu Geld hat sich inzwischen zu meiner Zufriedenheit verändert.

➡ *Die innere Bildsprache verändern*

*Wie stark das Verändern der inneren Bildwahrnehmung meine {Marlies} Gefühle und Überzeugungen beeinflußte, erschien mir damals wie ein kleines Wunder. Als ich später eine NLP-Ausbildung machte (NLP: Neuro-Linguistisches Programmieren), lernte ich diese feinsten wahrnehmbaren Unterschiede der inneren Bilderwelt als wirkungsvolle Instrumente kennen. Denn die Art und Weise, wie innere Bilder aufgebaut sind, übt einen weit größeren Einfluß auf unsere Gefühle aus als das, was sie inhaltlich abbilden.*

*Ob wir diese Bilder farbig oder schwarzweiß, hell oder dunkel, nah oder fern, als Standfoto oder Film, verschwommen oder scharf, groß oder klein sehen, verändert unser subjektives Erleben. Diese Unterschiede in der Wahrnehmung unserer inneren Bilder kann man als Programmiersprache unseres subjektiven Erlebens bezeichnen. Sie wirken wie eine Codierung, die uns signalisiert, welche Bedeutung eine innere Vorstellung hat, was dann die entsprechende Gefühlsreaktion hervorruft. Verändert man die innere Bildsprache, so verändern sich Bedeutung und Gefühle automatisch mit.*

*Sie können das leicht selbst überprüfen, indem Sie beispielsweise an eine Person denken, in deren Gegenwart Sie sich bisher unsicher, gehemmt oder ängstlich fühlen. Lenken Sie Ihre Aufmerksamkeit nun auf das, was Sie im Inneren sehen, wenn Sie an diese Person denken (sollten Sie Ihre inneren Bilder bisher nicht bewußt sehen, stellen Sie sich einfach vor, Sie würden sie sehen). Nehmen Sie sich einen Moment Zeit, so daß das Bild sich in allen Einzelheiten entwickeln kann. Nehmen Sie nun wahr, ob Sie dieses Bild direkt vor sich oder meterweit von sich entfernt sehen. Ist es grau, unscharf, schwarzweiß oder hell und von großer Farbintensität? Ist die Größenrelation zwischen Ihnen und der anderen Person normal, oder sehen Sie sich kleiner oder größer als in Wirklichkeit? Erleben Sie die Erinnerung als lebendigen Film oder eher wie ein Standfoto? Gehören zu diesem Bild Geräusche und Stimmen, oder ist es still? Achten Sie als nächstes darauf, welches Gefühe in Ihnen entstehen, während Sie das Bild betrachten. Wie würden Sie dieses Gefühl bezeichnen? Und welche Körperempfindungen steigen in Ihnen auf? Wie fühlen sich Ihr Kopf, Bauch und Brustraum an? Nehmen Sie sich Zeit, das Bild in aller Ruhe zu betrachten, Ihren Empfindungen nachzuspüren und möglichst viele Einzelheiten zu erleben.*

*Mit dem nächsten Schritt gehen Sie nun zu einer Veränderung des Bildes über. Stellen Sie sich einen kleinen Schwarzweißfernseher vor, der etwa fünf Meter von Ihnen entfernt links unten auf dem Boden steht. Sehen Sie die Situation oder die Person nun in diesem kleinen, weit entfernten Schwarzweißfernseher dort unten links auf dem Boden. Wie verändern sich Ihre Körperempfindungen, wenn Sie die Situation nun schwarzweiß und aus der Entfernung betrachten? Und wie würden Sie Ihre Gefühle jetzt beschreiben?*

*In den allermeisten Fällen verliert das ursprüngliche Bild an Kraft, und Sie fühlen sich sofort besser. Denn für die meisten Menschen bedeutet die Bildcodierung »kleines Bild, schwarzweiß, links unten und einige Meter entfernt«: Inhalt unwichtig. Automatisch werden dadurch Gefühle entweder schwächer oder sogar vollständig neutralisiert. Allerdings nicht bei allen Menschen.*

*Zwar gibt es einige Veränderungen des Bildes, die bei fast allen Menschen wirken, dennoch ist der überwiegende Teil der Codierung bei jedem einzelnen »individuell programmiert«. Sollten Sie bei dieser kleinen Übung also keine große Veränderung Ihres Erlebens gespürt haben, heißt das nicht, daß Bildveränderungen bei Ihnen nicht wirken. Wie bei jedem Menschen ist auch Ihr inneres Erleben auf eine bestimmte Art strukturiert, nur ist Ihre Codierung etwas anders aufgebaut als die hier beschriebene.*

*In diesem Fall gilt es, die feinsten wahrnehmbaren Unterschiede herauszufinden, die den Unterschied in Ihrem ganz persönlichen Erleben bewirken. Alle unterschiedlichen Feinheiten hier zu beschreiben sprengt natürlich den Rahmen dieses Buches; wir wollen Sie mit dieser Übung nur darauf aufmerksam machen, mit welch vergleichsweise einfachen Mitteln wir unsere Gefühle verändern können. Niemand ist der Sklave seiner Überzeugungen und Gefühle, vielmehr können wir auf vielfältige Weise gezielten Einfluß auf unsere subjektiven Überzeugungen und unsere Gefühlswelt nehmen und sie in unserem Sinne verändern.*

# BEDEUTUNG

Auch die Bedeutung eines Ereignisses ist nicht von Natur aus gegeben, sondern wird von uns Menschen festgelegt. Nirgendwo am Himmel prangt eine universelle Gesetzestafel, die uns sagt, wie wir die Welt zu sehen und zu deuten haben.

Am Anfang unseres Lebens haben Dinge, Gefühle und Menschen weder einen Namen noch Bedeutung; noch lassen sich die wichtigsten Unterscheidungen in zwei Kategorien einteilen: angenehm oder unangenehm. Erst allmählich wachsen wir in die Welt der Bedeutungsgebung hinein. Wir lernen, Menschen, Dingen, Gefühlen und Ereignissen einen Namen zu geben und sie mit einer Bedeutung aufzuladen, die wir später für die Wirklichkeit halten. Wie wir sie beurteilen und erleben, übernehmen wir größtenteils von unseren Familienangehörigen und aus der Gesellschaft, in die wir hineingeboren wurden. Unsere eigenen Erfahrungen und die daraus resultierenden Überzeugungen geben dem Ganzen dann den persönlichen Schliff.

Doch wenn Bedeutung nicht von Natur aus gegeben ist, könnte man sie dann nicht auch anders bewerten und benennen? Eben so, wie es für uns angenehmer und nützlicher ist?

Wer schon einmal das Vergnügen hatte, längere Zeit die Warum-Fragen eines neugierigen Kindes beantworten zu dürfen, weiß, wie schnell wir in Erklärungsnotstand geraten. Schon nach wenigen Fragen tauchen wir in mehr oder weniger spekulative Erklärungsbereiche ein und müssen unsere Phantasie anstrengen, um das nächste »Warum?« zu beantworten. Dabei sind so alltägliche Fragen wie »Warum ist das Gras grün?« noch harmlos. Warum allerdings das Chlorophyll wiederum ausgerechnet so funktioniert, wie es funktioniert, und die Grashalme grün macht, können gerade noch die biologisch Vorgebildeten beantworten. Spätestens dann aber, wenn es darum geht, weshalb das Gras »Gras« heißt, müssen die allermeisten passen. Ab einem bestimmten Punkt hängt jede Erklärung, jede Wortbedeutung haltlos im Raum, und wir müssen uns mit wissenschaftlichen, religiösen oder philosophischen Vermutungen und Wahrscheinlichkeiten als Erklärungsversuchen behelfen – oder schulterzuckend eingestehen, daß wir es einfach nicht wissen.

Mit einem unterhaltsamen Frage-und-Antwort-Spiel läßt sich der unsichere Boden, auf dem unsere scheinbar so festgefügten Wahrheiten, Überzeugungen und Bedeutungsgebungen beruhen, leicht ins Wanken bringen. Dieses Spiel können Sie in unzähligen Variationen mit jedem beliebigen Glauben und viel Sprachwitz zu jeder Zeit, allein und mit Partnern spielen. Im Laufe des Spiels werden Sie wahrscheinlich auf viele »Ja, aber …« stoßen – fragen Sie dann einfach weiter, worauf dieser Einwand gründet. Letztlich werden Sie unweigerlich bei den unbegreiflichen Anfängen landen. Dort, wo weder Formen noch Namen, noch Bedeutung existieren.

*Warnung:* So spannend es ist, Überzeugungen und Bedeutungsgebung zu hinterfragen, sobald sie merken, daß unser Glaube über uns selbst und die Welt eher willkürlich denn faktisch ist, reagieren manche Menschen euphorisch, andere werden ungehalten. Wenn unsere Überzeugungen und Wahrheiten in Frage gestellt werden, bewegen wir uns zunächst wieder auf schwankendem Boden. Manchmal tauchen dabei unangenehme Empfindungen auf, eine ganz normale Reaktion des Verstandes, dessen festgefügte Weltkonstruktion ins Wanken gerät. Wollen Sie also mit einem anderen Menschen dieses Spiel spielen, stellen Sie die Fragen humorvoll und mit sanfter Stimme, damit Ihr Gegenüber nicht das Gefühl hat, der Inquisition anheimzufallen, und aggressiv reagiert.

➡ Woher weisst du …?
*Nehmen Sie eine Ihrer vielen Überzeugungen, und fragen Sie sich: Woher weiß ich, daß dieser Glaube wahr ist? Ein solches Selbst-*

*gespräch oder Frage-und-Antwort-Spiel zwischen Freunden könnte in etwa so aussehen:*

»Ich bin ein Versager!« (Alternativen: Ich bin zu dick/zu dumm/ zu häßlich/intelligent/normal/schön etc.)

»Woher weißt du, daß du ein Versager bist?«

»Na, ich fühle mich so.«

»O.k., aber woher weißt du, daß ›sich so zu fühlen‹, bedeutet, daß du ein Versager bist?«

»Ich hab es immer so erlebt.«

»Ja, aber woher wußtest du damals, ganz am Anfang, daß es genau das bedeutet und nicht etwas ganz anderes?«

»Mein Vater (oder: mein Opa/Lehrer/Freund/ meine Mama/ Oma/Tante/Schwester etc.) hat das immer zu mir gesagt.«

»Und woher wußte dein Vater, daß du versagt hast? Der hätte doch ebenso gut etwas anderes denken können. Zum Beispiel: ›Hier fehlen noch Informationen, Erfahrungen, Motivation.‹«

»Ja, schon. Aber alle anderen haben es ja auch so gesehen.«

»O.k., aber woher wissen die anderen Menschen, daß es genau das bedeutet und nicht doch etwas anderes?«

»In unserer Gesellschaft wird es eben so gesehen.«

»Und woher wissen die Menschen einer Gemeinschaft, daß es genau dieses und nichts anderes bedeutet?«

»Mensch, du stellst Fragen! Irgendwann hat man es halt so festgelegt.«

»Das heißt, man hat einem bestimmten Verhalten, einem Schönheitsideal oder einem Ereignis die Eigenschaft richtig oder falsch, erstrebenswert oder schrecklich zugeordnet, und man hätte es genausogut anders deuten können? Zum Beispiel, daß in dieser oder jener Angelegenheit zu scheitern einfach nur bedeutet, daß es noch viel Interessantes zu lernen gibt. Oder üppige Körperformen erstrebenswert sind, weil sie als ein Zeichen für Wohlstand und ein ausgeglichenes, heiteres Wesen gelten?«

»Na, ja, so gesehen schon.«

»Genau. Und für welche Bedeutung entscheidest du dich?«

# Die Macht der Sprache

Wir Menschen denken und kommunizieren in Bildern und Gleichnissen; sie sind selbstverständlich und allgegenwärtig. Wir benutzen sie unbemerkt, ohne ihnen besondere Aufmerksamkeit zu schenken, und sind uns kaum bewußt, daß sie bei unserer Realitätsbildung eine entscheidende Rolle spielen, daß wir mit ihnen und durch sie unsere persönliche Welterfahrung gestalten, interpretieren und manifestieren.

So gehen wir beispielsweise in »eine strahlende Zukunft«, und wenn wir uns freuen, »geht die Sonne auf«. Wir steigen »als Phönix aus der Asche«, »blühen auf«, wenn es uns gutgeht, bezeichnen jemanden als »süß« oder finden ein Mädchen »appetitlich« und »zum Anbeißen«. Wir erleben »den Himmel auf Erden« und könnten manchmal »Bäume ausreißen« oder erklimmen den höchsten »Gipfel der Gefühle«. Wir »lassen Dinge hinter uns« und »tauchen in Phantasiewelten ein«, »befreien uns von lästigen Ketten« und »treffen ins Schwarze«. Oder aber wir fühlen uns »von einer Last niedergedrückt«, »hetzen der Zeit hinterher«, sind »sauer« oder drohen »im Sumpf unserer Gedanken und Gefühle zu versinken«. Wir »knüpfen Verbindungen« zu anderen Menschen oder »verstrikken« uns heillos in deren Schicksal, und manchmal »reißt es uns den Boden unter den Füßen weg«. Manche »sitzen in einem goldenen Käfig«, werden »von Gefühlen überschwemmt«, »schmoren in der Hölle«, oder »die Welt bricht zusammen«.

Wer auch immer denkt und fühlt, strukturiert den Kosmos seines Bedeutungsuniversums durch Gleichnisse. In Metaphern zu denken und zu sprechen ist universell verbreitet und ein unverzichtbares Mittel, um durch bildhafte Vergleiche anderen unsere Gefühle und Gedanken zu vermitteln oder uns selbst zu verstehen. Mit Hilfe von bildhaften Gleichnissen beschreiben wir unser Verständnis der Welt, unsere soziale Wirklichkeit und geistigen Erkenntnisse. Metaphern geben unseren Gedanken, Gefühlen und Handlungen eine Richtung und bestimmen in einem weit größeren Maße unser Tun und unsere Sicht der Welt, als uns normalerweise bewußt ist.

Aber ebensooft wie Metaphern Neues vermitteln, schränken sie ein, indem sie die Dinge in ein bestimmtes Licht tauchen und andere Facetten einfach ausblenden. In unserer Kultur wird beispielsweise die Tatsache, daß Menschen unterschiedliche Meinungen vertreten und darüber diskutieren metaphorisch als »Krieg« verstanden. In unserer Alltagssprache schlägt sich die Sichtweise »Argumentieren ist Krieg« in einer Fülle von Ausdrücken nieder, die auf Sieg oder Niederlage hinauslaufen. Wir betrachten die Person, mit der wir streiten, als »Gegner«, dessen Position wir »angreifen«, während wir unsere eigene »Stellung verteidigen«. Wir »gewinnen« oder »verlieren an Boden«, »schmettern Argumente ab« oder »treiben den anderen in die Enge«. Wir suchen nach »Schwachpunkten in der Verteidigung« und »entwickeln Strategien«, und wenn es hart auf hart kommt, »fahren wir schwere Geschütze auf«.

Viele unserer Handlungen und Denkgewohnheiten, die wir in Diskussionen einsetzen, folgen dem Konzept einer Kriegshandlung, werden von der Metapher »Argumentieren ist Krieg« bestimmt. Auch wenn es sich nicht um einen physischen Kampf handelt, allein durch unsere Wortwahl fühlen wir uns beim Diskutieren in ein Kampfgeschehen verwickelt, bei dem Angriff, Verteidigung, Gegenangriff, Rückzug, Vorstoß, Sieg oder Niederlage etc. zur Richtschnur werden.

Stellen Sie sich nun eine Gesellschaft vor, die beim Argumentieren nicht in kriegerischen Begriffen denkt, in der niemand angreift oder sich verteidigen muß, in der es keinen Gewinner oder Verlierer gibt. Stellen Sie sich vor, in dieser Kultur betrachtet man Diskussionen als einen Tanz, in dem die Diskutierenden als Künstler auftreten. Bei diesem Tanz ist das höchste Ziel, die unterschiedlichen Ausdrucksformen der einzelnen Künstler zur Geltung zu bringen und dabei ein harmonisches und ästhetisch ansprechendes Miteinander zu erwirken. In dieser Kultur werden die Menschen Diskussionen auf eine völlig andere Weise betrachten, anders erleben, an-

ders ausführen und in anderen Begriffen darüber reden. In dieser Kultur werden Menschen eine andere Meinung nicht bekämpfen und ausmerzen wollen. Für sie ist das Vertreten eines anderen Standpunktes keine gefährliche kriegerische Auseinandersetzung, bei der man auf der Hut sein muß. Der Austausch unterschiedlicher Standpunkte ist für Menschen dieser Kultur ein künstlerisches Geschehen, bei dem jeder Tänzer auf individuelle Art ausdrückt, was er fühlt, denkt und glaubt. Argumentieren ist ein künstlerisches Ineinanderfließen von Bewegung und Gegenbewegung, mit dem Ziel, einander zu bereichern und miteinander Spaß zu haben.

Für uns, die wir in Kriegsbegriffen über Auseinandersetzungen denken und reden, wäre dieser Tanz vermutlich nicht als Auseinandersetzung zu erkennen. Wahrscheinlich käme es uns sogar höchst merkwürdig vor, ihre Aktivitäten überhaupt als Austausch von Argumenten zu bezeichnen.

Welche Vergleiche wir als Individuum und als Gesellschaft für die Beschreibung unserer Aktivitäten, unseres Glaubens und zur Beschreibung der Welt benutzen, erschafft Realitäten. Genau wie Glaubenssätze lenken sie unsere Aufmerksamkeit in eine Richtung und zeigen Situationen in einem bestimmten Licht.

In einer Gesellschaft, in der Diskutieren und Streiten als Tanz begriffen wird, bräuchte man vor Auseinandersetzungen keine Angst zu haben. Nicht Kampf, Sieg, Niederlage und Abgrenzung sondern Kunst, Bewegung, Austausch, Genuß und Zugehörigkeit wären dann die Assoziationen, die das Diskutieren beschreiben. Also eher lustbetonte, sinnliche Aspekte des Austausches von unterschiedlichen Meinungen.

Worten wohnt eine magische Kraft inne, und die Metaphern, die wir daraus bilden, sind es allemal wert, genauer betrachtet zu werden. Die Wirklichkeit, in der wir leben, ist zunächst eine »virtuelle Realität«, die wir selbst mit Worten und Metaphern herstellen. Sobald wie uns dieser Tatsache bewußt sind und sie nicht nur intellektuell, sondern auch mit dem Bauch begreifen, erkennen wir die ungeheure Macht, die unsere Vorstellungen über uns und andere haben. Dann können wir beginnen, verantwortlicher damit umzugehen, und die Gewohnheit ablegen, negative Metaphern zu verwenden, die uns selbst oder andere verletzen und früher oder später wie Zeitbomben explodieren. Die Sprache ist eines der mächtigsten Werkzeuge unserer Vorstellungskraft, und sie kann als lindernder Balsam oder als vernichtende Waffe eingesetzt werden. Es lohnt sich daher, genauer zu überprüfen, mit welchen Gleichnissen Sie sich selbst und andere beschreiben und welches Bild der Welt Sie durch Ihre Worte erschaffen.

*Könige sollten weise und gerecht herrschen, und so beschloß Gott Krishna, die Weisheit seiner irdischen Stellvertreter zu überprüfen.*

*Als ersten ließ er einen König zu sich kommen, dessen Volk vor seiner Grausamkeit zitterte und in ständiger Angst lebte. Diesem König erteilte Krishna den Auftrag, in die Welt hinauszugehen, um einen wahrhaft guten Menschen zu finden. Diesen Menschen sollte der König zu Krishna bringen.*

*Also zog der König in die Welt hinaus, um einen wahrhaft guten Menschen zu finden. Er reiste weit in der Welt herum, und er lernte viele Menschen kennen. Doch in all den Jahren und in all den Ländern, die er bereiste, fand er keine Menschenseele, die wahrhaft gut und edel war. Schließlich kehrte er zu Krishna zurück und berichtete: »Ich habe überall auf der Welt nach einem guten und edlen Menschen gesucht, so wie du es mir aufgetragen hattest. Aber alle stellten sich als selbstsüchtig und böse heraus. Diesen guten Menschen, den du suchst, den gibt es nirgendwo auf der Welt!«*

*Krishna nickte und schickte ihn weg. Nun ließ er einen weiteren König zu sich kommen. Dieser war für sein gütiges Wesen und seine Großzügigkeit bekannt. Sein Volk liebte und verehrte ihn. Auch diesem König befahl Krishna, in die Welt hinauszuziehen. Doch lautete sein Auftrag diesmal: »Suche einen wahrhaft bösen und abgrundtief schlechten Menschen, und bringe ihn zu mir, sobald du ihn gefunden hast.«*

*Also zog dieser König in die Welt hinaus, um einen wahrhaft bösen Menschen zu finden. Jahrelang reiste er kreuz und quer durch vertraute und fremde Länder und suchte eifrig nach dem Bösen. Schließlich kehrte er zu Krishna zurück: »Es tut mir leid, Herr, sosehr ich auch gesucht habe, ich konnte nirgendwo finden, wonach du mich ausgesandt hast. Ich fand irregeleitete Leute, ich fand Leute, die handeln, bevor sie denken, ich fand Menschen, die blindlings reagieren. Doch nirgendwo konnte ich ei-*

*nen wahrhaft bösen Menschen finden. Sie mögen Fehler machen, doch im Herzen sind sie gut.«*

Mit welchen Gleichnissen beschreiben Sie metaphorisch Ihr Leben im allgemeinen oder in Teilbereichen? Ist die Erde für Sie eine Strafkolonie für verlorene Seelen, ein irdisches Jammertal? Oder eher ein Paradies, das täglich neu erschaffen werden will? Vielleicht sprechen Sie von der Welt aber auch als einem Lebewesen, mit dem Sie in enger Symbiose leben? Möglicherweise ist die Welt in Ihren Augen ein Selbstbedienungsladen, vielleicht auch die Schule des Lebens.

Und wenn Sie Ihr persönliches Leben wie einen Film anschauen, würden Sie sagen, es ist ein Drama, eine Komödie, ein Krimi oder eine täglich neu inszenierte Seifenoper? Und welche Haupt- und Nebenrollen spielen Sie überwiegend? Die tragische Heldin, das unschuldige Opfer oder den skrupellosen Täter? Vielleicht geben Sie aber auch gerade die Diva oder den gnadenlosen Rächer, die naive Prinzessin oder den sensiblen Künstler, der sich aus der Welt zurückzieht.

Und wenn Sie sich Ihr Leben unter diesen Aspekten betrachten, finden Sie, daß die Metaphern, die Sie benutzen, die bestmöglichen sind? Wollen Sie diese Art Film und die entsprechenden Haupt- und Nebenrollen den Rest Ihres Lebens weiterspielen? Oder gibt es andere Metaphern und Rollen, die angenehmere Gefühle verschaffen und Ihren Hoffnungen und Plänen besser entsprechen?

# Freiheit der Entscheidung

## oder
## Was will ich glauben?

Angenommen, Sie stimmen den Überlegungen der vorhergehenden Kapitel zu, glauben also, daß es nicht *die* Wahrheit gibt und daß unsere übernommenen und selbsterzeugten Glaubenssätze und Überzeugungen veränderbar sind, dann stellt sich spätestens jetzt die Frage: Was will ich glauben? Dabei geht es allerdings nicht nur darum, die bisherigen Überzeugungen und Wahrheiten zu hinterfragen oder sich ihrer zu entledigen, sondern vor allem darum, sinnstiftende, der eigenen Persönlichkeit und der Jetztzeit entsprechende neue Überzeugungen zu gestalten.

In unseren* Seminaren und Einzelcoachings stellen wir immer wieder fest, daß die allermeisten Menschen stundenlang über ihre Probleme reden könnten und es ihnen sehr leicht fällt, zu schildern, was sie nicht mehr wollen. Unterbrechen wir diesen Redefluß und fragen: »Und was wollen Sie statt dessen? Was ist Ihr Ziel?«, verstummen sie, und ihre Gesichter spiegeln Ratlosigkeit wider.

Offensichtlich haben nur wenige Menschen eine Vorstellung davon, was genau sie sich anstelle der gegenwärtigen Situation wünschen und wie eine Lösung aussehen könnte. Und selbst die, die eine Vorstellung davon haben, beschreiben ihre Ziele meist als Negation eines Problems: »Ich möchte nicht mehr ...« Das ist so, als würde jemand in ein Reisebüro gehen und sagen: »Ich möchte nicht nach Sibirien.« Ja, wohin dann? »Nicht nach Sibirien« ist noch kein Reiseziel. Und selbst wenn jemand weiß, daß auch Grönland, Japan und Alaska nicht in Frage kommen, ist immer noch nicht klar, wohin die Reise statt dessen gehen soll. Erst wenn jemand entscheidet, er will auf eine tropische Insel, ist das Reiseziel positiv

---

*die Autoren

umschrieben. Denn ein Ziel ist erst dann positiv formuliert, wenn die Beschreibung des Ziels ohne verneinende Worte wie *nicht, kein, aufhören* und ähnliches auskommt. Damit ist das erste Kriterium für lang- oder kurzfristige Ziele erfüllt.

Das nächste Kriterium besteht darin, das Ziel konkreter zu bestimmen. Welche tropische Insel genau? Will der Mensch in die Karibik oder lieber nach Asien? Nehmen wir an, er entscheidet sich für Hawaii. Jetzt kann man beginnen, die Reise im Detail zu planen. Man besorgt sich Kataloge, Reiseführer oder Videos und schaut sich die verschiedenen Landschaften und Hotels an, informiert sich, welche Temperaturen dort herrschen, welche Reiseunterlagen und Impfungen gebraucht werden usw. Um ein wirklich konkretes Ziel und einen detaillierten Plan zu dessen Verwirklichung zu haben, fragt man sich: Wann, wie, wo, mit wem, wird was genau gemacht?

Und schließlich kommen wir zum entscheidenden Kriterium: Liegt das, was man will, überhaupt im Bereich der eigenen Zuständigkeiten und des Machbaren? Kann man dieses Ziel durch eigene Anstrengungen erreichen? Hat man das Geld, die Zeit, alle Unterlagen etc., um Urlaub auf Hawaii zu machen?

Beim nächsten Preisausschreiben auf einen Hauptgewinn zu hoffen, wäre demnach eher ein frommer Wunsch als ein Ziel. Steht es in meiner Macht, das Preisausschreiben zu gewinnen? Natürlich nicht. Ich kann zwar die Voraussetzung dafür schaffen, indem ich teilnehme, aber wer gewinnt, liegt nicht mehr in den eigenen Händen. Genauso kann ich mir zwar wünschen, mein Partner möge sich endlich in meinen Traummann verwandeln, ändern kann ich ihn nicht. Zum einen weil er seine Persönlichkeit wahrscheinlich gar nicht ändern will, zum anderen weil es nicht in meine Zuständigkeit fällt, andere Menschen nach meinen Vorstellungen umzuformen.

Wenn ich mir dagegen ein harmonischeres Miteinander als Ziel setze und beim Verändern bei mir selbst anfange, stehen die Chancen, das Erwünschte auch zu erreichen, ziemlich gut. Ich kann mir wünschen, es gäbe keinen Hunger und Krieg mehr auf der Welt, abschaffen kann ich sie nicht. Es sei denn, ich schraube das große

Ziel auf die realen Möglichkeiten herunter und helfe gezielt einem Kind, einer Gruppe, einem Verein, um die Not zu lindern.

Erfüllt ein Ziel die drei Kriterien – ist es erstens positiv formuliert, zweitens konkret und drittens unter eigener Kontrolle –, so stellt man sich vor, das Ziel ist schon erreicht. Um bei unserem Beispiel zu bleiben: Ich sitze in Hawaii am Strand unter einer Palme, vor mir das türkisfarbene Meer, und ich frage mich, ob sich die Erwartungen an diesen Urlaub erfüllt haben. Die meisten werden genau das erleben, was sie sich erhoffen: Sonne, Strand, Palmen, Ruhe, Partys, gutes Essen, gute Gefühle. Einige merken bei dieser Überprüfung ihres Zieles vielleicht, daß das erhoffte eigentliche Ziel dieser Reise, z.B. die Beziehung zu retten, sich nicht erfüllt; auch der schönste Urlaub und noch so heiße Nächte können die Partnerschaft nicht mehr retten. Und ein paar werden feststellen, daß Urlaub auf Hawaii ja ganz schön wäre, sich der Aufwand aber nicht wirklich lohnt. Je nachdem, wie die Bestandsaufnahme dieser kurzen Reise in die Zukunft ausgefallen ist, fällt das Ziel in den virtuellen Papierkorb, wird auf der Wunschliste abgespeichert und dem Universum zur Auslieferung anvertraut oder aber seine Verwirklichung durch konkrete Schritte in die Wege geleitet.

Ist ein Ziel, das die drei Vorgaben erfüllt, erst einmal gefunden, kann sich der Fokus der Aufmerksamkeit klar und eindeutig darauf ausrichten und Realitäten erschaffen. Denn worauf auch immer Sie Ihre Aufmerksamkeit konzentrieren, das wird auf diese Weise regelrecht mit Energie gefüttert. Je erfolgreicher ein Mensch dabei ist, seine Wünsche, Hoffnungen und Pläne umzusetzen, desto bewußter richtet er seine Aufmerksamkeit auf sein Ziel und verfolgt es Schritt für Schritt, ohne von ihm abzulassen. Er wartet nicht darauf, daß etwas mehr oder weniger zufällig seine Aufmerksamkeit fesselt oder der Zufall ihm das Gewünschte beschert, sondern er erreicht etwas, indem er bewußt seine Aufmerksamkeit darauf ausrichtet. Das fängt bei der Überprüfung der eigenen oder übernommenen Überzeugungen an, setzt sich über die Art der Formulierung und die Ausgestaltung der inneren Bilder fort und findet in der schrittweisen Umsetzung Bestätigung. Lernen Sie, Ihre Aufmerksamkeit willentlich zu lenken, und Sie nutzen eines der wirkungsvollsten Werkzeuge, über die wir Menschen verfügen.

## Dein Meisterwerk bist du selbst

### Zwei Adler

*Einst fiel ein junger Adler aus dem Nest. Ein Bauer, der zufällig vorüberkam, nahm ihn mit nach Hause und brachte ihn in seinem Hühnerhof unter. Dort wuchs der junge Adler inmitten der Hühner auf.*

*Zuerst blickten die Hühner mißtrauisch auf den Fremdling, der wild mit den Flügeln flatterte und sich ungeschickt in die Luft erheben wollte. Aber weil der Adler noch jung und anpassungsfähig war, lernte er schnell, sich wie ein Huhn zu benehmen, und schon bald unterschied er sich nur noch äußerlich von den Hühnern. Wie die Hühner scharrte er im Boden nach Würmern, pickte Körner aus dem Napf und versuchte so zu gackern, wie Hühner es eben tun. Im Laufe der Zeit entwickelte er darin eine gewisse Geschicklichkeit.*

*Allmählich verkümmerte dieser seltsame Drang, sich in die Luft zu erheben. Nur hin und wieder, wenn ein Schatten über den Hühnerhof glitt und alle seine Gefährten hysterisch gackernd unter Hecken und Bäumen Schutz suchten, blickte er als einziger zu dem Schatten hinauf, und eine eigenartige Sehnsucht befiel ihn. Aber weil er sich diese Gefühle nicht erklären konnte und die anderen Hühner ihn so merkwürdig ansahen, wenn er mit ihnen darüber reden wollte, verdrängte er seine Sehnsucht. Und als das nächste Mal der Schatten über den Hof flog, zog er wie die anderen den Kopf ein und flüchtete mit ihnen in den Schutz der Hecke.*

*Jahre später kam ein Wanderer am Hühnerhof vorbei. Als er den Adler im Hühnerhof sah, fragte er den Bauern: »Wie kommt es,*

*daß du einen Adler im Hühnerhof hältst? Weißt du nicht, daß er für ein ganz anderes Leben bestimmt ist?«*

*Der Bauer erzählte ihm, wie er den jungen Adler gefunden und wie er, weil er sich keinen anderen Rat gewußt hatte, ihn eben zu den Hühnern gesetzt hatte. »Und wie du sehen kannst, fühlt er sich hier unter den Hühnern wohl. Er ist jetzt einer von ihnen.«*

*Der Wanderer schüttelte den Kopf und bat darum, den Adler auf eine Wanderung mitnehmen zu dürfen. Der Bauer hatte nichts dagegen, und so holte der Wanderer den Adler aus dem Gehege, setzte ihn auf seine Hand und verließ den Hof.*

*Langsam und gemächlich wanderte er mit dem Adler den Hügeln entgegen. Der Adler saß mit angelegten Flügeln und eingezogenem Kopf auf seiner Hand, und nur gelegentlich riskierte er einen ängstlichen Blick in die fremde Umgebung. Der Wanderer stieg mit ihm auf einen Hügel, von dem aus man einen herrlichen Blick über die weite Landschaft hatte, aber der Adler sah nur wenig davon.*

*Am Abend brachte der Wanderer den Adler zurück zum Hühnerhof. Erleichtert flatterte der Adler auf den Boden und begann eifrig nach Würmern zu scharren, froh, wieder bei seinen Gefährten zu sein.*

*Einige Tage später kehrte der Wanderer zurück, setzte den Adler wieder auf seine Hand und wanderte mit ihm zu den fernen Hügeln. Dieses mal blickte der Adler sich neugierig um. Als sie auf der Spitze eines hohen Hügels angelangt waren, hob der Wanderer den Adler auf seiner Hand hoch in die Luft. Der Adler flatterte mit seinen Schwingen, um das Gleichgewicht zu halten, und dabei erhob er sich zu seinem eigenen Erstaunen ein wenig in die Luft. Obwohl es ein beglückendes Gefühl war, frei zu schweben, erschrak er und klammerte sich schnell wieder an den festen Halt der Hand. Der Wanderer lächelte, stieg mit ihm wieder den Berg hinunter und lieferte ihn im Hühnerhof ab.*

*Der Adler benahm sich nach wie vor wie ein Huhn, aber gleich-*

zeitig wartete er von nun an sehnsüchtig auf den Wanderer. Als dieser das nächste Mal kam, flatterte er ganz von selbst auf dessen Hand, reckte stolz den Kopf und schien es kaum abwarten zu können, aus dem Gehege herauszukommen.

Wieder stiegen sie auf die hohe Bergspitze hinauf. Es war ein wunderschöner Sommertag; ein laues Lüftchen wehte, am Himmel segelten weiße Wolken vorüber, und tief unter ihnen breitete sich das herrliche, weite Land mit grünen Wäldern und fruchtbaren Feldern aus. Der Wanderer hob seinen Arm und schwenkte ihn vorsichtig durch die Luft. Zuerst krallte der Adler sich ängstlich fest und flatterte aufgeregt mit seinen Flügeln; dabei erhob er sich, ohne es zu wollen, erst ein wenig, dann immer ein bißchen höher in die Luft. Wie von selbst breiteten sich seine Schwingen aus, und der Wind trug ihn immer höher in den Himmel hinein. Plötzlich stieß er einen lauten, triumphierenden Schrei aus und begann, erst enge und dann immer weitere Kreise über dem unter ihm liegenden Land zu ziehen. Fast schwerelos segelte er durch den endlos weiten Himmel.

Ein König in seinem eigenen Reich.

Diese Geschichte erzählen wir* oft in Seminaren. Danach bleibt es meistens eine Weile ganz still. Dem einen oder anderen Teilnehmer stehen Tränen in den Augen, einige kreisen in Gedanken noch mit dem Adler am Himmel, andere lächeln nachdenklich oder sind sichtlich betroffen.

Manchmal erzählen wir die Geschichte allerdings mit einem anderen Ende, der Anfang bleibt der gleiche:

Der kleine Adler fällt aus dem Nest. Der Bauer findet ihn und bringt ihn in seinem Hühnerhof unter. Wieder sind die Hühner dem jungen Adler gute Gefährten und willige Lehrmeister. Bald kratzt er in der Erde nach Würmern und gluckst und gackert, wie ein ordentliches Huhn das zu tun hat. Hin und wieder be-

---

*die Autoren

*nutzt er seine Flügel, um schneller als die anderen ein fettes Insekt zu ergattern, aber meistens stolziert er auf dem Boden herum, genau wie Hühner es tun. Die Jahre vergehen, und eines Tages gleitet ein herrlicher Vogel über den wolkenlosen Himmel. Direkt über dem Hühnerhof schwebt er mit weitausgebreiteten Flügeln dahin, fast schwerelos und sehr majestätisch.*

*Ehrfürchtig blickt der Adler zum Himmel empor. »Wer ist das?« fragt er seine Gefährten.*

*»Das ist ein Adler. Man sagt, er sei der König der Lüfte«, antwortet ein Huhn. »Aber laß mal. Du und ich, wir sind anders.« Und so vergißt der Adler den herrlichen Schatten am wolkenlosen Himmel und stirbt in dem Glauben, ein Huhn zu sein.*

Erzählen wir die Geschichte auf diese Weise, herrscht tiefe Betroffenheit. Niemand lächelt, niemand schwebt in Gedanken mit dem Adler am Himmel. Niemand faßt den Entschluß, die Metapher morgen in seinem Leben umzusetzen. Meisterstücke eines Lebens sind beide Geschichten. Die eine, weil es dem Adler gelingt, er selbst zu werden; und die andere, weil er sich demütig in ein Leben fügt, von dem er glaubt, es sei das seinige.

## Zurück zum ursprünglichen Wesenskern

Die Frage, ob wir unsere Talente, Charakterzüge und Wesensmerkmale ins Leben mitbringen oder ob sie von unserem sozialen Umfeld und Förderungen abhängen, wird von Wissenschaftlern ebenso heiß diskutiert wie von unterschiedlichen Glaubensrichtungen. Für die einen ist unsere Persönlichkeit ein von Familie, Zeitgeist und Umwelt geprägtes Produkt, während andere glauben, daß wir die lebensbestimmenden Wesensmerkmale und Lebensaufgaben aus anderen Dimensionen mitbringen.

Unabhängig davon, was Ihr ganz persönlicher Glaube ist, lassen Sie uns einmal annehmen, Sie wären bei Ihrer Geburt, zu Anfang Ihres Lebens, ein unbeschriebenes, leeres Blatt. Und auf dieses unschuldig reine Blatt beginnen nun alle möglichen Leute etwas zu schreiben. Man gibt Ihnen einen Namen und trägt ihn zusammen mit Ihrer Staatsangehörigkeit in eine Urkunde ein, und Sie werden zu einem amtlich erfaßten Mitglied der Gesellschaft, von dem erwartet wird, daß es die Spielregeln dieser Gesellschaft lernt und befolgt. Je nachdem, wie gut oder schlecht das gelingt, werden Noten und Bewertungen von sehr gut bis ungenügend auf das Blatt eingetragen. Das ursprünglich reine weiße Blatt füllt sich Tag für Tag und Jahr für Jahr mit Eintragungen über Identität, Charakterzuschreibungen, Zeugnissen, beruflichem und persönlichem Werdegang, mit Bonus- und Minuspunkten. Und niemand fragt, ob wir das wollen oder brauchen und ob wir dem zustimmen oder nicht. Zugehörigkeit ist nur amtlich bestätigt möglich, nach vorgegebenen Richtlinien und Verordnungen. Widerstand ist zwecklos. Und wer ihn dennoch wagt, wird zum Außenseiter oder Feind von Familie oder Gesellschaft abgestempelt. Immer mehr Einträge sammeln sich auf dem ursprünglich weißen Blatt, zu dem immer mehr hinzukommen, bis alles zu einem Aktenordner angewachsen ist und mit der Sterbeurkunde abgeschlossen wird. – Finden Sie in diesem dicken Aktenordner noch das ursprünglich reine Blatt wieder, als das Sie zur Welt gekommen sind?

Werden Sie sich darüber klar, daß nicht Sie selbst für all die Stempel, Zuweisungen, Bewertungen und Überzeugungen verantwortlich sind, sondern die meisten von anderen Menschen in Sie »eingetragen« wurden. Erinnern Sie sich daran, welche familiären und gesellschaftlichen Zwänge und Drohungen für das Kind, den Jugendlichen und den Erwachsenen damit verbunden waren. Sie können natürlich versuchen, all das beschämende, urteilende und unbrauchbare Material in Ihrer Identität, mit dem Sie sich nicht identifizieren wollen, zu löschen, auszusortieren oder zu übertünchen. Doch scheitert dieser Versuch allzuoft daran, daß die Eintragungen so sehr zur eigenen Lebensbeschreibung wurden, daß wir der Akte mehr glauben als unserem innersten Wesenskern. Sie können die offizielle Akte allerdings auch einfach so stehen lassen und für sich selbst ein neues, leeres Blatt nehmen und es mit Ihren ganz eigenen Eintragungen füllen. Und zwar jetzt, in diesem Moment.

Leider ist für die meisten modernen Menschen ein ursprünglicher Bewußtseinszustand überhaupt nicht vorstellbar. Er wurde weder gefördert, noch genießt er in einer verstandesorientierten Gesellschaft einen hohen Stellenwert. Doch diese ursprüngliche Kraft ist Teil unseres Wesens, auch wenn sie tief verborgen ist und erst wieder ans Licht geholt werden will. Je weiter man sich davon entfernte, also erwachsener wurde, desto weiter in die Ferne rückte die ureigene Wesenheit. Ohne Zugang zum innersten Wesenskern dümpelt man dann durch sein Leben, weiß nicht, wohin man gehört. Man fühlt sich undefinierbar unzufrieden, neigt unter Umständen dazu, gegen sich selbst und andere aggressiv zu werden. Man resigniert oder wird schlichtweg wahnsinnig. Erinnert man sich jedoch wieder seiner ursprünglichen Freiheit, seines natürlichen So-Seins, so ist dies der erste Schritt zur Heilung.

Im allgemeinen sind wir Menschen blind für die ursprünglichen, natürlichen und unverfälschten Energien. Unter den vielen Zwiebelschalen, aus denen sich unsere öffentliche Persönlichkeit aufbaut, und hinter den vielen Schichten unbewußter Mechanismen könnte sich aber ein Wesenskern verbergen, den zu kennen eine große Bereicherung ist. Denn dort sind wir unberührt von Zuschreibungen, frei von Bewertungen und ungekünstelt wir selbst und damit vollkommen wahrhaftig.

Unser alltägliches Leben berührt meist nur die Peripherie der Persönlichkeit. Nur wenige Menschen sind in einem lebendigen Kontakt mit ihrem ursprünglichen Wesenskern und leben und handeln aus ihm heraus. Die meisten haben nicht einmal eine Vorstellung davon, daß so etwas in ihnen überhaupt existiert, geschweige denn, daß es sich lohnen würde, wieder in Kontakt mit ihm zu kommen.

Das führt allerdings dazu, daß das Leben von einer gewissen Oberflächlichkeit bestimmt wird. Dem äußeren Schein wird dann weitaus mehr Bedeutung beigemessen als dem inneren Sein. Man ist bestrebt, intelligent, erfolgreich und schön zu sein, und verfügt über viel praktisches Wissen. Aber dem Selbstbewußtsein und den Handlungen mangelt es dann oft an innerer Schönheit, an seelischer Gelassenheit und wahrhaftigem Sein.

Insofern ist die Wiederentdeckung des eigenen Wesenskerns so, als würde man ein vernachlässigtes Feld neu bestellen. Dieses innere Feld bedarf einer gewissen Pflege und Renaturierung, bevor darauf wieder üppige Früchte gedeihen können. Denn so wie der Akkerboden umgegraben werden will, damit er neue Pflanzen hervorbringen kann, so gilt es auch, unseren innersten Nährboden neu zu bestellen.

Die meisten Menschen möchten das eine oder andere in ihrem Leben ändern, doch die wenigsten sind freiwillig bereit, die Mühen und Risiken einer Veränderung auf sich zu nehmen, solange es ihnen halbwegs gutgeht. Der Wunsch, etwas zu klären oder zu verändern, tritt meistens erst dann in den Vordergrund, wenn sich schwere, belastende Einschränkungen schmerzhaft bemerkbar machen. Erst ein gewisses Maß an Leidensdruck setzt genug Willen, Aufrichtigkeit und Energie frei, um auch durch vielleicht schmerzhaften Lösungsprozesse zu gehen.

Aber Veränderungen müssen nicht unbedingt schmerzliche Vergangenheitsbewältigung sein, Veränderung kann einfach geschehen, indem wir uns neu ausrichten und auf unsere Fähigkeiten und inneren Ressourcen vertrauen. »Die Lösung hat mit dem Problem nichts zu tun«, lautet eine Botschaft des erfolgreichen amerikanischen Psychotherapeuten Steve de Shazer, und wir* stimmen ihm zu. Was wir zur Neuorientierung brauchen, hat die Natur uns in die Wiege gelegt, wir müssen uns nur wieder an dieses Geschenk erinnern.

---

*die Autoren

Das Alltagsbewußtsein ist normalerweise randvoll mit allen möglichen Überzeugungen, Zuschreibungen und Urteilen. Die Gesellschaft und der Zeitgeist beeinflussen unsere Eltern und uns selbst. Wir machen Erfahrungen und ziehen daraus bestimmte Schlüsse, die unser weiteres Verhalten beeinflussen. Wir sammeln allerlei intellektuellen Unsinn in uns an und entrümpeln viel zu selten.

Dem inneren Wesenskern entfremdet, suchen wir unser Heil in Rollen, mit denen wir uns identifizieren. Wir alle spielen unterschiedliche Rollen in verschiedenen Lebensbereichen, das läßt sich gar nicht vermeiden. Aber wenn wir uns nicht mit den verschiedenen Ich-Rollen identifizieren, dann spielen wir sehr viel souveräner auf der Tastatur unserer Persönlichkeit. Wie ein guter Schauspieler, der in eine Rolle eintaucht und sie ganz ausfüllt, aber nach dem Auftritt wieder zu sich selbst zurückkehrt, in sein wahres Leben.

## »SEIN« UND »NICHT-SEIN«

Die meisten Menschen kennen nur das Sein. Für ein »Nicht-Sein« gibt es, zumindest in der westlichen Kultur, keine Erfahrungswerte. Unser Verstand versteht überhaupt nicht, daß »Nicht-Sein« etwas anderes als Tod bedeuten könnte. Einzig die kleinen Inseln des Zen und Taoismus, welche Buddhas Lehre von der Leere weitertragen, bauen auf das Phänomen, das große Mysterium von »Nicht-Sein« als der wesentlichen Erfahrung von »Sein«.

Wir werden irgendwo auf diesem Planeten in eine Familie hineingeboren und den kulturellen Gepflogenheiten entsprechend »erzogen«. Schon in der Wiege bekommen die meisten mächtige Pakete von elterlichen Wunschvorstellungen aufgeladen, Meinungen darüber, ob ein Junge oder ein Mädchen Segen oder Unglück bedeutet, wem sie ähnlich sehen und wessen Charaktereigenschaften sie geerbt haben. Die gesellschaftliche Stellung der Familie und die vorherrschenden Werte, die diese vertritt, werden zu weiteren Bausteinen, die den Lebensweg eines Kindes maßgeblich beeinflussen. Und da man in der frühkindlichen Phase über keinerlei Unterscheidungs- und Bewertungskriterien verfügt, übernimmt man das nützliche und gute ebenso unschuldig wie das groteske, absurde, traumatisierte, anmaßende, bigotte, manchmal irre Verhalten und Wissen der Eltern und der Gesellschaft als selbstverständlich und real an. – Wie sollten wir uns auch anders verhalten können als unschuldige Kleinkinder, die noch nichts von der Welt wissen und auf die Informationen der jeweiligen Umwelt angewiesen sind?

Zu einer Persönlichkeit entwickeln wir uns im Laufe unseres Lebens. Von unseren Eltern geprägt, in Kindergarten und Schulen geformt, durch unsere gesellschaftliche Stellung definiert. Unsere Erziehung und Bildung, unsere Moralvorstellungen und Glaubensbekenntnisse, unsere Charaktereigenschaften und Statussymbole: All das macht scheinbar unsere Persönlichkeit aus. Doch all dies sind nur Hüllen, die unseren ursprünglichen Wesenskern mehr und mehr verbergen.

Was wir zu sein glauben, setzt sich zusammen aus Prägungen und Verhaltensregeln, aus Werten und Glaubensbekenntnissen, aus harten und weichen Fakten. Das meiste integrieren wir in unser Leben und nehmen es als selbstverständlich hin. Es bestimmt und lenkt unbewußt unser Leben. Wir glauben, dies sei unsere Identität.

Aber die ursprüngliche Individualität ist ganz anders. Sie ist nackt. Vielleicht sind die zivilisierten Gesellschaften deshalb gegen Nacktheit, weil sie die nackte, ursprüngliche Individualität verkörpert, die Freiheit des So-Seins jenseits aller Etiketten und Normierungen. Nacktheit macht Menschen äußerlich gleicher und rückt den Wesenskern in den Fokus. Wer bin ich als Mensch, jenseits meiner Statussymbole, frei von fremden Zuschreibungen und erwacht aus jahrelanger Selbsthypnose? Würde ich mich noch wiedererkennen?

Zurückzukehren zum Anfang unseres irdischen Lebens ist wie eine neue Geburt. Es ist die Chance, zu einem ursprünglich leeren Bewußtsein zurückzufinden. Dieses reine Bewußtsein und seine

Grenzenlosigkeit, können Sie erinnern. Jenseits von willkürlichen Trennungen, jenseits von Überzeugungen und Beurteilungen findet das Ich sich im Ganzen geborgen. Dorthin zu finden, ist eine Entdeckungsreise ins Land sehr ferner, vorbewußter Erinnerungen. Eine Erkundungsreise zur ursprünglichen Realität des So-Seins.

➡ *ZURÜCK ZUR UNSCHULD*

*Die folgende Übung führt Sie zurück in den unschuldigen Gemütszustand eines Neugeborenen. Was Sie bisher glaubten zu sein, wurde Ihnen beigebracht, anerzogen, eingetrichtert. Sie sind der Propaganda des jeweiligen Herrschafts- beziehungsweise Glaubenssystems auf den Leim gegangen. Ohne all das sind Sie ein reines, unschuldiges Wesen, ein noch unbeschriebenes, leeres Blatt im Buch des Lebens.*

*Stellen Sie sich vor, Ihr bisheriges Leben würde wie ein Film im Zeitraffer rückwärts ablaufen ... Die Bildfolge vor Ihrem inneren Auge verändert sich so schnell, wie es Ihrem eigenen Tempo entspricht. Dabei kann es sein, daß einzelne Bilder plötzlich für einen Moment ganz klar hervortreten, andere in der Bewegung Ihrer Erinnerungen verschwimmen, während sich Ihre Aufmerksamkeit immer weiter zurück in die Vergangenheit bewegt ... bis zurück in eine Zeit, von der Sie bisher glaubten, daß Sie daran keine Erinnerung hätten ... Und noch weiter zurück in der Zeit, finden Sie, findest du dich ganz umschlossen vom Leib deiner Mutter. Fühlst die Schwerelosigkeit und die symbiotische Einheit und schließlich die zunehmende Enge ... und der Drang, das Abenteuer deines Lebens eigenständig zu erleben, wird übermächtig ... und du wirst geboren – ein nacktes, unschuldiges Wesen. Und dieses Wesen weiß noch nichts von einem Ich und nichts über die Welt. Baby, Mutter, Welt – alles ist noch ein symbiotisches Ganzes.*

*Und während du auf dich als das nackte, hilflose Baby schaust, das du im Moment nach deiner Geburt warst, siehst du, wie deine Mutter und dein Vater sich zu dem Baby stellen. Und bei ihnen stehen alle Familienangehörigen, die im Leben der Eltern wichtig waren. All die lebenden und toten Angehörigen, die das Leben des Babys bewußt oder unbewußt prägen und beeinflussen, gruppieren sich jetzt um die Eltern und ihr Baby.*

*Und nun stell dir vor, wie die Zeit und die jeweilige Gesellschaft, in die du hineingeboren wirst, dein Leben beeinflußt, dein Leben und das deiner Familie. Und dieser Zeitgeist und seine Überzeugungen, Sitten und Gebräuche legen sich jetzt wie eine Hülle um das Baby und diese Menschen. Vielleicht so, als würde eine Form, eine Farbe oder eine Energie sie einhüllen ...*

*Und nun vergegenwärtige dir die religiösen Überzeugungen und Sitten deiner Famili,e und gib ihnen sichtbaren Ausdruck. Vielleicht legt sich eine farbige oder pulsierende Energieform über das Bild, vielleicht symbolisiert eine Gestalt, die in der Familie praktizierte Religion, oder etwas ganz anderes tritt in Erscheinung als Symbol des religiösen Glaubens.*

*Tue jetzt so, als würden all die verbalen und nonverbalen Botschaften und Zuschreibungen über deinen Charakter, deine Talente und Fähigkeiten, die du von anderen Menschen übernommen hast, sich zu einer sichtbaren Energieform verdichten und sich als weiteres Symbol zu dem Baby gesellen.*

*Und jetzt nimmt das Wissen über diese Welt, wie es von Gesellschaft, Schule und Universität vermittelt wird, Gestalt an und vervollständigt das Bild. Und das gleiche geschieht mit den eigenen Erfahrungen, die du im Laufe der Jahre gewonnen hast, und auch die daraus entstandenen Glaubenssätze verdichten sich zu einer sichtbaren Form und nehmen im Bild Gestalt an. Genauso wie die eigenen und übernommenen Rollen und Masken jetzt sichtbar in Erscheinung treten und sich zu dem Baby gesellen. Und auch deine Wünsche, Hoffnungen und Illusionen nehmen Gestalt an und färben das Bild in einer bestimmten Farbe ein. Zum Schluß gibst du dem Persönlichkeitsaspekt bild-*

*haften Ausdruck, der sich über dein Ansehen in der Öffentlichkeit, über Besitz und Macht definiert.*

*Von deinem jetzigen, erwachsenen Standpunkt aus gesehen: Kannst du das ursprüngliche, nackte Baby noch sehen? Es noch spüren? Oder ist der Kontakt zu seinem reinen Wesenskern längst abgerissen? Und auf dem Weg zurück zu diesem ursprünglichen Kern, kannst du für eine kleine Weile alle zwischen dir und dem Baby liegenden Überzeugungen, Erfahrungen und Zuschreibungen zur Seite schieben ... Hülle für Hülle, Gestalt für Gestalt, Form für Form und Energie für Energie treten ein ganzes Stück zur Seite, eine nach der anderen ...*

*Und zuerst tritt die Gestalt oder Form an den Rand des Sehfeldes, die deinen Persönlichkeitsaspekt verkörpert, der sich über Besitz und Ansehen definiert. Ebenso wie die Gestalt oder Farbe, welche die Wünsche, Hoffnungen und Illusionen symbolisiert. Und auch die Rollen und Masken verschwinden vorläufig aus dem Sichtfeld, genauso wie jene Gestalt oder Form, die deine eigenen Erfahrungen verkörpert. Und während du langsam all diese Dinge hinter dir läßt und weiter auf das Baby zugehst, wird auch das Wissen über diese Welt zunehmend weniger, je jünger du wirst. Dafür tritt ein anderes Phänomen auf, und je jünger du wirst, desto feinfühliger reagierst du auf die atmosphärischen Schwingungen in deiner Umgebung. Und als nächstes vergißt du alle verbalen und nonverbalen Botschaften, wer, wie und warum du etwas Bestimmtes sein sollst oder mußt. Schiebe die Verkörperung, die du diesem Bereich gegeben hast, ebenfalls zur Seite.*

*Und jetzt betrachtest du das Baby, inmitten seiner Familienangehörigen eingebettet in den Zeitgeist der Epoche und gefärbt und bestimmt von religiösen Überzeugungen und Ritualen. Und jetzt schiebst du auch das vorläufig zur Seite und stehst dir selbst als Neugeborenem gegenüber. Und manchmal ist es gut, dieses kleine Wesen zunächst einfach nur anzuschauen. Ein von der Welt noch unbeschriebenes Blatt. Rein und leer ... um es dann wieder in sich aufzunehmen und einzutauchen in deinen ursprünglichen Wesenskern ... ganz nackt, vollkommen unschuldig ... um dann aus den Augen des Neugeborenen heraus in die Welt zu schauen, voller Staunen, wie beim allerersten Mal ...*

*Und mit diesem Staunen, so als würdest du die Dinge zum allerersten Mal entdecken, drehst du dich um und schaust auf all deine Angehörigen, die Hüllen und Gestalten, Farben und Formen und Masken, die deinen Weg ins Erwachsenenalter geprägt und beeinflußt haben. Alle sind jetzt an den Rand gerückt, vielleicht innerhalb, vielleicht etwas außerhalb deines Blickfeldes. Und der Weg vor dir ist frei. Und du weißt: All das gehört zu mir. All das bin ich. All das macht mich zu dem, der ich heute bin. Und gleichzeitig kann ich mich ohne all das denken und erleben. Ich kann mir all das wegdenken und bin immer noch da.*

*Und während du noch schaust, erinnerst du dich deiner tiefgründigen Wurzeln in der Existenz, lange bevor du gezeugt wurdest. Und du freust dich, im Leben zu sein, während du dich gleichzeitig deines Ursprungs, deiner inneren Unsterblichkeit erinnerst. Jenseits deines Verstandes fühlst du: Die Existenz ist in dir, und du bist im Ganzen zu Hause. Und du schaust in die Runde und siehst am Rande deines Sichtfeldes, welches Gepäck man dir auf dem langen Weg ins Erwachsenenalter aufgeladen hat – laß es zunächst dort am Rande stehen und erinnere dich, wie frei du einst gewesen bist.*

*Erinnere dich, daß du ohne Scham und Schuld zur Welt gekommen bist. Erinnere dich, daß du einst innigst verschmolzen warst mit der kreativen schöpferischen Idee des Lebens.*

*· Jenseits von Glauben,*
*· jenseits von Machen,*
*· jenseits von Grenzen,*
*· jenseits von Göttern und Religionen,*
*· jenseits von Gut und Böse,*
*· jenseits von Projektionen und Bewertungen,*

· *jenseits von Absicht und Denken,*
· *jenseits von Ausbeutung und Sklaverei,*
· *jenseits von Vorstellungen, die Welt erklären und beherrschen zu wollen,*
· *jenseits von Moral und Strafen,*
· *jenseits von Diskriminierung und Unterscheidung*

*Das Leben ist noch frei von Glauben und Überzeugungen, und du erlebst dich in deinem So-Sein. Als Neugeborenes bist du noch frei von allen Bewertungen und Bedeutungen. Du bist einfach so, wie das Leben dich in deinem SoSein gemeint hat. Und wenn du nun auf all die Personen, Gestalten, Formen und Energien schaust, die am Rande deines Sichtfeldes stehen und deinen Weg in die Zukunft prägen, wenn all das, was du später glaubst zu sein, wenn all dies jetzt keine Macht über dich hat ... Was bleibt dann übrig? ... Wer bist du dann? ... Jetzt? ... Ganz im Moment? ...*

*Und wenn du auf diese Frage keine Antwort findest und keinerlei bewußt wahrnehmbare Reaktion im Augenblick wichtig für dich ist und du dich gerade deshalb auf eigentümliche Weise voll und ganz spüren und wahrnehmen kannst ... dann bekommst du möglicherweise ein Gefühl von deiner ursprünglichen Wesenheit ...*

# KAPITEL 2

# GELASSENHEIT

### *Gelassenheit*

*Wessen Geist und Gemüt von der Einheit
allen Seins erfüllt ist,
kennt keinen Zwiespalt, und Streit ist ihm fremd.
Wer Demut übt und sein Leben auf das Eine ausrichtet,
lebt im Einklang mit sich selbst,
seinen Nächsten und allem, was ist.
Wer innerlich zur Einheit findet,
wandelt seine Umgebung ohne äußeres Tun.
Gleich ob des Himmels Pforten sich öffnen oder schließen,
bleibt er gelassen und furchtlos er selbst.*

*Weil ihm Geben und Empfangen eins sind,
schafft er Ausgleich und Ordnung,
und sein Wirken dient allen Wesen.*

*Er nährt und bewegt, ohne zu fordern,
er erschafft und wirkt, ohne festzuhalten,
er führt und herrscht, ohne zu beherrschen.*

*Darin liegt das Geheimnis des Gelassenen.*

*LAO TSE*

Gelassen aus der eigenen Mitte heraus zu leben und zu reagieren, auch wenn es um uns herum noch so stürmisch zugeht, ist etwas Wunderbares und wird daher von vielen herbeigesehnt. Wer gelassen ist, ist ausgeglichen und kann daher auch auf andere ausgleichend einwirken. In einem Zeitalter, das zunehmend hektischer wird, kann man der Fähigkeit, im eigenen Kraftzentrum zu ruhen und gelassen in die Welt zu schauen, eine fast existentielle Bedeutung beimessen.

Es gibt viele Weg zu größerer Gelassenheit, und wohl jeder setzt sich aus vielen kleinen Schritten zusammen. Gelassenheit als Lebenshaltung ist kein leicht käuflicher Konsumartikel, den wir mit einigen Yoga-Stunden, mit sporadischen Meditationen, mit Drogen oder einigen Psychotechniken schnell erwerben. Viele Methoden und Techniken wirken zwar momentan entspannend (und sind in akuten Streßsituationen daher eine wunderbares Hilfsmittel), aber um Gelassenheit als Lebensgrundgefühl zu erleben, bedarf es mehr.

Gelassenheit ist etwas Umfassendes, und sie läßt sich durch schnelle Techniken und äußere Hilfsmittel nicht dauerhaft herbeizaubern. Gelassenheit geschieht in der Tiefe der Seele. Sie hat viel mit geistiger Klarheit, mit den Fähigkeiten, zu lieben und loszulassen, sowie einer weisen Lebenseinstellung zu tun, und insofern ist sie ein Reifungsprozeß zu dem wir zwar viel beitragen, den wir aber nicht »machen« können.

Gelassenheit stellt sich wie von selbst ein, sobald ein bestimmter seelisch-geistiger Zustand erreicht ist. Sie läßt sich weder kraft unseres Willens erobern, noch ist sie das Resultat besonderer Leistungen oder bloßes positives Denken. Denn je mehr man sie herbeizwingen will, desto weiter weicht sie zurück. Wer sie in Sternstunden erlebt und bewußt festhalten will, dem entwischt sie sogleich.

Dem Phänomen Gelassenheit kann man sich nur gelassen nähern. Der Verstand vermag zwar zu erfassen, welche geistigen und seelischen Prozesse zu mehr Gelassenheit führen, aber durch bloßes Zur-Kenntnis-Nehmen ist noch nichts gewonnen. Nicht im verstandesmäßigen Verstehen offenbart sich das Wesen einer gelassenen Lebenshaltung, sondern im Erleben. Und daran wollen das Herz und die Gefühle beteiligt werden, ebenso die Sinne und der ganze Körper, vor allem anderen aber die Seele. Dann geschieht mehr als Verstehen – wir gewinnen Einsicht.

Einsicht kann uns blitzartig erleuchten oder sich langsam und beständig aufbauen. Gleich-gültig wie Erkenntnis in unser Leben tritt, ob als plötzliche Eingebung oder als schrittweises Wachstum, immer läßt sie unsere Persönlichkeit wieder ein Puzzlestück vollkommener werden. Eine gelassene Lebenshaltung zeigt sich auch darin, daß wir unseren Wachstumsprozeß vertrauensvoll geschehen lassen, in seinem eigenen Tempo. Denn das Gras wächst nicht schneller, wenn man daran zieht.

# Ruhe finden zwischen
## Himmel und Erde

*Ruhe und Gelassenheit.* Allein diese Worte üben schon eine beruhigende Wirkung aus. Sprechen Sie sich diese drei Worte in Gedanken langsam und mit Betonung mehrmals vor, und atmen Sie dabei tief ein und aus.

Ruhe und Gelassenheit.

Ruhe und Gelassenheit.

*Ruhe und ...*

Spüren Sie, wie Sie sich dabei entspannen? Wie Sie ruhiger und gelassener werden?

Zwei der wirkungsvollsten Möglichkeiten, sich ruhiger und gelassener zu fühlen, sind Ihnen von Natur aus zutiefst vertraut und selbstverständlich: tiefes Atmen und die Fähigkeit, Ihre Gedanken auf einen Punkt zu konzentrieren. In diesem Fall auf die drei Worte: *Ruhe und Gelassenheit.* Bewußt genutzt und eingesetzt, hilft beides selbst Menschen, die von Haus aus nervöser und hektischer reagieren als andere, einen Zustand innerer Ruhe herbeizuführen.

»Dreimal tief durchatmen«, rät der Volksmund, wenn es uns den Atem verschlägt, weil wir uns vor etwas fürchten oder mit etwas Unerwartetem konfrontiert werden. Und fast jeder hat schon einmal erlebt, wie Körper und Geist automatisch auf konzentriertes Atmen zurückgreifen, etwa bei akuten körperlichen Schwächeanfällen und bei Schmerzen. Es hilft uns, uns zu zentrieren und alle Kräfte zu bündeln.

Bewußtes Atmen entspannt und sorgt schnell für frische Energie und Geisteskraft. Die folgende Übung ist eine sehr kurze und sehr wirkungsvolle Atemübung, mit der Sie für einen Moment abschalten und zur Ruhe kommen können und nach der Sie sich gleichzeitig frischer und wacher fühlen. Immer dann, wenn »dreimal tief durchatmen« nicht ausreicht, um innerlich ruhiger und gelassener zu werden, können Sie darauf zurückgreifen – überall und jederzeit, mit geschlossenen oder offenen Augen. Lesen Sie zunächst einfach nur den kurzen Text. Um eine möglichst tiefe Wirkung zu erzielen, lesen Sie den Satz beim Aus- oder Einatmen immer nur bis zu den drei Pünktchen und warten mit dem Weiterlesen, bis Sie in aller Ruhe ein- bzw. ausgeatmet haben. Das ist zunächst etwas irritierend, lohnt sich aber.

➡ *KLEINE ATEMÜBUNG*

*Ganz gleich, wo Sie sich gerade befinden und was Sie gerade tun, nehmen Sie sich einen Moment Zeit, und konzentrieren Sie sich auf den natürlichen Rhythmus Ihres Atems.*

*Stellen Sie sich jetzt einfach nur vor, Sie würden ... mit der Aufmerksamkeit tief unter Ihre Füße in die Erde hinein ausatmen ... und mit der Aufmerksamkeit hoch in den Himmel hinein einatmen ... Langsam und gleichmäßig ... in dem Rhythmus atmen, wie Sie selbst ruhiger und gelassener werden ... hoch über Ihrem Kopf den Himmel einatmen ... und tief unter Ihre Füße in die Erde ausatmen ... die Weite des Himmels einatmen ... und alle*

*Unruhe in die Erde ausatmen ... im Gleichgewicht zwischen Himmel und Erde ... ein- und ausatmen ... sich wiegen lassen vom Fluß des Atems ... während Sie den Himmel einatmen ... und beim Ausatmen in die Erde loslassen ... Es gibt nichts zu tun ... nur Atmen ... geborgen zwischen Himmel und Erde ... fühlen, wie Atmen geschieht ... ... ...*

*Und nach einer Weile kommen Sie mit Ihrer Aufmerksamkeit wieder zurück. Ganz wach und erfrischt.*

Sammeln Sie die eingeatmete Energie tief in Ihrem Inneren, in Ihrem Zentrum, von wo aus sie sich als Ruhe und Gelassenheit in Ihrem Körper ausbreiten kann. Je mehr Unruhe abfließt, um so mehr Raum kann sich mit Ruhe und Gelassenheit füllen, während Sie gleichzeitig wacher und konzentrierter werden und nach dieser Atemübung erfrischt die Augen aufschlagen.

Wenn Sie diese Übung mit geschlossenen Augen ausführen und sich auf das Einatmen des Himmels und das Ausatmen in die Erde vollkommen einlassen, stellt sich schnell ein wiegendes, sehr beruhigendes Gefühl ein.

Diese kleine Atemübung läßt sich hervorragend zum Streßabbau nutzen, indem Sie ganz bewußt alle Anspannungen mit Ihrem Atem ausfließen lassen und der Erde übergeben. Und mit jedem Einatmen holen Sie sich frische, unverbrauchte Energie aus dem Universum in Ihren Körper hinein.

Auch ohne den Text zu lesen, können Sie Ihre Konzentration fördern, indem Sie beispielsweise beim Einatmen denken »den Himmel einatmen« und beim Ausatmen »loslassen«.

Die moderne Welt verlangt uns ein enormes Maß an Flexibilität und Reizverarbeitung ab. Kaum ein Moment vergeht, in dem wir nicht eine Fülle von Informationen gleichzeitig wahrnehmen, verarbeiten und darauf reagieren müssen. Im Gegensatz zu unseren Ahnen vor nur hundert Jahren leben wir heute in einem Zeitalter allgegenwärtiger Geräusche, deren Dröhnen, Dudeln und Rauschen die stilleren Geräusche der Natur wie das Rascheln der Blätter, Vogelgezwitscher und die Alltagsgeräusche menschlichen Handelns weitgehend überlagern. Zudem werden wir täglich mit neuen wissenschaftlichen Erkenntnissen oder wirtschaftlichen, gesellschaftlichen und politischen Botschaften zugeschüttet, die sich häufig widersprechen – und kaum daß wir sie in unser Weltmodell eingeordnet haben, sind sie größtenteils schon wieder überholt.

Fast nichts in unserer globalisierten Welt bleibt, wie es einst war, seien es Moralvorstellungen und traditionelle Familienstrukturen oder der Arbeitsplatz und die Berufsbilder. Schnellebigkeit und Reizüberflutung sind längst zu Schlüsselbegriffen unseres Alltags geworden. Unsere Welt scheint unaufhaltsam immer schneller, lauter und bunter zu werden. Inzwischen haben wir schon das paradoxe Stadium erreicht, in dem viele Menschen Stimulation suchen, um sich zu entspannen. Paradox deshalb, weil Stimulation und Entspannung ihrem Wesen nach völlig unterschiedlich sind: Stimulation regt unsere Sinne und das Nervensystem an, durch Entspannen werden sie beruhigt.

Unsere moderne Welt ist allerdings derart auf Stimulation von außen geeicht, daß es vielen Menschen schwerfällt, ruhig und ganz bei sich zu sein, ohne dann das Gefühl zu haben, sie würden etwas verpassen. Vom Aufstehen bis zum Schlafengehen sind wir einem Wirbel von Reizen ausgesetzt. Wir sind der Ruhe und Stille weitgehend entwöhnt. Treten sie trotzdem einmal ein, wissen wir nichts damit anzufangen. Ja, wir erleben sie fast immer als Langeweile, der wir schnell etwas entgegensetzen. Das fängt morgens an, wenn wir die Zeitung aufschlagen und die ersten Nachrichten des Tages lesen oder das Radio einschalten und einfach nur Musik hören. Es setzt sich auf dem Weg zur und während der Arbeit fort, und selbst unsere Freizeit ist häufig so verplant, daß sie oft mehr Streß als Entspannung bereithält: Ein Wellness-Wochenende Hunderte von Kilometern vom Wohnort entfernt mit Sport, Sauna, Massage, Erholung, Schönheitspflege, gemütlichem Essen und »endlich Zeit für den Partner nehmen« auf dem Programm, verspricht nicht sehr entspannend zu werden. Abende in überfüllten Kneipen, Konzertsälen, Kinos oder vor dem Fernseher sind zwar unterhaltsam und kurzweilig, aber eben auch durch eine Fülle äußerer Reize bestimmt.

Der permanente Wandel und der Zwang zu immer höherer Flexibilität in Beruf und Freizeit, die Forderungen unserer Zeit, möglichst immer und überall schön, cool, clever und gut gelaunt zu sein, sind weitere Streßfaktoren. Und sie fordern ihren Preis, indem die Peripherie, das Äußere, immer wichtiger und das Innere, unser Zentrum, immer weniger zugänglich wird. Das Erleben spielt sich draußen ab, in den eigentlichen Randbezirken. Und innen, im ruhigen Auge des Zyklons, ist währenddessen niemand zu Hause.

Kein Wunder, daß wir in einem solchen Umfeld immer ruheloser werden. Wann sind Sie beispielsweise das letzte Mal allein in der Natur spazierengegangen? Wie oft haben Sie sich in letzter Zeit einfach nur still hingesetzt, statt fernzusehen, ein Buch zu lesen oder Musik zu hören? Und wann hatten Sie das letzte Mal das Gefühl, Raum und Weite um sich herum zu haben, vielleicht bei einem Spaziergang an einem leeren Strand oder in einer weiten Landschaft?

Ein Gespür für das Wesen von Ruhe und Gelassenheit bekommen wir nämlich am ehesten an entlegenen, menschenleeren Orten, wo Naturgeräusche vorherrschen. Hier können wir uns auf die Stille einlassen, ihr lauschen und sie in uns aufnehmen, bis sich ein Gefühl des Friedens einstellt. Die Natur erzeugt wie von selbst innere Ruhe und

macht gelassener und ruhiger. In der Natur erfahren wir das ewige Wechselspiel von Wolken und Wind, den großen, uralten Reigen der wechselnden Jahreszeiten, von Werden und Vergehen viel intensiver. Die Natur stimmt uns ein auf das, was wir im Kern unseres Wesens sind: ein kleines Puzzleteil im ewigen Spiel des Lebens, eingebettet in die großen Zusammenhänge des Universums.

Ständige, unfreiwillige Nähe, Überbevölkerung und eine allgegenwärtige künstliche Geräuschkulisse schaffen dagegen fast automatisch Spannung und Streß. Ein großer Teil unseres Stresses entsteht dadurch, daß zu viele Menschen auf zu engem Raum zusammenleben und arbeiten müssen. Sperrt man zu viele Ratten gemeinsam in einen zu kleinen Käfig, reagieren die unter normalen Umständen sehr sozialen Tiere frustriert, und ihre Aggressionsschwelle sinkt dramatisch. Eine ähnliche Reaktion läßt sich auch bei Menschen beobachten, wenn sie sich auf Dauer und unfreiwillig in beengten Räumen aufhalten müssen. Zu kleine Wohnungen, überfüllte Züge, Hörsäle oder Arbeitsplätze in Großraumbüros machen ansonsten friedfertige Menschen angespannt und aggressiv. Dabei richtet sich die Aggression nicht unbedingt nach außen, sondern ebensooft gegen den Aggressor selbst.

Je beengter die äußeren Verhältnisse sind, um so wichtiger ist es, im Inneren offene Weite und ein Gefühl für den eigenen Raum zu entwickeln und ihn gezielt aufzusuchen. Dort, allein mit uns selbst, können wir wieder Ruhe und Kraft tanken, so daß wir gelassener mit uns selbst und unseren Mitmenschen umgehen können.

Ein Ort innerer Ruhe im Zentrum des Selbst ist eine unerschöpfliche Quelle für gute Gefühle. Nutzen Sie die »Kleine Atemübung«, ein einfaches Mittel, um sich überall und schnell gelassen und wohl zu fühlen – mitten im Stau, in einer stressigen Besprechung oder mit einem schreienden Kind auf dem Arm: Konzentrieren Sie sich auf Ihren Atem, atmen Sie die frische Energie aus der offenen Weite des Himmel ein und lassen Sie alle Unruhe mit der verbrauchten Luft aus dem Körper hinausströmen, tief in die Erde hinein.

# Zwei Arten von Stress

Vereinfacht dargestellt leiden wir unter zwei Formen von Streß, dem körperlichen und dem emotionalen. Jede Art von gewaltsamer Einwirkung auf unseren Körper löst physischen Streß aus. Auf Verletzungen des Körpers reagieren wir mit mechanischem Streß, der proportional zur Größe der Verletzung ansteigt. Verdreht Ihnen beispielsweise jemand den Arm, so empfinden Sie Schmerz bzw. Streß. Sobald die Streßeinwirkung jedoch aufhört und der Arm wieder seine normale Lage einnimmt, lassen Schmerz und Streß nach und klingen schließlich ab. Es sei denn, Ihr Arm wurde über einen bestimmten Punkt hinaus verdreht und eine gerissene Sehne oder ein Bruch verursachen länger anhaltenden physischen Streß.

Eine andere Form physischen Stresses ist der chemische. Dabei handelt es sich um Einwirkungen, die häufig unbemerkt stattfinden, was ihre Auswirkungen auf Gesundheit und körperliches Wohlbefinden allerdings nicht schmälert. Dieser Streß entsteht beispielsweise durch die Luftverschmutzung, durch Nahrungsmittelzusätze und Pestizide, die Luft und Nahrung weltweit durchdringen. In unserem Haushalt finden wir sie in Form von Reinigungsmitteln, elektrischen Geräten und Insektiziden, aber auch in Nikotin, Koffein und Alkohol, oder in unserer Kleidung und in Körperpflegemitteln.

Gegen die meisten dieser Streßfaktoren können wir uns nur bedingt schützen. Der allgegenwärtigen Luftverschmutzung in engbesiedelten Zentren der modernen Industrienationen kann man nicht ausweichen. Lebensmittelzusätze, genmanipuliertes Getreide und chemisch verseuchtes Fleisch können Sie zwar zu vermeiden versuchen, indem Sie beim Biobauern oder in Ökoläden einkaufen, aber Sicherheit vor der allgegenwärtigen Verseuchung bieten auch sie nur begrenzt. Sie sind der Preis, den wir für unseren hohen Standard an Bequemlichkeit, Sicherheit und Komfort zahlen. (Man achte auf diesen netten Glaubenssatz. Vielleicht geht´s ja doch anders!?) Und nicht jeder hat die Mittel und Möglichkeiten, weit weg von allem in einer idyllischen und noch relativ sauberen Natur zu wohnen und zu arbeiten oder für teures Geld ausgewählte Lebensmittel zu kaufen.

Wenn wir heutzutage von Streß sprechen, meinen wir allerdings in erster Linie die emotionale Form von Streß. Dieser ist weniger das Produkt äußerer Einflüsse als vielmehr das Ergebnis geistig-seelischer Abläufe. Die wirklichen Ursprünge für diese Form von Streß sind nicht immer offensichtlich und bleiben daher oft lange unbemerkt. Anders als bei dem verdrehten Arm lassen sich die auslösenden Ursachen nicht immer eindeutig bestimmen, aber ähnlich wie dort treten dabei lang anhaltende Folgeschäden auf, wenn ein bestimmte Grenze überschritten wird. Emotionaler Streß macht sich dann als diffuse vegetative Störung bemerkbar oder in Form von Angstgefühlen, genereller Unlust, Magengeschwüren, chronischen Kopfschmerzen oder als Burnout-Syndrom.

In einer Streßsituation fahren die Aktivitäten im sympathischen Nervensystem hoch, die Muskeln spannen sich, die Pulsfrequenz erhöht sich, der Blutzuckerspiegel steigt, Angsthormone werden ausgeschüttet etc. Diesen Zustand hält der Körper so lange aufrecht, bis diese Energie in sinnvoller Weise wieder abgegeben wird. Im evolutionären Zusammenhang betrachtet, hat sich die Natur diese Reaktion ausgedacht, um all unsere körperlichen Kräfte zu mobilisieren. Sobald ein Übermaß an Adrenalin durch unsere Adern rauscht, verhindert dieses Hormon alles Überlegen und zeitraubende Nachdenken. Wenn einst beispielsweise ein Säbelzahntiger aus dem Gebüsch brach und unsere eiszeitlichen Vorfahren bedrohte, war langes Nachdenken nur hinderlich – Kämpfen oder Fliehen waren die einzig sinnvollen Reaktionen.

In unseren modernen Gesellschaften lauert allerdings kein Säbelzahntiger, der einen Fluchtreflex auslöst, und so kommen wir auch nicht automatisch auf die Idee, unseren Körper durch körperliche Aktivitäten wie beispielsweise Sport oder intensive Bewegung beim Streßabbau zu unterstützen. Doch körperliche Aktivität erhöht die Endorphinausschüttung in Ihrem Stoffwechsel und sorgt so dafür, daß Sie sich wie von selbst ruhiger und entspannter fühlen. Körperliche Anstrengung hat darüber hinaus den Vorteil, Gedanken und deren Artikulation zu unterbinden, so daß Sie – wenigstens für eine Weile – Ruhe vor dem hausgemachten Streß der eigenen Gedanken haben. Körperliche Betätigung beruhigt also die Nerven, baut Adrenalin ab und verleiht Ihnen dadurch mehr innere Ruhe und Gelassenheit. Sie verhilft Ihnen zu einem besseren Schlaf, macht ausgeglichener und verbessert Ihre Fähigkeit, mit Streßsituationen gelassener umzugehen. Sportliche Aktivitäten sind aber nicht nur für den Körper gut, weil sie Adrenalin abbauen und durch freundliche Endorphine ersetzen, sie verbessern auch Ihre Stimmung und fördern das allgemeine mentale Wohlbefinden.

Für manche ist allerdings allein schon der Gedanke daran, Sport zu treiben, ein rotes Tuch, weil ihnen das nur kostbare Zeit raubt. Oder sie tun es nur widerwillig, weil ihr Verstand oder Arzt sagt, daß ihr Körper krank wird, wenn er keine Bewegung bekommt, aber reichlich mit Nikotin, Koffein, Alkohol, ungesundem Essen und sitzender Tätigkeit malträtiert wird. Betrachtet man dagegen sportliche Betätigung nicht als leidige Notwendigkeit, um körperlich gesund oder schlank zu bleiben, sondern als eine Art Kurzurlaub für Körper, Geist und Seele, findet man viel leichter Gefallen daran. Sehen Sie diese Zeit als eine Art Luxus, den Sie sich gönnen. Als ganz persönliche Zeit, in der Sie die Probleme und Anforderungen loslassen. Als Zeit für einen Tagtraum, Zeit zum Entspannen, Zeit, sich mit sich selbst wohl zu fühlen. Zeit, die nur Ihnen gehört. Widmen Sie diese Zeit ausschließlich Ihrem Körper und Ihrer Seele, und verwöhnen Sie sich mit der körperlichen Tätigkeit, die Sie am liebsten tun. Wenn Sie sich für keine bestimmte Sportart begeistern können, gehen Sie spazieren. Das ist ebenso leicht wie überall ausführbar und vielleicht die entspannendste Möglichkeit, ganz bei sich selbst zu sein. Und wenn Sie in einer ruhigen Umgebung mit viel Natur spazierengehen, dann vervielfältigen sich die Vorteile noch.

Nur körperliche Bewegung baut vom Körper erzeugtes Adrenalin zügig wieder ab und schüttet als Ausgleich die freundlichen Endorphine und natürliche Steroide aus. Geben Sie Ihrem Körper die Möglichkeit, durch Bewegung wieder ein natürliches Gleichgewicht herzustellen. Es kann gefährlich sein, wenn man sich allein auf die Heilkraft des Geistes verläßt und darauf vertraut, daß eine positive Haltung und eine klare geistige Ausrichtung alles ist, was man braucht, um entspannt und ausgeglichen durchs Leben zu gehen. Allzuleicht vergißt man darüber das greifbarste und unmittelbarste Element, nämlich die physische Realität des Körpers und seine uralten Strategien, Streß ganz natürlich durch Bewegung abzubauen.

## Jetzt ist jetzt, und jetzt ist hier

Starten Sie eine Umfrage unter Ihren Freunden und Bekannten, was sie am meisten streßt. Höchstwahrscheinlich werden Sie überwiegend zu hören bekommen: Zeitmangel. Je hektischer unsere Welt wird, je schneller wir von einem Ort zum anderen jetten und je mehr Maschinen uns das Leben erleichtern und Zeit sparen sollen, desto weniger Zeit scheinen wir zu haben. Um im Beruf, in der Familie und der Freizeit die immer neuen und größeren Herausforderungen zu bewältigen, bräuchten wir längst mehr Zeit, als uns zur Verfügung steht.

Doch Zeit ist relativ, und das nicht erst seit Albert Einsteins Erkenntnis über ihre Relativität. Zeit dehnt sich scheinbar endlos, wenn wir auf etwas warten, und verfliegt im Nu, solange wir etwas genießen. Neben dem Herd stehen und warten, bis die Milch kocht – das dauert endlos, einen ganzen Tag auf den ersehnten Anruf des Liebsten warten – eine Ewigkeit. Ein aufregender Wochenendtrip mit netten Leuten ist dagegen viel zu schnell vorbei, und wie oft haben Sie nicht schon ungläubig auf die Uhr gesehen und sich gefragt, wo nur die letzten Stunden geblieben sind, wenn Sie sich intensiv mit etwas beschäftigt haben?

Einen Teil unseres Zeitverständnisses bringt uns unsere Umgebung bei. In unserer modernen Welt geben Terminkalender den Umgang mit der Zeit vor und machen selbst vor Kindern nicht halt, deren Zeitgefühl von Natur aus eigentlich im Hier und Jetzt ist. Der Tagesablauf der meisten Kinder ist mittlerweile zwischen Musik-, Ballett- oder Reitstunden, Fußball, Nachhilfe, Einladungen und Fernsehprogrammen voll verplant. Wer nicht ständig hinter seinen Kindern her ist und sie von einem Ort zum anderen fährt, bekommt leicht das Gefühl, nicht genug für die Förderung ihrer Talente zu tun. Und so tragen die ständigen Ermahnungen »Beeil dich, du kommst sonst zu spät!«, »Trödel nicht endlos herum!« oder »Nun, mach schon, ich habe keine Zeit!« dazu bei, daß wir den endlosen Strom der Zeit wie einen Käfig erleben [und dies Gefühl an unsere Kinder weitergeben], in dem nur wenig Platz zur Verfügung steht.

Einen großen Teil unserer Zeit stehlen wir uns selbst, indem wir uns in Gedanken in einer Vergangenheit aufhalten, die längst vorbei ist, oder in einer Zukunft, die noch nicht da ist. Jetzt ist jetzt, und jetzt ist hier. Das Jetzt ist die einzige Zeit, in der Sie mit Ihren Händen wirklich etwas anfassen können. Nur jetzt können Sie den Duft einer Blume riechen oder eine Berührung genießen; nur jetzt sehen Ihre Augen, was um Sie herum geschieht. Nur jetzt und hier steht Ihnen ein Mensch tatsächlich gegenüber. Nur das Jetzt ist mit allen Sinnen erlebbar.

Ganz praktisch betrachtet, existieren weder Vergangenheit noch Zukunft, sondern nur das Jetzt. Das jetzt schon wieder vorbei ist. Wenn Sie – jetzt – an die Vergangenheit denken, haben Sie es mit Ihren Erinnerungen an die Vergangenheit zu tun, nicht mit der Vergangenheit selbst. Sie erinnern sich an gute und schlechte Zeiten und Erlebnisse, von denen Sie geprägt wurden; Sie erinnern sich an glückliche und schmerzliche Tage, an Erfahrungen, die Sie gemacht haben, und all die Dinge, die Sie gelernt und verinnerlicht haben. Und auf diese Erinnerungen, vermischt mit der Bedeutung, die Sie dem Vergangenen heute geben, reagieren Sie in der Gegenwart – jetzt. Die

Erinnerungen an frühere Eindrücke sind aber nie die Wirklichkeit. In der Zwischenzeit haben Sie einige Erlebnisse verdrängt, andere erinnern Sie ganz anders, als sie ursprünglich waren, und wieder andere interpretieren Sie einfach so, wie es Ihnen heute paßt. Was bleibt, sind selbstgestrickte Mythen und Geschichten aus Bedauern, Beschönigungen und zweifelhaften Erklärungen.

Einige Leute verbringen den größten Teil ihrer Zeit in der näheren oder ferneren Vergangenheit und stolpern, bildlich gesprochen, rückwärts gewandt durch ihr Leben. Nur weil Sie eine unglückliche Kindheit hatten, vom anderen Geschlecht mehrfach enttäuscht wurden oder Ärger im Beruf hatten, müssen Sie sich nicht fortwährend damit beschäftigen und dadurch Vergangenes immer wieder auffrischen. Denn jedes Mal, wenn Sie von Ihrer Enttäuschung, Ihrer Wut oder Ihrem Ärger erzählen oder sich gedanklich damit beschäftigen, erleben Sie die Situation im Inneren wieder. Und damit erhalten Sie das, was schmerzt und langsam heilen sollte, lebendig, einschließlich aller unguten Gefühle.

Sollten Sie sich dennoch freiwillig dazu entschließen, rückwärts durch das Jetzt zu laufen, können Sie sich genausogut auf das konzentrieren, was Ihnen – trotz aller Widrigkeiten – Gutes widerfahren ist. Wozu es gut war und was Sie daraus lernen können. Das mögen in Ihren Erinnerungen nur Kleinigkeiten sein, aber auch sie summieren sich! Beginnen Sie die Bedeutung von Erinnertem so zu verändern, daß Sie einen Sinn darin erkennen, und richten Sie Ihr Denken neu aus. Sie werden sich anschließend in einer anderen Wirklichkeit wiederfinden.

Vergangenheit und Erinnerungen sind nur so lange machtvoll, wie Sie ihnen durch Ihre Gedanken Kraft und Macht verleihen. Erleben Sie die Vergangenheit dagegen als vergangen, haben Sie die Freiheit, sich umzudrehen und das zu verändern, was Sie ändern möchten – jetzt. Und hier.

Gedanken und Erinnerungen an die Vergangenheit sind nur dann sinnvoll, wenn sie uns Freude bereiten und schöne Zeiten wieder aufleben lassen. Oder aber wenn wir sie dazu nutzen, Ereignisse zu reflektieren und zu analysieren, die nicht zu unserer Zufriedenheit verlaufen sind. Mit Abstand und von heute aus betrachtet, können Sie sich mit Ereignissen weniger emotional als vielmehr sachlich auseinandersetzen und wichtige Einsichten gewinnen. Diese Art von Rückschau bewährt sich immer, weil wir daraus lernen, was wir jetzt anders machen können. Haben Sie allerdings alle wichtigen und zum Verstehen notwendigen Informationen erhalten, sollten Sie schleunigst wieder ins Jetzt zurückkehren, denn nur hier und jetzt nutzen Ihnen diese Erkenntnisse.

So wie die Vergangenheit vorbei ist, ist die Zukunft noch nicht da. Sie ist genausowenig sinnlich erlebbar wie die Vergangenheit. Wir verpassen das Jetzt und die gegenwärtige Möglichkeit, unser Leben zu gestalten, wenn wir die Zukunft nur erträumen, anstatt anzufangen, unsere Träume jetzt zu verwirklichen. Nicht daß wir uns mißverstehen – die Fähigkeit, sich Tagträumen hinzugeben, ist eine schnelle und wundervolle Methode, um kurze Entspannung mitten im täglichen Trubel zu erzielen. Und wer langfristige Pläne verwirklichen will, muß Visionen entwickeln und wissen, was er erreichen will. Ausflüge in die Zukunft sind dafür unentbehrlich.

Oft sind unsere Zukunftsphantasien allerdings kein Genuß oder zukunftgestaltendes Element, sondern ein Alptraum. Inmitten eines meist durchschnittlich zufriedenstellenden Lebens malen wir uns zukünftiges Elend aus, das eher einem Horrorszenario gleicht denn einer zielorientierten Zukunftsplanung. Wir fürchten uns beispielsweise vor eventueller Arbeitslosigkeit und Verarmung, vor Schicksalsschlägen oder Katastrophen und werden vor lauter eingebildetem Streß in der Gegenwart handlungsunfähig.

Sorgen und Befürchtungen beziehen sich immer auf Zukünftiges, wobei sich die meisten Befürchtungen als Hirngespinste erweisen, die uns einfach nur Kraft kosten. Das ist vergeudete Lebenszeit. Mit Sicherheit schadet es nicht, sich über die zukünftigen Folgen eines gegenwärtigen Verhaltens Gedanken zu machen, ganz im Gegenteil. Aber leben und handeln, auch wenn wir nie genau wissen, was sich daraus ergibt, können wir nur jetzt, in diesem Moment.

Manche glauben, die Zukunft sei vorherbestimmt, und geben damit die Verantwortung für ihr Leben an eine höhere Macht ab. Damit berauben sie sich ihres freien Willens, ihrer Entscheidungskraft und ihrer Fähigkeit, die gegenwärtige Lebenssituation in ihrem Sinne zu verändern.

Es gibt nur eine Zeitform, in der es kein Bedauern über Vergangenes und keine Sorgen wegen Zukünftigem gibt. Und diese Zeit ist das Hier und Jetzt. Diesen Moment können Sie nicht analysieren (dann ist er schon wieder vorbei), sondern nur *leben*. Ganz im Hier und Jetzt gibt es keinen Anfang und kein Ende und deshalb auch keinen Zeitdruck und keinen Zeitstreß. Nur im Jetzt und Hier leben Sie wirklich, und nur darauf können Sie Einfluß nehmen. Zwar empfinden wir Gefühle wie Angst, Schmerz, Unsicherheit, Scham und Verlust im Moment, aber wenn Sie genauer hinschauen, beziehen sich diese Gefühle meistens auf eine Zeit, die unwiderruflich vorbei oder noch nicht da ist. Halten Sie also einen Augenblick inne, und vergegenwärtigen Sie sich, wie die Umstände gerade jetzt sind. In diesem Moment. Sind Sie jetzt, in diesem Augenblick, hungrig und wissen nicht, womit Sie ein Brot kaufen sollen? Oder sitzen Sie vielleicht ganz in der Nähe eines gutbestückten Kühlschranks? Machen Sie sich gerade jetzt Sorgen um die Zukunft Ihres Kindes, anstatt seine Unbekümmertheit und die Gegenwart zu genießen? Fürchten Sie sich vor Krankheiten, obwohl Sie sich gerade jetzt gesund und munter fühlen? Sie können aus Angst vor einer ungewissen Zukunft erstarren – oder sich bewußt werden, was JETZT gerade ist.

Manche Leute verpassen ihr Glück einfach deshalb, weil sie es in der Vergangenheit oder in der Zukunft suchen.

## Warum Menschen leiden

*»Einer der Gründe, warum so viele Menschen unglücklich sind, liegt in dem erstaunlichen, aber offensichtlichen Gewinn, den*

*ihnen ihr Leiden verschafft. Andernfalls ist kaum zu erklären, weshalb sie so beharrlich daran festhalten«, sagte der alte Meister zu seinen Schülern, während er sie der Reihe nach ansah.*

*»Ich will euch eine Geschichte von meiner letzten Reise erzählen. Wie ihr wißt, bin ich mit der Bahn gefahren. Nachts lag ich im oberen Bett, aber ich konnte kein Auge zumachen, denn aus dem unteren Bett stöhnte und jammerte mein Mitreisender ununterbrochen:*

*»Oje, oje, ich bin so schrecklich durstig. Wenn ich nur ein Glas Wasser hätte! So durstig, wie ich bin, kann ich nicht einschlafen. Wenn ich doch nur etwas zu trinken hätte ...«*

*Da das Stöhnen und Jammern kein Ende nahm, kletterte ich schließlich die Leiter hinunter und machte mich auf die Suche nach Wasser. Um diese Zeit war das gar nicht so einfach. Aber endlich fand ich einen Angestellten, der mir zwei Becher Wasser verkaufte. Zurück im Abteil, reichte ich meinem durstigen Mitreisenden die Becher.*

*»Gott sei Dank«, rief er, »das ist meine Rettung!« Und er stürzte die beiden Becher Wasser hinunter.*

*Von seinen Segenswünschen begleitet, kletterte ich wieder in mein Bett. Kaum hatte ich mich zurechtgelegt und endlich die Augen geschlossen, hörte ich meinen Reisegenossen stöhnen:*

*»Oje, oje, warum hatte ich bloß so einen Durst? Ob ich vielleicht krank bin, daß ich mitten in der Nacht so durstig war? Hoffentlich werde ich nicht noch einmal so durstig, das wäre einfach schrecklich. Und was mach ich bloß, wenn ich noch einmal so durstig werde, dann habe ich wieder kein Wasser ... «*

# SICHERHEIT IM CHAOS

Allein schon der Gedanke, daß wir die wichtigsten Bereiche unseres Lebens – wie Beruf, Partnerschaft, Familie, Gesundheit und Finanzen – nicht unter Kontrolle haben, erzeugt emotionalen Streß. Folgerichtig trachten wir danach, in unserem Leben eine gewisse Ordnung aufrechtzuerhalten und einmal Erreichtes zu bewahren. Wir suchen Sicherheit, indem wir möglichst viel vorausplanen, für alle denkbaren Eventualitäten eine Versicherung abschließen, alles im Griff haben wollen und so wenig wie irgend möglich sich selbst überlassen.

Doch alle unsere Bemühungen, Sicherheit und Ordnung herzustellen, erzeugen letztlich Scheinsicherheiten. Unsere Existenz spielt sich in einem lebendigen, dynamischen Universum ab, dessen einzige Sicherheit der ständige Wandel ist. Das Leben ist keine Gleichung, in der $x + y = xy$ ergibt, sondern ein dynamisches Wechselspiel aus unterschiedlichsten Elementen, die sich gegenseitig beeinflussen, auslöschen, hervorbringen und vorantreiben. Ein lebendiger Entwicklungsprozeß, in dem wir nie wissen können, welche Auswirkungen das Zusammenspiel aller Teile haben wird.

Wenn aber Wandlung und Veränderung das wesentliche Element des Lebens ist, dann bedeutet das Bestehende konservieren zu wollen, sich vom Leben abzuwenden und den Stillstand zu verehren – oder ganz kraß gesagt: den Tod anzubeten.

Lebendigkeit ist Unsicherheit, und je lebendiger das Leben, um so unsicherer ist es. Und um so spannender. Ohne starre Planung und strenge Ordnung offenbart sich das Leben als ein wunderbares Spiel, in dem wir uns für das Unerwartete begeistern können und offen auf das zugehen, was das Leben gerade anzubieten hat. Wer anerkennt, daß jede Ordnung dazu neigt, zu erstarren und unbeweglich zu werden, und jede Weiterentwicklung zunächst die alte Ordnung durcheinanderwirbelt und Chaos erzeugt, um dann wieder zu einer neuen Ordnung zu finden, die sich irgendwann wieder

auflöst, weiß sich im Einklang mit den universellen Lebensgesetzen der Evolution.

Der wahre Lebenskünstler versucht erst gar nicht, den lebendigen Strom des Lebens durch künstliche Ordnung und Sicherheit in ein stehendes Gewässer zu verwandeln. Er schwimmt wie ein Korken auf dem unberechenbaren Strom des Lebens. Manchmal treibt er in einem ruhigen Abschnitt dahin, dann wieder tanzt er übermütig über Stromschnellen; ein anderes Mal drohen ihn wilde Wirbel in die Tiefe zu reißen; hin und wieder dümpelt er im trüben Wasser einer seichten Bucht dahin, um dann vom nächsten Hochwasser weitergerissen zu werden. Für ihn ist das Leben eine abenteuerliche Reise mit ungewissem Ausgang, die irgendwann im Meer endet.

Erkennen Sie die Unberechenbarkeit des Lebensstroms an, und Sie halten den Schlüssel für Ruhe und Gelassenheit in Händen. Und selbst mitten im ärgsten Chaos ist der ruhigste Ort ganz nah und sicher: das Zentrum Ihres Bewußtseins.

## Aus der Mitte kommt die Kraft ...

... und auch die Ruhe. In allen spirituellen Traditionen und der Meditation spielt das Zentrum deshalb eine besondere Rolle. Auch in den asiatischen Kampfkünsten wird großer Wert darauf gelegt, daß ein Kämpfer aus seiner inneren Mitte handelt, denn von dort kommen die größte Kraft und Konzentration.

In der modernen westlichen Welt ist die Vorstellung weit verbreitet, unser Zentrum sei im Kopf angesiedelt. In der aristotelischen Tradition ist das Herz das psychische Zentrum des Menschen, weil es als Sitz der Gefühle und Liebe gilt [Aristoteles, griech. Philosoph, 384–322 v. Chr.]. In der taoistischen Vorstellung ist es etwa drei Zentimeter unterhalb des Bauchnabels angesiedelt, und im Hinduismus und Buddhismus verteilt es sich auf die sieben Kraftzentren, die Chakras, die untereinander in Beziehung stehen. Andere Traditionen sehen unser Zentrum als Mittelpunkt eines leuchtenden eiförmigen Lichtes.

Wie auch immer dieses Zentrum benannt und wo auch immer es im Körper lokalisiert wird, in allen Kulturen wird es als Quelle geistiger, emotionaler und spiritueller Kraft definiert. Auf dem Weg zu innerer Gelassenheit spielt es daher in allen spirituellen Lehren eine herausragende Rolle. Wann immer Sie sich rundum zufrieden und ausgeglichen fühlen, ruhen Sie in Ihrer Mitte, in Ihrem Zentrum, und sind eins mit sich und dem Universum.

Meist tritt dieses Gefühl ein, ohne daß wir genau wissen, wie wir das gemacht haben. Es ist eben einfach geschehen. Wo genau sich dieses Zentrum befindet, ist eher zweitrangig. Viel wichtiger ist es, den Ort zu spüren, den Sie in Ihrem Inneren als Zentrum erleben. Jene Mitte, aus der heraus Sie die Welt und ihre Ereignisse betrachten, ohne sich damit zu identifizieren.

Allerdings ist es eine Sache, über dieses Zentrum zu reden, und eine ganz andere, den Weg dorthin zu finden. Aber schon in dem Moment, in dem Sie sich auf die Frage konzentrieren, wo genau sich Ihr ureigenstes Zentrum befinden könnte, fangen Sie bereits an, es zu finden.

➥ *Das Zentrum des Universums*

*Erinnern Sie sich: Genau da, wo Sie jetzt stehen, genau hier, ist das Zentrum des Universums. Ihres Universums. Und hier, im Zentrum Ihres Universums, atmen Sie zeit Ihres Lebens ein und wieder aus, in Ihrem eigenen Rhythmus.*

*Atem strömt in Ihren Körper ein und wölbt dabei den Brustkorb, und beim Ausatmen senkt er sich wieder. Spüren Sie einfach nur Ihren Atem ein- und wieder ausfließen, und schon nach wenigen Atemzügen können Sie fühlen, wie Ihre Muskeln entspannen und loslassen. Und während Sie weiterhin Ihrem Atem lauschen, lenken Sie Ihre Aufmerksamkeit mehr und mehr auf Ihre psychische und physische Energie. Wie Sie im Körper kreist und pulsiert ... eine unerschöpfliche Quelle voller Lebensenergie. Und ein Teil dieser Energie fließt ständig in Form von Gedanken und Gefühlen, von Handlungen und Projektionen in die Welt hinaus und verbindet sich dort draußen mit den Energien der Umwelt. Und für eine Weile können Sie jetzt so tun, als ob Sie Ihre im Außen verstreuten Gedanken und Gefühle, Ihre nach außen projizierten Vorstellungen wieder in sich zurückholen ... wo sie sich tief in Ihrem Inneren, in Ihrem Zentrum, sammeln. Mit jedem Atemzug strömt die eigene Energie zurück, bis alle Ihre im Außen verstreuten Energien wieder zu Ihnen zurückgekehrt sind und sich in Ihrem Körper konzentrieren. Und jetzt stellen Sie sich vor, wie diese gesammelte Energie sich immer mehr verdichtet und immer noch dichter wird und sich zu einem hochenergetischen Kraftzentrum zusammenballt, das jetzt wie ein warmes, helles Licht zu leuchten beginnt.*

*Lassen Sie sich einfach überraschen, wo in Ihrem Körper sich die Kraft konzentriert und als Licht zu strahlen beginnt ... von wo aus es sich immer weiter ausbreitet, bis es jede Region, jede Zelle Ihres Körpers erfüllt. Und je weiter es sich ausbreitet, desto heller und strahlender fühlen Sie sich, bis Sie schließlich selbst das leuchtende Licht sind. Und von dort, wo das Licht zu strahlen begann, aus Ihrem Zentrum, von dort strömt immer neue Energie nach. Unendlich, ohne Anfang und ohne Ende, so unerschöpflich wie das Universum, dessen Mittelpunkt Sie sind.*

*Und dieses Licht strahlt durch Ihre Existenz und verbindet Sie mit dem Universum und der Quelle des Lebens. Sie können es sich so kraftvoll vorstellen, daß Sie sich immer wieder aus der Peripherie in Ihr Zentrum zurückholen können, an jenen Ort, wo Ihr Sein mit der universellen Idee eins ist ... ... ...*

*Und Sie erinnern sich, bisher haben Sie Ihr Ich in der Peripherie gesucht ... Zurückgekehrt in Ihr Zentrum, sind Sie dem Wesen Ihrer ursprünglichen Natur viel näher ... Und wenn Sie es genau betrachten, werden Sie wahrnehmen ..., daß es zwischen Zentrum und Peripherie keine wirkliche Grenze gibt ... Im Zen-*

*trum selbst ist niemand da, der es als Zentrum wahrnimmt ...*
*und wenn man es wahrnimmt, ist man wieder mehr oder weni-*
*ger in der Peripherie ... Im Zentrum ist kein Gedanke, kein*
*Gefühl, kein Sehen, kein Ton ... nur Sein ... Leere ... und diese*
*Leere ist voll, denn ist es nicht so: Aus Lehm formt man Gefä-*
*ße, doch erst die Leere, das Nichts dazwischen, ermöglicht den*
*Gebrauch. Ein Haus errichtet man aus Mauern, durchbrochen*
*von Türen und Fenstern. Doch erst der leere Raum darin macht*
*das Haus bewohnbar. Durch die Materie, das Sichtbare, erhal-*
*ten die Dinge ihre Form. Durch das Unsichtbare, die Leere,*
*erhalten sie Sinn und Wert. In der Leere – dazwischen! ...*
*Und während Sie irgendwo im Dazwischen verweilen ... dort,*
*wo sich Unsichtbares und Sichtbares vermischen, können Sie*
*eintauchen in einen Jahrmilliarden währenden ewigen Kreis-*
*lauf.*

*Aus dem Weltraum betrachtet, leben wir auf einem blauen Pla-*
*neten, weil etwa siebzig Prozent seiner Oberfläche von Wasser*
*bedeckt ist. Das meiste Wasser sammelt sich in den Ozeanen. Der*
*Rest bildet Gletscher, Flüsse, Seen und Sümpfe, wird zu Grund-*
*wasser oder schwebt als Wolken oder Nebel in der Atmosphäre.*
*Und jeder Tropfen dieses Wassers ist so alt wie die Welt selbst.*
*Es gibt sie, seitdem es Wasser auf diesem Planeten gibt, und das*
*sind Milliarden von Jahren. Ohne Wasser wäre unser Planet*
*ein toter, trockener Gesteinshaufen. Ohne Wasser kein Leben.*
*Und auch Ihr Leben in der befruchteten Eizelle begann in einer*
*Welt, die zu fünfundneunzig Prozent aus Wasser bestand, und*
*selbst der erwachsene Körper besteht noch zu etwa siebzig Pro-*
*zent aus Wasser, einem Element, das über magische Eigenschaf-*
*ten verfügt.*

*Am Anfang ist Wasser unsichtbar. Weder die Wasserstoffatome*
*noch die Sauerstoffatome des Wassers sind bei Raumtemperatur*
*sichtbar, vielmehr sind sie Gase, und wir können sie weder se-*
*hen noch hören, schmecken, riechen oder berühren. Doch ein ein-*
*facher Funke, ein Blitz, genügt, und aus zwei unterschiedlichen*

*Gasen wird etwas wunderbar Neues: reines, flüssiges Wasser. In dem Moment, in dem eine chemische Reaktion stattfindet, tritt das Unsichtbare in Erscheinung, und ein nahezu unbegreifliches Wunder geschieht – eine der grundlegenden Bedingungen unseres Erdendaseins ist erschaffen: Wasser. Und dieses Wasser ist mal Ozean, mal Träne. Mal ist es Heilquelle, dann wieder ist es Blut. Mal ist es eine zarte Schneeflocke, mal festes Eis, das in der Frühlingssonne dahinschmilzt, in der Erde versickert, um dann über Quellen und kleine Rinnsale wieder zu Bächen und Flüssen zusammenzufließen, die erneut dem Ozean zuströmen und sich in ihm auflösen ...*

*Und unter bestimmten klimatischen Bedingungen verdunstet das Meer, und einzelne Wassermoleküle steigen auf, formen sich zu Wolken, werden vom Wind in alle Himmelsrichtungen verweht, um eines Tages als Tau, Regen, Hagel oder Schneeflocken wieder zur Erde zu fallen. Und auf dem Weg zum Meer nährt und kühlt, kocht und wäscht es, trägt Dinge mit sich und lädt sie an einem anderen Ort wieder ab. Und wo immer es sich aufhält, paßt es sich den Gegebenheiten an. Wasser verändert ständig seine Gestalt, doch im Wesen bleibt es sich gleich. Willig und streitlos nutzt es allen Wesen ohne Unterschied. Auf der ganzen Welt gibt es nichts Anpassungsfähigeres und Weicheres als Wasser, und doch überwältigt es das Harte und Starre. Nichts auf der Welt, was es ihm gleichtun könnte.*

*Und dieses magische Element fließt auch in Ihnen, Jahrmillionen alt und doch immer wieder in neuer Form. Und im gleichen Maße, wie Ihnen vielleicht jetzt gerade bewußt wird, daß in Ihnen das Wissen und die Erfahrung von Jahrmillionen fließen, beginnen Sie, sich mehr und mehr zu entspannen, weil ein Teil in Ihnen weiß: So wie das Wasser bin ich Teil einer unendlichen Wandlung im bunten Kaleidoskop des kosmischen Geschehens. Mal bin ich heiter, mal betrübt. Mal bin ich Kind, mal bin ich Mutter. Mal bin ich voller guter Gefühle, manchmal leide ich an der Welt. Mal bin ich lebendig, mal bin ich tot. Ein*

*Teil ist Materie, ein Teil ist Sein ... ... Und all das sind Sie, so*
*vielfältig und wandelbar, so uralt und gerade neu wie ein Tau-*
*tropfen, der sich im Meer auflöst, um dann als kleine Welle über*
*den Ozean zu tanzen und doch vom Meer nie wirklich getrennt*
*zu sein ... Und auch der Ozean ist wiederum nur ein Teil eines*
*größeren Ganzen ... so, wie Sie auch ... und Ihr Leben ist wie*
*ein Fluß, der dem Meer entgegenströmt, wie ein Tautropfen, der*
*sich am Ende seiner Reise im Meer auflöst ... ... ...*
*Die Wassermoleküle in Ihnen wissen, daß Sie ewig sind ... ozea-*
*nisch ... Teil des Ganzen ... Und in diesem großen Kreislauf geht*
*nichts verloren. In ewiger Verbundenheit mit allem, was ist, ist*
*Ihr Dasein wie ein Tropfen im Ozean des Seins ... Ohne Anfang*
*und ohne Ende ... sichtbar oder unsichtbar ... fließend oder schwe-*
*bend ... sind Sie Teil eines uralten Kreislaufes, so alt wie dieser*
*Planet und doch in immer neuer, einzigartiger Form ...*
*Und in dem Moment, in dem Sie ganz bei sich selbst sind, ganz*
*anwesend in sich, geschieht gleichzeitig etwas Paradoxes: Je*
*weiter Sie sich dem Da-Sein öffnen, desto abwesender sind Sie*
*von Ihrem Ich ... bis hin zu einem Zustand, der dermaßen ab-*
*wesend vom Ich ist, daß Sie um so »mehr« anwesend sind ... In*
*solchen Momenten sind Sie anwesend und allwissend, denn Ihr*
*Ich erweitert sich zum Ganzen ... ... ...*
*Das Ganze sieht durch Ihre Augen, hört mit Ihren Ohren, fühlt*
*mit Ihren Sinnen ... Ihr Herz schlägt im Einklang mit dem*
*Schöpfungsorchester, und Ihr Atem wird zum Atem der Welt. Die*
*ganze unermeßliche Existenz atmet in Ihnen und durch Sie ...*
*Und je weiter Sie die Leere fassen können, je stiller es in Ihnen*
*wird, je weiter Ihre Ich-Wahrnehmung wird, desto mehr kön-*
*nen Sie fassen und gelassen genießen. Frei in sich, frei für alle*
*Torheiten. Frei, im Bodenlosen zu wurzeln oder in der Leere die*
*Flügel auszubreiten ... Frei, ins bedeutungslose Nichts einzutau-*
*chen und mit den Tiefseeschmetterlingen zu tanzen ... Frei, mit*
*entleertem Verstand Unendlichkeit wahrzunehmen.*
*Und in diesem Zustand können sich Myriaden von Verstrik-*

*kungen in Wohlgefallen auflösen, und Sie können einen kostba-*
*ren Schatz, Ihr ursprüngliches Wesen, entdecken — rein und*
*unberührt wie in einem klaren Spiegel. Schauen Sie hinein, so*
*werden Sie womöglich Ihr ursprüngliches Antlitz entdecken.*
*Schauen Sie nicht hinein, so ist nichts im Spiegel zu sehen ...*
*Das Wesen des Spiegels ist, zu reflektieren, was sich vor ihm zeigt*
*— so wie es ist. Er selbst bleibt davon völlig unberührt.*
*Erinnern Sie sich, einfach erinnern, an den Tautropfen und den*
*Ozean ... ... ..*

## DIE GANZHEIT UND »ALLES«

## DAZWISCHEN

D as Zuhause des Menschen ist die ganze Existenz. Wir können nicht wirklich von ihr getrennt sein — sonst gäbe es uns über-haupt nicht. Nur aus der Ganzheit, aus allem, was dazugehört, konnte sich das Leben entwickeln.

Zu wissen, daß das Leben jeden einzelnen genau so gewollt hat,

wie er ist, das ist viel. Zu wissen, daß man selbst und die existentielle Lebensenergie ein Ganzes sind, ist auf der einen Seite ganz selbstverständlich, und doch eine große Erkenntnis. Es ist wunderbar beruhigend. Beunruhigt sind nur diejenigen, die sich von diesem Ganzen abgespalten wahrnehmen, sich als einsam und isoliert erleben. Hier kann man sagen: »Ich bin, weil es das Ganze gibt. Ich bin eine Adresse auf der Landkarte des Lebens.«

Wir Menschen sind vorhanden, aber nicht mein »Ich« lebt, das Leben lebt mich, gemeinsam mit allem anderen, was ist. Das Ich ist nicht wirklich wichtig. Es sind die Augen, der Körper, die Gefühle, die Ekstase, die Liebe, die Kreativität der schöpferischen geistig-materiell-chemischen Konstellationen, die dieser Planet hervorgebracht hat. Materiell gesehen sind wir ursprünglich Sternenstaub einer Supernova. Nur aus der Mischung aller Zutaten konnte das Leben in der uns vertrauten Form entstehen. Wofür sollte es gut sein, sich isoliert zu erleben, anstatt sich vollkommen seiner Ganzheit bewußt zu sein? Wenn es möglich ist, ein Ozean zu sein, wofür sollte es gut sein, sich als Tautropfen vor dem Ertrinken zu fürchten?

Wer zum Ozean wird, verschmilzt wieder mit der Existenz. Über das Selbst hinaus ist man die blühende Blume, der fliegende Vogel, der freie Flug der weißen Wolken, das Erdbeben und der Vulkan. Und erinnert man sich aus dieser Seins-Erfahrung heraus an sein »Ich«, weiß man es zu schätzen wie einen guten Freund mit dem zusammen das Abenteuer erst so richtig sinnlich erlebbar wird.

## LEBENSZYKLUS

### *Und es gibt keinen Weg zurück*

*In jenen Tagen, als der heilige Jeremias schon ein alter Mann mit weißem Bart war und auf ein langes Leben zurückblicken konnte, erzählte er:*

*»Als junger Mann hatte ich ein feuriges Temperament, und es*

*drängte mich, die Welt zu verändern. Täglich betete ich zu Gott, mich mit außergewöhnlichen Kräften zu segnen, damit ich die Menschen bekehren und die Welt zu einem besseren Ort machen könne.*

*Doch in meinen mittleren Lebensjahren wachte ich plötzlich auf und erkannte, daß die Hälfte meines Lebens vorbei war, ohne daß ich die Welt verändert hatte. Von nun an bat ich Gott, mir Kraft zu schenken, um all die Menschen zu erretten, die mir nahe standen, und jenen helfen zu könne• = luye es am dringendsten brauchten.*

*Jetzt, da ich ein alter Mann bin und meine Tage gezählt sind, ist meine Bitte an Gott bescheidener geworden. Mein einziges Gebet lautet nun: Herr, gewähre mir die Gnade, mich selbst zu verändern.*

*Wäre das nur von Anfang an meine Bitte gewesen! Ich hätte mehr erreicht.«*

Menschliche Entwicklung ist in die großen Zyklen des Lebens eingebunden. Einer davon beginnt mit unserer Geburt und endet mit unserem Tod. Andere erleben wir im ewigen Wechsel von Tag und Nacht, im Wandel der Jahreszeiten, im Lauf der Sterne und dem Aufstieg und Untergang ganzer Kulturen.

So einzigartig unsere persönliche Lebensgeschichte ist, die Entwicklung jedes Menschen ist in bestimmte Lebensphasen eingeteilt, die er, Stufe für Stufe, durchwandert. Jeder dieser Abschnitte hält seine eigenen Erfahrungen und Aufgaben bereit, die gelebt und gemeistert werden wollen, bevor der nächste Entwicklungsschritt möglich wird. Auf jeder Stufe sind neue Herausforderungen zu bestehen und entfalten sich andere Möglichkeiten.

Für ein Baby stehen ganz andere Entwicklungsschritte und Erfahrungen im Vordergrund als für jemanden in der Mitte des Lebens. Als pubertierender Teenager hatten Sie wahrscheinlich mit anderen Herausforderungen und Ängsten zu kämpfen, als das jetzt der Fall ist. Ein junger Mensch, der gerade sein Elternhaus verläßt und am Anfang seines Berufslebens steht, nährt andere Träume als jemand, dessen Arbeitsleben zu Ende geht. Wer sich entschließt, Kinder zu bekommen, für den beginnt ein völlig neues Leben, das, wenn die Kinder Jahre später das Haus verlassen, wieder nach einer neuen Ausrichtung verlangt.

Jeder neue Lebensabschnitt fordert von uns die Bereitschaft, über eine Schwelle zu gehen und das Vorangegangene loszulassen, ohne es zu vergessen. Um geboren zu werden, müssen wir den warmen, sicheren Schoß der Mutter verlassen. Es war schön dort, aber ab einer bestimmten Entwicklungsstufe drängt es das Kind nach draußen. Es muß diese Schwelle überschreiten, damit es sich weiterentwickeln kann. Draußen in der Welt ist dann alles anders. Und ob wir wollen oder nicht, es gibt keinen Weg zurück.

Und so geht es weiter. Stufe um Stufe, Schritt für Schritt. Wir entwachsen dem Babyalter und gehen in den Kindergarten und dann zur Schule, erleben die Pubertät, beginnen eine Ausbildung oder ein Studium, machen Karriere oder entscheiden uns dagegen, finden Partner, werden vielleicht Eltern, kommen in die Lebensmitte, die Wechseljahre, werden älter, gehen in Rente und schließlich erwartet uns alle der Tod. Und es gibt keinen Weg zurück.

Natürlich versuchen einige, auf bestimmten Stufen zu verharren, weil ihnen die nächste Stufe ihrer Entwicklung nicht behagt. Manche sind längst Vater oder Mutter, verhalten sich aber noch immer wie Spätpubertierende, die am liebsten selbst Kind bleiben wollen und denen es schwerfällt, Verantwortung zu übernehmen. Und wer kennt nicht jene Männer in mittleren Jahren, deren Bemühen, den jugendlichen Liebhaber und Playboy herauszukehren, einfach nur lächerlich wirkt. Oder die Diven, denen es nicht gelingt, in Würde alt zu werden, und die statt dessen mit ihren gelifteten, zur Maske erstarrten Gesichtern Jugendlichkeit vortäuschen wollen. Doch sowohl die einen wie die anderen erregen ob der ungeeigneten Mittel nur Mitleid – im Gegensatz zu jenen, die sich mit den Herausforderungen, Ängsten und Reichtümern der gerade aktuellen Lebensphase auseinandersetzen.

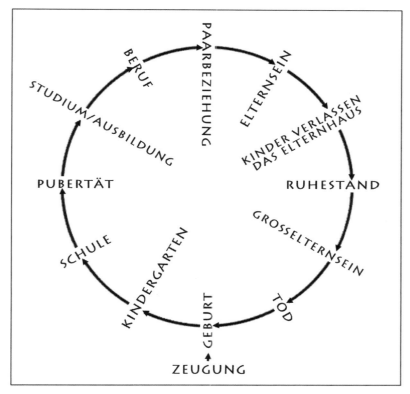

In der Zeichnung oben finden Sie eine grobe Einteilung des menschlichen Lebenszyklus. Von der Geburt bis zum Tod sind die allgemeingültigen Phasen unseres Lebens darin angedeutet. In manchen Leben mögen sich die einzelnen Stufen verschieben. Mutter und Vater wird nicht jeder, wohl aber muß jeder irgendwann die Kindheit hinter sich lassen und die Verantwortung für sein Handeln und sein Leben übernehmen, wenn er ein erwachsener, selbstverantwortlicher Mensch sein will.

In welcher Lebensphase befinden Sie sich? Fängt für Sie gerade ein neuer Lebensabschnitt an? Stehen Sie mittendrin oder nähern Sie sich eher dem Ende einer Entwicklungsstufe? Nehmen Sie bewußt wahr, in welcher Lebensphase Sie sich gerade befinden.

Überlegen Sie dann: Was ist für mich das Wichtigste in diesem Lebensabschnitt? Welche Herausforderungen bringt er mit sich, und welchen Aufgaben sollte ich mich jetzt stellen? Was will ich in diesem Lebensabschnitt erreichen? Und auf welche Fähigkeiten und Erfahrungen aus der Vergangenheit kann ich bauen, um diesen Abschnitt selbst-bewußt zu meistern? Welche Einstellungen und Überzeugungen verbinde ich mit dem hinter und mit dem nun vor mir liegenden Lebensabschnitt? Habe ich vielleicht Angst vor dem Ruhestand oder dem Alter, weil ich damit zunehmenden körperlichen und geistigen Verfall verbinde? Oder freue ich mich auf meine Berentung, weil ich dann endlich Zeit für all meine Hobbys, für Reisen und mich selbst haben werde?

Werden Sie sich Ihrer Gefühle bewußt, und finden Sie heraus, welche Einstellungen und Überzeugungen dahinter stehen. Der Fluß des Lebens strömt unaufhaltsam weiter, und in jedem neuen Lebensabschnitt fordert er von uns, bestimmte Dinge loszulassen, damit er neues Land durchfließen kann. Das kleine Ego mag sich dagegen sträuben, doch gegen die Allmacht des Lebensstroms zu kämpfen ist ein vergebliches Unterfangen. Wer sich gelassen und selbstbewußt von ihm mittragen läßt, lebt im Einklang mit einer höheren Ordnung und findet Frieden.

Bedenken Sie auch, daß alles Wertvolle, Großartige und Schöne Zeit und Ruhe braucht, um zu werden. Ein großer Baum wächst nicht über Nacht heran. Und während seines Wachstums verliert er immer wieder seine Blätter und muß so manches Unwetter über sich ergehen lassen. Ähnlich sieht es mit unserem Wachstum und unserer Entwicklung aus. Selbstvertrauen zu entwickeln, eine gelassene Lebenseinstellung zu gewinnen, ein Geschäft aufzubauen, sich an neue Lebensphasen zu gewöhnen: All dies sind Dinge, die Zeit brauchen, bis wir ihre Früchte ernten können. Überschauen Sie den ganzen Zyklus Ihres Lebens und nicht nur einen Teilaspekt, um so klarer werden Sie Ihren jetzigen Standort mit seinen Herausforderungen und Schönheiten erkennen.

# MITTENDRIN ODER
## VON AUSSEN BETRACHTET

**B**evor Sie weiterlesen, möchten wir\* Sie bitten, einen Moment innezuhalten und sich an einen Ihrer schönsten Urlaubstage zu erinnern. Einen Ferientag, den Sie rundum genossen haben. Lassen Sie die dazugehörigen Bilder in sich aufsteigen, und nehmen Sie möglichst viele Eindrücke wahr.

Wir Menschen erleben und erinnern uns auf zwei unterschiedliche Arten. So haben Sie entweder die Erinnerung an Ihren Urlaubstag so erlebt, als wären Sie mit all Ihren Sinnen gerade dort gewesen, sozusagen mittendrin im Geschehen, oder Sie erinnern sich an diesen Urlaubstag, als würden Sie einen Film ansehen, mit sich selbst als Hauptdarsteller/in auf der Leinwand der Erinnerung. Vielleicht wechseln Sie auch blitzschnell zwischen beiden Perspektiven hin und her.

Der große Unterschied zwischen den beiden Erlebnisarten liegt in ihrer jeweiligen emotionalen Wirkung: Wenn ich mich *assoziiert*\*\* erinnere, dann fühle ich die Sonne und den Wind auf der Haut oder den Strand zwischen den Zehen. Ich höre die typischen Geräusche dieses Ortes, vielleicht auch ein besonderes Lied, atme den Geruch ein und tauche immer tiefer in die entsprechenden Gefühle ein. Bei der anderen Art, der *dissoziierten*\*\*\* Erinnerung, sehe ich mir selbst von außen zu und empfinde mich eher als unbeteiligten Zuschauer. Bei dieser Form der Erinnerung haben wir wenig Zugang zu unseren Gefühlen. Wir wissen, daß wir damals glücklich waren, können die damalige Freude aber jetzt nicht empfinden.

Jede dieser Erlebnisarten hat Vor- und Nachteile, und in der Regel nutzen wir beide Möglichkeiten in unterschiedlichen Lebenssituationen, wenn auch meistens unbewußt. Nur wenige Menschen gehen ausschließlich assoziiert oder dissoziiert durchs Leben. Auch

---

\*die Autoren  \*\*assoziiert = verbunden  \*\*\*dissoziiert = getrennt

wer vorwiegend assoziiert lebt, kennt Situationen, in denen er neben sich zu stehen scheint. Menschen, die wenig Zugang zu ihren Gefühle finden, erleben sich vorwiegend dissoziiert, vielleicht weil das, was sie als Kind erlebten, zu schmerzhaft oder verwirrend war. Das Unbewußte entscheidet in solchen Situationen oft, daß ein dissoziiertes Erleben weniger Angst und Streß auslöst. Verselbständigt sich diese in bestimmten Situationen sinnvolle Haltung aber und wird zu einer allgemeinen Lebenshaltung, so schneidet man sich von so überlebenswichtigen Erlebnissen und Gefühlen wie tief empfundener Freude, sinnlichem Genuß und Zusammengehörigkeitsgefühlen ab und lebt nicht nur zu anderen, sondern auch zu sich selbst auf Distanz.

Menschen sind sich nur selten bewußt, daß sie diese verschiedenen Arten ihres inneren Erlebens beeinflussen und steuern können. Ob Sie eine Situation assoziiert oder dissoziiert erleben wollen, hängt weniger von Ihren bisherigen Gewohnheiten ab, als vielmehr von einer bewußten Entscheidung. Wenn es Ihnen gelingt, sich der Wahlmöglichkeiten bewußt zu bleiben, können Sie auf die jeweilige Situation angemessen reagieren. Sie können ganz im Gefühl und impulsiv sein oder distanziert, mit klarem Überblick und notfalls völlig abgeschottet gegen die Übergriffe Ihres Gegenübers. Ein bißchen Training, und Sie können blitzschnell von der einen in die andere Position wechseln.

Die Fähigkeit, die assoziierte oder dissoziierte Erlebnisart bewußt zu nutzen, vergrößert unsere Erlebnisfähigkeit enorm und verhindert so manche Frustration. Stellen Sie sich beispielsweise vor, Sie sind frisch verliebt, und jetzt, nach einem romantischen Abend, liegen sie mit Ihrer/m Liebeste/n im Bett. Sie spüren zärtliche Hände über Ihren Körper gleiten, während Ihre Lippen einen noch fremden Körper erkunden, ihn schmecken und riechen und fühlen. Versunken in sich selbst, sind Sie ganz Gefühl und Hingabe. Oder Sie erleben die gleiche Situation wie ein Beobachter Ihrer selbst. Sie stehen sozusagen neben sich und schauen sich selbst beim Lieben zu. Womöglich kommentiert Ihr Beobachter auch noch Ihr Verhalten oder das Ihres Partners. Viel Gefühl und Genuß werden Sie dabei nicht erleben.

Beim Lieben, Essen, Sex, überall dort, wo Sie in Gefühlen schwelgen und sinnlichen Genuß erleben wollen, steigen Sie bewußt so tief wie nur irgend möglich in eine assoziierte, gefühlsorientierte Erlebniswelt hinein. Nehmen Sie mit allen Sinnen wahr, was es um Sie herum zu sehen gibt, lauschen Sie auf die Geräusche oder die Stille, tauchen Sie ein in die phantastische Welt der Gerüche und Gefühle, und lassen Sie sich das Ganze auf der Zunge zergehen.

Der Vorteil eines assoziierten Erlebens liegt eindeutig in den sinnlichen Genüssen, die es bereithält. Allerdings verfügen wir in diesem Zustand über keinerlei kritische Distanz zu uns selbst. Beim Lieben ist das eher von Vorteil, in anderen Situationen erweist sich genau das als äußerst nachteilig. Identifiziert sich beispielsweise ein Mensch mit seiner Wut und erlebt sie assoziiert, so fühlt er sich hilflos und schwach. Wenn er sie hingegen wie von außen beobachtet und nur als einen Aspekt von sich selbst betrachtet, hilft ihm das, Distanz zu gewinnen und Herr der Lage zu bleiben.

Wer von uns hat nicht schon einmal erlebt, daß er kritisiert wurde. Die einen verfallen dann in eine Art Kaninchenstarre oder bekommen einen Tunnelblick und stehen bar jeglicher Ressourcen da; andere beginnen sich blindlings und ohne Sinn und Verstand zu verteidigen und sagen dabei manchmal Dinge, die besser ungesagt geblieben wären. In einer solchen Situation erweist sich die Fähigkeit, blitzschnell einen dissoziierten, verstandesorientierten Beobachter einzuschalten, als äußerst wirkungsvoll.

Tun Sie dann einfach so, als ob ein Teil von Ihnen neben Ihnen steht. Gehen Sie mit Ihrer Aufmerksamkeit in diesen Beobachterteil, und sehen Sie sich selbst und Ihr Gegenüber jetzt wie von außen in einem Film. Und während Ihre Aufmerksamkeit in der Beobachterposition verweilt, gewinnen Sie automatisch Abstand zu der Situation, Ihren Gefühlen und sich selbst. So können Sie die Lage von einer höheren Warte aus einschätzen und den Überblick über das bewahren, was gerade geschieht. Wenn Sie innehalten und den

Film mehrmals langsam ablaufen lassen, hat das den großen Vorteil, daß Sie sich sehr viel überlegter verhalten, als wenn Sie assoziiert reagieren und von Gefühlen überschwemmt werden. Der Beobachter bleibt von seiner Warte aus viel gelassener und kann Ihrem Alter ego dort in der realen Situation mit guten Tips wertvolle Hilfestellung leisten.

In allen Situationen, in denen Sie kritische Distanz wahren oder Ihre Gefühle unter Kontrolle halten wollen, schlüpfen Sie in die Position eines Beobachters. Von hier aus haben Sie genügend Abstand zu Ihren Gefühlen und reagieren weniger impulsiv. Ohne Emotionen, ganz sachlich betrachtet, hat Ihr Gegenüber ja möglicherweise durchaus recht. Auf der rein sachlichen Ebene werden hier vielleicht wichtige Informationen mitgeteilt, die Sie in der gefühlsbetonten kaninchenstarren Tunnelblick-Variation gar nicht hören und verstehen.

➡ *DEN BEOBACHTER INSTALLIEREN*

1. *Erinnern Sie sich zunächst an eine Situation, in der Sie sich unwohl, ausgeliefert oder hilflos fühlten oder genervt reagierten, sich aber lieber anders verhalten hätten, z.B. selbstbewußt, schlagfertig oder ganz sachlich. (Wenn Sie bisher nur schwer Bilder visualisieren konnten, tun Sie jetzt einfach so, als ob Sie es könnten. Vielleicht hören Sie aber auch einen Dialog, oder Sie fühlen die Bilder deutlicher, als daß Sie sie sehen. Jede Form ist vollkommen in Ordnung).*

2. *Bitten Sie jetzt Ihr bewußtes Ich, Verbindung mit Ihrem unbewußten aufzunehmen und mit ihm gemeinsam einen wohlwollenden und weisen Beobachter zu erschaffen, der neben oder hinter Ihnen steht. Vielleicht finden Sie es aber auch angenehmer, wenn der Beobachter eine etwas erhöhte Position einnimmt und die Situation von oben überblickt. Probieren Sie aus, in welcher Position der Beobachter sich am kraftvollsten anfühlt.*

3. *Schlüpfen Sie jetzt mit Ihrer bewußten Aufmerksamkeit in den Beobachter hinein, sozusagen als »beobachtendes Ich«, und sehen Sie sich selbst wie in einem Film von außen zu, wie Sie sich in der Situation verhalten. Tun Sie so, als würden Sie sich einen Dokumentarfilm über ein bestimmtes Ereignis in Ihrem Leben anschauen. Als Zuschauer fallen Ihnen jetzt alle möglichen Dinge auf, die Sie so noch nie gesehen haben. Aus der Perspektive des Zuschauers fühlen Sie sich wie losgelöst von der Person dort im Film. Sammeln Sie so viele Eindrücke und Informationen wie möglich, ohne zu bewerten und zu verurteilen. Schauen Sie einfach so objektiv wie möglich zu, wie Sie sich in dieser Situation verhalten. (Vielleicht fällt es Ihnen von Natur aus leicht, blitzartig die Perspektiven zu wechseln. Sollte es Ihnen nicht sofort gelingen, gilt auch hier, was für alle Fähigkeiten gilt: Je öfter wir etwas ausüben, desto leichter und selbstverständlicher gelingt es. Für manche Menschen ist es am leichtesten, in die Beobachterposition zu schweben, fließen, rutschen, springen oder einzutauchen, wenn sie, real oder mental, die Körperhaltung verändern, indem sie beispielsweise einen Schritt zur Seite oder nach hinten machen oder sich aufrechter hinsetzen.)*

4. *Kehren Sie jetzt wieder ganz in Ihren Körper zurück, und reflektieren und integrieren Sie die gesammelten Eindrücke und Informationen des Beobachters – zumindest jene, die Ihnen sinnvoll und angebracht erscheinen.*

5. *Sobald Ihnen der Wechsel zwischen Ich und Beobachter vertraut ist, beginnen Sie, in realen Situationen den Beobachter zu aktivieren und Ihre Aufmerksamkeit bei ihm zu halten, solange diese Wahrnehmung sinnvoll ist. Mit einiger Übung werden Sie in Augenblicksgeschwindigkeit zwischen den Positionen hin- und herwechseln können, so daß Sie sowohl objektiv als auch subjektiv reagieren können, je nachdem, was Ihnen sinnvoller und angenehmer erscheint.*

# Gefühle und der Umgang damit
## Transformation

## Unterschiedliche Gefühle

Gefühle sind unberechenbar. Sie sind ständig in Bewegung und wechseln von einer Gemütsbewegung zur nächsten. In einem Moment sind wir traurig, und kurz darauf lachen wir und sind glücklich. In einem Moment schießt Zorn hoch und bringt das Blut in Wallung, und im nächsten Moment fließt man vor Liebe über. So geht es ständig.

Einige Gefühle machen unser Leben ziemlich kompliziert, und obwohl sie uns oft in die Irre führen, würden die wenigsten Menschen freiwillig auf Gefühle verzichten. Fühlen heißt leben, Anteil nehmen und das Leben unmittelbar spüren – und wer möchte das schon missen? Gefühle sind ein Zeichen für Lebendigkeit; die angenehmen, anregenden genießen wir, und die negativen nehmen wir, wenn auch ungern, in Kauf.

In vielen Fällen sind unsere Gefühle direkte Reaktionen auf das, was gerade um uns herum geschieht. Manchmal allerdings scheinen sie uns aus heiterem Himmel zu überfallen, ohne daß wir oder andere nachvollziehen können, warum und wieso wir diese Gefühle haben. Und noch andere lassen sich als Lebensgrundgefühle beschreiben. Sie schwingen, verborgen oder offensichtlich, durch alle Lebenssituationen, ohne daß die Ursachen dafür immer nachvollziehbar sind.

Nimmt man Gefühle genauer unter die Lupe, zeichnen sich einige Merkmale ab, die dabei helfen, eigene Gefühle und die anderer Menschen besser einzuschätzen.

### *Unmittelbare Gefühle (Primärgefühle)*
Ein Primärgefühl ist das erste Gefühl, der unmittelbare Impuls, der entsteht, wenn wir mit einem Ereignis konfrontiert werden. Es

ist die spontane, unverfälschte Antwort auf das, was gerade geschieht. Diese unmittelbare Reaktion erfüllt uns vollständig, und in diesem Augenblick sind das Gefühl und wir eins. Primärgefühle sind nur von kurzer Dauer, sie lassen sich weder auf später verschieben noch konservieren oder beliebig verlängern. Sie finden im Hier und Jetzt oder gar nicht statt.

Beispielsweise hat Ihr Partner oder Kollege einen äußerst wichtigen Termin vergessen, und Ihre spontane, unverfälschte Reaktion darauf ist Ärger, den Sie unmittelbar ausdrücken und unverstellt zeigen. Sie spucken Gift und Galle, sind verletzt, regen sich auf und werden ziemlich laut. Nach dem ersten Sturm beruhigen Sie sich wieder. Ihr Gefühlsausbruch war nichts weiter als ein reinigendes Gewitter, das die dunklen Wolken vertrieben hat. Danach ist die Luft wieder klar. Ihr Partner bzw. Kollege und Sie entspannen sich und können sich neuen Dingen zuwenden.

Ein Wesensmerkmal dieser echten, unmittelbaren Gefühle ist, daß sie anderen Menschen nahegehen. Die echte Traurigkeit eines Menschen berührt das Herz anderer Menschen zutiefst und weckt ihr Mitgefühl. Der blanke Zorn oder die nackte Wut, die jemanden überrollt, macht andere betroffen. Und die pure Freude eines Menschen steckt an, selbst wenn wir keinen direkten Anteil daran haben.

### Ersatzgefühle (Sekundärgefühle)

Die meisten Gefühle, die Menschen einander zeigen, gehören zur Kategorie der Ersatzgefühle. Es sind »Statt-dessen-Reaktionen«, die das unmittelbare, wahre Gefühl überdecken, weil man es für nicht akzeptabel hält. Ein Teil dieser Ersatzgefühle wurde uns in der Kindheit eingetrichtert: Anstatt unverfälscht und ehrlich unseren Zorn ausleben zu dürfen, müssen wir ihn verdrängen und uns höflich benehmen. Es wird uns beigebracht, Aufmerksamkeit zu heucheln, anstatt unsere Langeweile zu zeiten, wenn uns etwas nicht interessiert. Wir werden aufgefordert die Zähne zusammenzubeißen und heiter zu sein, anstatt unsere Traurigkeit auszuleben.

Später fügen wir diesen früh anerzogenen Gefühlsverfälschungen eigene hinzu. Vielleicht weil wir uns keine Blöße geben oder einem Konflikt aus dem Weg gehen wollen, vielleicht aus Berechnung oder weil wir unsere Gefühle für unangemessen halten und daher schnell unterdrücken. Also lächeln wir, obwohl wir vor Wut kochen, tun so, als würden wir uns über etwas freuen, das uns in Wirklichkeit nicht die geringste Freude bereitet. Wir heucheln Interesse oder erwecken gezielt Mitleid, um Aufmerksamkeit zu bekommen oder unsere Absicht durchzusetzen.

Da wir diese Gefühle zwar ausdrücken, aber nicht wirklich empfinden, müssen wir sie übertreiben, um glaubhaft zu wirken. Aus diesem Grund wirken Sekundärgefühle eigenartig künstlich und rufen keine spontane Anteilnahme hervor. Ganz im Gegenteil, sie langweilen, wecken Verdruß und nerven alle, die mit ihnen in Berührung kommen. Oft schwingt in ihnen etwas Manipulatives mit, denn sie kommen häufig dann zum Einsatz, wenn andere in eine bestimmte Richtung beeinflußt werden sollen. An ihnen haftet oft die unausgesprochene Forderung, der andere soll etwas tun, damit es einem selbst bessergeht.

Sekundärgefühle richten sich mit einer Absicht an andere und haben wenig innere Kraft. Und im Gegensatz zu Primärgefühlen füllen sie uns nicht ganz und gar aus, verschaffen uns keine Erleichterung und bewirken keine Veränderung. Im Unterschied zu diesen unmittelbaren Gefühlsreaktionen, die schnell kommen und ebenso schnell wieder abklingen, halten Ersatzgefühle zudem lange an. Nicht selten, weil sie als Strafe dienen. Läßt man das heftige aber kurze Donnergewitter über einem unzuverlässigen Partner nicht zu, kann daraus schnell ein beleidigtes Zurückziehen und stunden- oder tagelanges Schweigen und Schmollen werden. Was kurz und heftig über die Bühne hätte gehen können, wird zu einem zähen, nervenaufreibenden (Trauer-)Spiel, bei dem keiner gewinnt.

### *Übernommene, fremde Gefühle*

Fremdgefühle sind Gefühle, die wir von Familienmitgliedern übernommen haben. Die Übernahme eines Gefühls findet meist dann statt, wenn der, zu dem dieses Gefühl eigentlich gehört, es nicht zulassen, ausdrücken oder äußern konnte, wollte oder durfte. Ein nach ihm geborenes Familienmitglied übernimmt es dann und lebt es anstelle des »Besitzers« aus. Häufig übernehmen Kinder aber auch Gefühle von ihren Eltern, weil sie glauben, sie könnten Vater oder Mutter damit entlasten und ihnen ihr Leben dadurch leichter und unbeschwerter machen. Gefühle werden jedoch nicht nur von einer Person zur anderen weitergereicht, mitunter prägen sie die Grundstimmung einer ganzen Familie, manchmal über Generationen hinweg.

Da übernommene Gefühle in der Regel keinen Bezug zum eigenen Leben haben, lassen sie sich nicht auf ein bestimmtes Ereignis beziehen oder aus einer aktuellen Lebenssituation heraus erklären. Sie zeigen sich entweder als unangemessen heftige und unverständliche Reaktion – über die andere verwundert den Kopf schütteln – auf einen äußeren Anlaß oder als Dauerzustand, der unterschwellig oder offen die Grundstimmung eines Menschen prägt. Gerade unbestimmte, nicht greifbare und zuzuordnende Lebensgefühle von Trauer, Wut, Verlassenheit, Schuld oder Resignation sind oft Ausdruck übernommener Gefühle.

Im Unterschied zu Primär- oder Sekundärgefühlen wirken Fremdgefühle weder anrührend noch künstlich oder übertrieben, sondern eher lähmend. Sie machen andere rat- und hilflos, und die typische Reaktion auf sie ist ein Gefühl von: »Da kann man gar nichts machen.« Und in der Tat, übernommene, fremde Gefühle widersetzen sich beharrlich allen Versuchen, sie auf der persönlichen Ebene zu verändern. Die einzig wirkungsvolle Art, mit Fremdgefühlen umzugehen, ist, die ihnen zugrunde liegende Störung zu lösen und sie an den ursprünglichen Besitzer zurückzugeben. (Mehr über Fremdgefühle, ihre Ursachen und Auswirkungen sowie Lösungsmöglichkeiten können Sie in unseren Büchern über Systemische Aufstellungen nachlesen, siehe Anhang.)

## Seinsgefühle

»Einssein mit sich und der Welt«, »innerer Frieden«, »Glückseligkeit« lauten wohl die häufigsten Umschreibungen dessen, was wir als Seinsgefühle erfahren. Meist treten diese Gefühle in Verbindung mit spirituellen Erfahrungen auf, oder wir erleben sie in Momenten vollkommenen Glücks. Und manchmal geschehen sie einfach so, unvermittelt erfüllen sie unser Innerstes und verzaubern die Welt. Begleitet werden diese Zustände von Gefühlen der Leichtigkeit und der Fülle, von innerem Frieden und gelassener Heiterkeit, von Schwerelosigkeit und All-Liebe.

Seinsgefühle sind sich selbst genug. Sie verfolgen keine Absicht und dienen keinem besonderen Zweck. Sie äußern sich als reine Kraft, die aus dem inneren Erleben eines erfüllten Daseinszustandes entspringt. Und weil sie primär und direkt stattfinden, dauern sie nicht allzu lange. Leider. Aber was bleibt, ist eine tiefe Einsicht in das innerste Wesen des Da-Seins, und diese Einsicht wandelt.

## VON UNBERECHENBAREN GEFÜHLEN

*Ein Zen-Schüler auf der Suche nach Erleuchtung litt unter seinen unberechenbaren Wutausbrüchen. Schließlich faßte er sich ein Herz und ging zu seinem Meister.*

*»Meister«, sagte er, »ich bin von einer unberechenbaren Wut besessen. Es braucht nur etwas anders zu laufen, als ich es will, und ich gerate völlig außer Kontrolle. Ich erkenne mich dann selbst kaum wieder und erschrecke über mich. Wie kann ich die Wut loswerden, um endlich Frieden zu finden?«*

*»Das klingt äußerst faszinierend«, erwiderte der Meister, »zeig mir deine Wut doch einmal.«*

*»Jetzt ist sie gerade nicht da«, murmelte der Schüler, »im Moment kann ich sie dir nicht zeigen.«*

*»Auch gut«, sagte der Meister, »dann bring sie zu mir, wenn du sie hast.«*

*»Aber das geht nicht«, der Schüler schüttelte irritiert den Kopf, »sie kommt völlig überraschend, und wenn ich sie einfangen wollte, um sie zu dir zu bringen, würde ich sie wahrscheinlich unterwegs verlieren. So geht es nicht.«*

*Der Meister schwieg eine Weile. »Wenn das so ist«, sagte er schließlich, »dann kann sie nicht Teil deines wahren Wesens sein. Wenn sie deine wahre Natur wäre, könntest du sie mir jederzeit zeigen, und du könntest sie auch nicht verlieren. Sie muß von außen zu dir gekommen sein. Sag, hattest du diese Wut schon bei deiner Geburt? Nein? Dann ist völlig klar, daß sie nicht zu dir gehört. Hör zu, ich schlage dir folgendes vor: Das nächste Mal, wenn dich die Wut packt, nimmst du einen Stock und schlägst so lange auf dich selber ein, bis die Wut es nicht mehr aushält und davonläuft.«*

Das nächste Mal, wenn Sie die Wut packt, rennen Sie einen halben Kilometer weit. Halten Sie dann an, und schauen Sie, was aus der Wut geworden ist. Wenn sie noch da ist, rennen Sie weiter – so lange, bis der Wut die Energie ausgegangen ist. Dann haben Sie ihre Energie nicht unterdrückt, und Sie haben sie auch nicht an anderen ausgelassen. Sie haben sie nur in andere Kanäle geleitet. Oder gehen Sie in den Wald, setzen Sie sich ins Auto oder wohin auch immer, wo Sie ungestört sind und für eine Weile hemmungslos schreien und toben können. Schimpfen Sie und benutzen Sie all die Worte, die Ihnen Erleichterung verschaffen. Und noch während Sie schreien oder fluchen, können Sie damit beginnen, sich mehr und mehr darüber bewußt zu werden, wer da eigentlich wütend ist. Und wie genau Sie das machen. Nehmen Sie einfach nur bewußt wahr, und sehen Sie hin, wie die Wut, Gier, Eifersucht, Unsicherheit, was auch immer, Sie packt und mit sich reißt.

Sogar mitten im Wüten und Schreien fallen diese Gefühle augenblicklich ab, wenn Sie sich ihrer bewußt werden. Richten Sie Ihre Aufmerksamkeit auf Ihr Gefühl, und beobachten Sie, was geschieht. Es ist, als ob man innerlich ein Stück zur Seite treten und

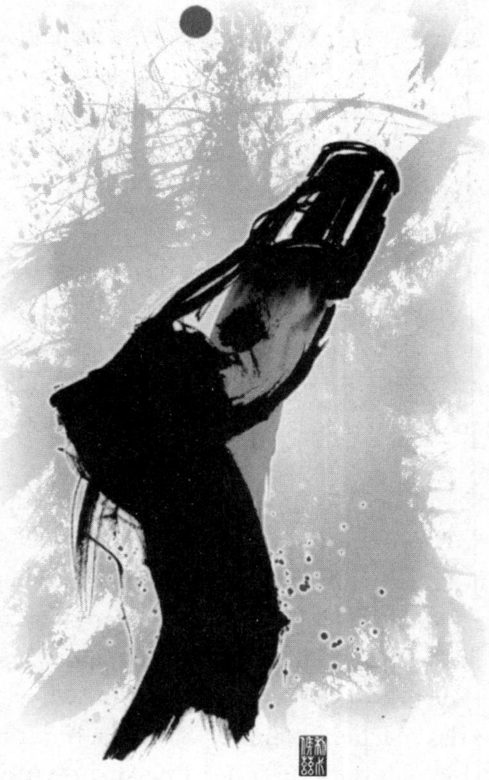

den Teil, der die Wut auslebt, jetzt von außen betrachten würde. Vielleicht so, wie ein Insektenforscher eine Ameise beobachtet und aus ihrem Verhalten Schlüsse zieht. Im gleichen Moment, in dem Sie sich Ihrer Wut, Eifersucht, Angst oder Ungeduld bewußt werden, sind Sie nicht mehr mit diesen Eigenschaften identifiziert. Genauso wenig wie ein Insektenforscher mit der Ameise.

Bewußt betrachtet, ist die Art und Weise, wie Wut, Angst, Neid, Eifersucht oder welches Gefühl auch immer sich in Ihrem Gesicht, in Ihrer Körperhaltung und Wortwahl ausdrückt, eher ein interessantes und lohnendes Forschungsgebiet auf dem Weg zu mehr Selbsterkenntnis. Bewußtsein ist nötig, nicht Verurteilung. Durch bewußtes Beobachten geschieht Veränderung wie von selbst. Wenn Sie sich eines Gefühls bewußt werden, ohne zu sagen »gut« oder »schlecht«, es einfach nur betrachten, beginnen Sie, es zu verstehen. Verständnis tritt ein, wenn man beobachtet, ohne zu richten.

Etwas passiert, und in Ihnen kocht die Wut hoch. Ihnen wird heiß, das ganze Nervensystem gerät in Aufruhr, und Sie spüren, wie Energie durch Ihren Körper fließt. Kämpfen Sie nicht dagegen an, schauen Sie sich statt dessen einfach nur genau an, was geschieht. Ganz allmählich entsteht dadurch ein Gefühl von Transzendenz: Sie sind nur ein Beobachter, nur ein Zeuge. Und Sie werden bemerken, daß Wut oder Angst, Depression oder Eifersucht ein Teil Ihres Verhaltens sein mag, aber dieses Gefühl ist nicht Ihr innerstes Wesen, sondern nur ein vorübergehender Aspekt Ihrer Persönlichkeit; ein Teil Ihrer inneren Tafelrunde, der gerade jetzt vehement auf einen Auslöser reagiert.

Das ist allerdings nur ein Aspekt von Wut, Zorn oder Ärger. Viele unterdrücken diese Gefühle, weil man ihnen von Kindheit an beigebracht hat, daß Zorn, Wut und Aggression in die Abteilungen »böse« und »das macht man nicht« gehören. Und so haben viele verlernt, ihren Unmut frühzeitig zu zeigen, und zwar dann, wenn er noch ungefährlich ist. Denn eigentlich ist er nicht mehr als ein offensichtliches, deutliches Warnzeichen an die anderen, daß bei Ihnen eine persönliche Grenze überschritten wurde.

Ein Hund knurrt, wenn wir ihm irgendwie zu nahe treten, eine Katze faucht, und kleine Kinder drücken noch mit all ihrer Mimik und Körperhaltung aus, daß sie jetzt gleich einen Tobsuchtsanfall bekommen und um sich treten werden. Zur deutlichen Warnung an alle anderen. Wir Erwachsene sind da viel zivilisierter. Wir lächeln mit zusammengebissenen Zähnen unserem Peiniger ins Gesicht, bis wir Magengeschwüre kriegen. Möglicherweise flippen wir eines Tages dann völlig unverhofft aus, toben und laufen plötzlich Amok, weil ein letzter Tropfen das Faß endgültig zum Überlaufen gebracht hat.

Eine einst gefürchtete, giftige Schlange war von einem Yogi gezähmt worden. Seitdem lebte sie ein erbärmliches Leben. Die Dorfkinder zogen sie an ihrem Schwanzende hinter sich her, warfen mit Steinen nach ihr und ließen sie nicht mehr ruhig schlafen. Als die Schlange sich beim Yogi darüber beschwerte, sagte der: »Ich habe dich gelehrt, keine Menschen zu töten – daß du nicht mehr zischen und klappern sollst, davon war nicht die Rede.«

Beobachten Sie Ihre Wut, Angst, Eifersucht, Einsamkeit oder was auch immer, und finden Sie heraus, inwieweit Sie sich mit diesen Gefühlen identifiziert haben. Sprechen Sie so darüber, als ob Sie beispielsweise ununterbrochen wütend, deprimiert, traurig etc. sind? Sind Sie das den ganzen Tag? Auch während des Essens und Schlafens? Wenn Sie mit Ihren Kindern und Freunden zusammen sind? Wenn Sie arbeiten, im Urlaub sind? Eben immer, so wie Sie immer ein Mensch bleiben? Gleichgültig was Sie gerade tun, wie Sie sich benehmen oder fühlen, Sie bleiben immer ein Mensch. Können Sie das auch von Ihrer Wut, Eifersucht, Ängstlichkeit oder Depression behaupten? Haben Sie diese Gefühle und Eigenschaften schon mit auf die Welt gebracht? Wenn nicht, dann ist völlig klar, daß sie nicht Ihr innerstes Wesen sind, sondern Ausdruck und Reaktion auf ein äußeres Geschehen. Nicht mehr – aber auch nicht weniger. Sie können mit diesen Aspekten umgehen lernen, sie bekämpfen oder bewußt einsetzen, Ihr innerstes Wesen bleibt davon unberührt.

# Von Rosen und Gänseblümchen

*Der einst prächtige Garten lag im Sterben. An den Bäumen vertrockneten mitten im Sommer die Blätter, an den Büschen verwelkten die Blüten, noch bevor sie richtig zu blühen begannen, und die Blumen ließen ihre Köpfe hängen oder lagen geknickt auf der Erde.*

*Der fassungslose Gärtner fragte die Eiche, was los sei, und die Eiche antwortete, sie sehe keinen Sinn in ihrem Dasein, weil sie keine Trauben tragen könne. Als der Gärtner zum Weinstock ging, schüttelte der traurig seine kahlen Äste und sagte, er müsse sterben, weil er nicht so groß wie eine Zypresse werden könne. Und die Zypresse lag in den letzten Zügen, weil sie nicht blühen und duften konnte wie eine Rose. Die Rose dagegen wollte nicht länger leben, weil sie nicht wie ein Lotus sein konnte.*

*Schließlich fand der Gärtner eine Pflanze, die sich im Wind wiegte und blühte und so frisch wie immer wirkte. Es war ein Gänseblümchen.*

*»Wie kommt es, daß du als einziges blühst?« fragte der Gärtner das Gänseblümchen.*

*»Ich denke mir, wenn du eine Rose oder einen Weinstock, eine Eiche oder einen Lotus statt meiner gewollt hättest, dann hättest du sie gepflanzt. Weil du aber mich gepflanzt hast und ich ohnehin nichts anderes sein kann als das, was ich bin, will ich voll und ganz ein Gänseblümchen sein.«*

Von Kindheit an hat man uns beigebracht, uns mit anderen zu vergleichen. Unsere ganze Gesellschaft ist darauf programmiert, zu vergleichen. Jemand hat mehr Geld, einen schöneren Körper, einen höheren Verdienst, ein besseres Auto, mehr Charisma usw. usf. Wir vergleichen uns ständig mit anderen, und was dabei herauskommt, sind Minderwertigkeitskomplexe, Neid und Eifersucht oder Hochmut und Überheblichkeit.

Fast alle Menschen glauben, wenn sie dieses oder jenes Talent hätten, klüger, schöner, dünner, talentierter oder reicher wären, dann wäre es ganz leicht, ein erfülltes Leben zu genießen. Doch niemand kann etwas anderes sein als das, was er seinem Wesen nach ist. *Sie sind so, wie Sie sind, weil die Existenz Sie genau so erschaffen hat, wie Sie sind.* Andernfalls hätte sie etwas anderes erschaffen. Wenn das Universum lauter Schönheitsköniginnen gewollt hätte, hätte es beliebig viele davon entstehen lassen. Wenn die Schöpfung lauter Gandhis oder Einsteins auf dieser Erde gewollt hätte – keine Schwierigkeit, sie wären da. Hätte das Leben lauter erleuchtete Buddhas gewollt, wer hätte es daran hindern sollen, sie hervorzubringen? Statt dessen hat es Sie erschaffen, Sie, mit all Ihren Schwächen und kleinen Unvollkommenheiten.

Niemand kann etwas anderes sein als das, was er ist. Sie können nur Ihr eigenes Sein zur Blüte bringen – oder dahinwelken, wenn Sie es ablehnen und dagegen ankämpfen. So wie Sie sind, sind Sie richtig! Und für jeden Ihrer Mitmenschen gilt das gleiche. Jeder ist ein Teil des großen Puzzles, und ohne ihn, genau so, wie er ist, wäre das Bild nicht vollkommen. Sie sind, wie Sie sind, weil Sie genau so in das große Puzzle hineinpassen. Ohne Sie, genau so, wie Sie sind, wäre das Universum nicht vollkommen.

Die Existenz braucht keinen zweiten Buddha, keinen neuen Jesus, sie haben ihren Teil schon getan. Die Existenz wollte Menschen wie Sie und mich in unserer unvollkommenen Vollkommenheit, in ihrem So-Sein. Machen Sie sich das Leben nicht unnötig schwer, hören Sie auf, sich zu vergleichen. Jeder Mensch ist einzigartig und unvergleichlich. Sie sind einfach Sie. Niemand ist jemals so wie Sie gewesen, und niemand wird jemals so wie Sie sein. Es macht überhaupt keinen Sinn, wie irgend jemand anders sein zu wollen. Das Universum erschafft nur Originale, es hält nichts von Kopien.

# Durch deine Brille betrachtet ...

Die meisten Mißverständnisse und Diskussionen zwischen Menschen entstehen dadurch, daß jeder die Welt durch eine andere Brille betrachtet: Der eine hält Dinge für wichtig, die der andere als nebensächlich betrachtet. Oder es gibt einen bestimmten Gesichtsausdruck oder Tonfall, auf den man allergisch reagiert – ohne das der andere wüßte, welchen Auslöser er da betätigt. Anders ausgedrückt: Bei jeder zwischenmenschlichen Interaktion handelt jeder Beteiligte aus seiner Sicht der Welt heraus und bringt seine Erinnerungen und Erfahrungen mit ein. Bei Meinungsverschiedenheiten und in Konfliktsituationen führt das häufig dazu, daß die Beteiligten das Verhalten und Denken des jeweils anderen zur Ursache des Konflikts erklären.

Diese Betrachtungsweise führt allerdings zu keinen befriedigenden Lösungen, sondern lediglich zu gegenseitigen Schuldzuweisungen und fruchtlosen Diskussionen. Sehr viel sinnvoller ist es, die Situation aus unterschiedlichen Perspektiven zu betrachten und dadurch die Zusammenhänge besser zu durchschauen. Die Chancen, ein größeres Verständnis für das Gegenüber zu entwickeln und eine festgefahrene Situation in Bewegung zu bringen, steigen dadurch enorm. Denn wenn wir eine Situation von verschiedenen Standpunkten aus betrachten, sammeln wir bisher unbekannte Informationen und gewinnen Einsichten, die uns helfen, eine für alle Seiten befriedigende Lösung zu finden.

Sich auf neue Sichtweisen einzulassen, bringt allerdings das Risiko mit sich, daß die eigenen Meinungen und Verhaltensmuster fragwürdig werden. Mit den Augen des Partners, Kindes, Kollegen oder Chefs betrachtet, zeigen sich eine Situation und die eigene Rolle darin oftmals in einem völlig neuen Licht. Und Menschen werden durch das, was sie wirklich verstehen und nachempfinden können, tatsächlich verändert. Wenn Sie das Verhalten eines Mitmenschen nicht verstehen, aber gerne verstehen wollen, probieren Sie die folgende Übung aus.

➡ *Drei Stühle*

*Nehmen Sie drei Stühle (am Anfang ist es gut, real Stühle zu verwenden, nach einiger Übung geht´s mental am elegantesten). Der erste Stuhl steht für Sie selbst, der zweite Stuhl verkörpert den Menschen, dessen Verhalten, Denken, Fühlen Sie besser verstehen wollen, und der dritte Stuhl ist der neutrale Beobachter, der sich weder Ihnen noch der anderen Person verpflichtet fühlt. Er hört und sieht völlig vorurteilsfrei zu und gibt Ihnen Tips, wie Sie die Situation zu einer guten Lösung bringen können. Stellen Sie zunächst Stuhl 1 (Sie selbst) und Stuhl 2 (der/die andere) einander gegenüber. Überlassen Sie Ihrer Intuition, welcher Abstand sich richtig anfühlt. Den dritten Stuhl (der Beobachter) stellen*

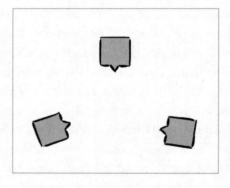

*Sie so auf, daß alle drei Stühle zusammen ein gleichschenkliges Dreieck bilden.*

*Setzen Sie sich jetzt auf Stuhl 1, und erinnern Sie sich an eine konkrete Konfliktsituation. Und während Sie sich immer deutlicher an diese Situation erinnern, nimmt Ihr Gegenüber auf Stuhl 2 mehr und mehr Gestalt an, so daß Sie diesen anderen Menschen vor Ihrem inneren Auge dort sitzen sehen.*

*Nehmen Sie als erstes einfach nur wahr, wie Sie selbst die Situation erleben: Was Sie sehen und hören und wie Sie sich fühlen. Achten Sie darauf, ob Sie selbst oder der andere größer oder kleiner wirkt, als er tatsächlich ist, wie die Stimmen klingen und ob Sie sich genervt, ängstlich, mächtig, hilflos etc. fühlen. Sam-*

*meln Sie alle Informationen, die Ihnen für Ihr eigenes Erleben dieser Situation bedeutsam erscheinen. – Sobald Sie das Gefühl haben, alle wichtigen Informationen erhalten zu haben, stehen Sie auf und gehen ein paar Schritte durchs Zimmer. Schütteln Sie Ihre Arme, und lösen Sie sich von diesen Eindrücken, bevor Sie zu Stuhl 2 hinübergehen und sich auf diesen Platz setzen.*

*Auf Stuhl 2 tun Sie so, als ob Sie in die Empfindungen und Wahrnehmungen dieses Menschen schlüpfen würden. Das ist viel leichter, als Sie sich das zunächst vielleicht vorstellen. Denn so zu tun, »als ob« wir jemand anders wären, ist uns von Kindesbeinen an vertraut. Als kleine Kinder verbringen wir einen großen Teil unserer Zeit damit, so zu tun, als ob wir Vater, Mutter, ein Pferd, eine Prinzessin oder ein Held wären. Wer Kindern zuschaut, weiß, daß sie sich tatsächlich in diesem Moment so fühlen. Sie wissen also bereits, wie es geht, und müssen sich nur wieder an längst Vertrautes erinnern.*

*Am einfachsten tauchen Sie in die Wahrnehmungen und Gefühle eines anderen Menschen ein, indem Sie die für diesen Menschen typische Körperhaltung einnehmen und Gesichtsausdruck, Gestik und Stimmlage nachahmen. Tun Sie für eine Weile so, als ob Sie im Kopf, im Körper der anderen Person zu Hause wären und in ihre Gedanken und Gefühle eintauchen würden. Erleben Sie mit allen Sinnen, wie die Situation sich aus dieser Perspektive darstellt und wie Ihre eigene Person auf Stuhl 1 auf diesen Menschen wirkt.*

*Vielleicht haben Sie den Eindruck, Ihre eigene Person auf Stuhl 1 sei viel größer oder kleiner als in Wirklichkeit. Oder Sie stellen fest, daß der Tonfall oder ein bestimmter Gesichtsausdruck heftige Gefühle auslöst. Möglicherweise stellen Sie auch fest, daß der Mensch auf Stuhl 2 sich ganz anders fühlt, als Sie bisher angenommen haben, und auf ganz andere Dinge reagiert, als Sie dachten. Lassen Sie sich einfach überraschen, welche Informationen Ihnen auf Stuhl 2 zufließen, während Sie so tun als wären Sie in diesem Körper zu Hause. – Sobald Sie das Gefühl ha-*

*ben, vorerst genug Eindrücke gesammelt zu haben, stehen Sie auf,
schütteln sich oder laufen wieder ein paar Schritte.*

*Stellen Sie sich anschließend hinter Stuhl 3, und nehmen Sie
die Position eines neutralen Beobachters ein. Als Beobachter
haben Sie miterlebt, was es sowohl auf Stuhl 1 als auch auf Stuhl
2 zu sehen, zu hören und zu fühlen gab. Aus der unvoreinge-
nommenen, ganz objektiven Beobachterposition heraus können
Sie Ihrer eigenen Person auf Stuhl 1 jetzt Tips und Ratschläge
geben, wie Sie selbst sich anders verhalten könnten oder worauf Sie in Zukunft achten sollten, um derlei Konfliktsituatio-
nen zu entspannen oder sogar zu lösen. »Außenstehende Beobachter« sehen ja meistens viel klarer den Kern eines Problems
und worin die Lösung liegen könnte, als die Konfliktpartner
selber. Teilen Sie als neutraler Beobachter alle Ihre Hinweise
und Tips an sich selbst auf Stuhl 1 mit. Gehen Sie danach wieder
einige Schritte im Raum herum, bevor Sie sich wieder auf Stuhl
1 setzen.*

*Inzwischen haben Sie als der andere auf Stuhl 2 und als Beob-
achter auf Stuhl 3 eine Menge Informationen und neue Eindrücke
gesammelt. Inwieweit hat sich dadurch Ihre eigene Wahrnehmung der Situation verändert, wenn Sie wieder ganz assoziiert
in Ihren eigenen Körper eintauchen und zu der anderen Person
hinüberschauen? Was ist jetzt anders, nachdem Sie die Situation aus unterschiedlichen Perspektiven erfahren haben? Sehen Sie
Ihr Gegenüber jetzt mit anderen Augen? Welche Schlüsse ziehen Sie aus Ihren Erfahrungen, und inwieweit verändert sich
dadurch Ihr Verhalten? Und wenn Sie sich jetzt anders verhalten, welche Auswirkungen hat das, zunächst von außen betrachtet, auf Ihr Gegenüber? Verändert sich sein Gesichtsausdruck
und seine Haltung? Entsprechen die Größenverhältnisse nun-
mehr der Realität? Fühlen Sie selbst sich verständnisvoller, gelassener, oder welcher Art sind Ihre Gefühle jetzt?*

*Wechseln Sie danach wieder auf Stuhl 2, und überprüfen Sie,
wie das veränderte Verhalten, die neuen Einsichten und Gefüh-*

*le sich jetzt auf diesen Menschen auswirken, indem Sie wieder so tun, als ob Sie sich selbst aus dem Körper des anderen heraus auf Stuhl 1 betrachten. Gefällt es ihm oder ihr, wie Sie jetzt reden, aussehen und handeln, oder gibt es weitere Dinge, die stören oder unangenehme Reaktionen hervorrufen? Und wenn ja, welche? Was braucht er oder sie noch, damit das Miteinander besser funktioniert? Mehr Anerkennung, klarere Aussagen, oder sind ihm Ihre Bemühungen und Veränderungen völlig egal? Nehmen Sie wieder alle möglichen Facetten und Reaktionen wahr, die es bei diesem Menschen zu bemerken gibt.*

*Danach stellen Sie sich wieder hinter Stuhl 3 und teilen Ihrem Selbst auf Stuhl 1 mit, was aus der Sicht des neutralen Beobachters noch zu beachten wäre. Beenden Sie diese Übung immer auf Stuhl 1, in Ihrer eigenen Person, indem Sie alle Eindrücke noch einmal Revue passieren lassen.*

Diese Übung macht flexibler und offener gegenüber unseren Mitmenschen und bereichert uns um viele neue Eindrücke. Optimal ist es, wenn es automatisch gelingt, die Positionen zu wechseln, in den anderen hineinzuspüren und den Posten des neutralen Beobachters einzunehmen. Mit einiger Übung brauchen Sie dann auch mental keine Stühle mehr aufzustellen, sondern können sich schneller als ein Wimpernschlag dauert in die Erlebniswelt eines Menschen, in seine gegenwärtigen Gefühle und Gedanken hineinversetzen, so daß Sie dann entsprechend reagieren können. Damit Sie diese Methode in allen Lebenslagen nutzen können, sollten Sie sie zuvor in stillen Stunden und in unterschiedlichen Lebenslagen üben.

Übrigens bewährt sich dieses Vorgehen nicht nur bei Konflikten. Sie können es auch dazu nutzen, von anderen Menschen zu lernen, wie sie bestimmte Aufgaben und Herausforderungen angehen oder Ziele erreichen können. Assoziiert in einen Menschen zu schlüpfen, dessen Fähigkeiten und Verhalten Sie bewundern, vermittelt Ihnen auf nahezu wundersame Art und Weise Zugang zu Informationen, Gefühlen und Erlebnissen, die durch eine rein äußerliche Beobachtung nicht zugänglich sind.

Möglicherweise gehören Sie aber auch zu den Menschen, die sich ohnehin überwiegend assoziiert in anderen Menschenwesen aufhalten. In unserer Praxis und in Seminaren tauchen immer wieder Menschen auf, die sich selbst entfremdet sind, weil sie vorwiegend aus der Perspektive eines anderen Menschen auf sich selbst schauen. Zu ihren eigenen Bedürfnissen und Wünschen haben sie oftmals nur wenig Zugang. Wie sie sich selbst fühlen, was sie selbst tun sollten, machen sie davon abhängig, welche Reaktion von ihrem Gegenüber erwünscht ist. Blitzschnell schlüpfen sie dazu in den Körper der anderen Person, fühlen nach, wie es diesem Menschen in bezug zu ihnen selbst geht, was er erwartet und braucht, und reagieren entsprechend.

In bestimmten Situationen ist diese Form der Wahrnehmung eine hohe Kunst, sie zeugt von hohem Einfühlungsvermögen und fördert ein tiefes Verständnis für die Bedürfnisse anderer. Mutiert sie allerdings zum Selbstläufer und wird als einzige Form des Miteinanders erlebt, dann entfremdet man sich mehr und mehr den eigenen Gefühlen und Bedürfnissen und wird zu einer Marionette, die abhängig ist von den Launen anderer. Gelassen und frei man selbst zu sein ist in diesem Zustand unmöglich.

# GENUG IST GENUG,
## UND DER MOMENT IST JETZT!

### *Trägst du sie noch immer?*

*Auf dem Rückweg von einer längeren Pilgerreise näherten sich zwei Zen-Mönche einem Fluß. Schon von weitem konnten sie eine anmutige, junge Frau erkennen, die unruhig am Flußufer hin und her lief. Es stellte sich heraus, daß sie nicht schwimmen* konnte und sich fürchtete, den Fluß zu überqueren. Der eine Mönch hob sie deshalb auf seine Schultern und trug sie ans andere Ufer hinüber. Dort setzte er sie ab, und die Frau und die Mönche gingen wieder ihrer Wege.

Der andere Mönch kochte vor Wut und Empörung. Buddhistischen Mönchen war es verboten, eine Frau zu berühren! Und dieser scheinheilige Kerl hatte die junge Frau nicht nur berührt, sondern sie sogar auf seiner Schulter getragen! Eine der heiligsten Regeln war gebrochen worden. Er sagte kein Wort, aber das unzüchtige Bild verfolgte ihn Meile um Meile, und er wurde immer wütender. Am Abend erreichten sie ihr Kloster. Kurz bevor sie durch das Tor traten, hielt der empörte Mönch den anderen am Ärmel fest.

*»Hör zu«, sagte er, »was du heute getan hast, werde ich dem Meister melden müssen. Du hast ein Verbot übertreten und mußt dafür bestraft werden. Ich werde Meldung machen müssen.«*

*Der andere Mönch sah ihn überrascht an. »Wovon redest du?« fragte er. »Was mußt du melden?«*

*»Tu doch nicht so unschuldig. Du hast die schöne, junge Frau über den Fluß getragen! Hast du das etwa vergessen?« entgegnete erbost der empörte Mönch.*

*Da begann der andere Mönch zu lachen. »Das stimmt«, sagte er, »das habe ich getan. Aber ich habe sie vor vielen Stunden am Flußufer abgesetzt. Trägst du sie etwa noch immer?«*

Oft leiden Menschen nicht an der Gegenwart, sondern weil sie schwer an längst Vergangenem tragen. Es ist, als hätten sie einen Rucksack auf dem Rücken, in den wahllos alle Ereignisse und Erfahrungen der Vergangenheit hineingestopft wurden, unnötiger Ballast, ohne den sie viel beschwingter und leichter vorankommen würden.

Hin und wieder ist es daher angebracht, wenn wir uns für einen Moment Zeit nehmen, all das in Ruhe auszupacken, was sich im Laufe der Jahre im Rucksack angesammelt hat. Alles, was Sie seit vielen Jahren an Gefühlen, Eigenschaften, Verhalten, Schicksal und Bewertungen mit sich herumtragen, breiten Sie dann vor sich aus und sehen es an, eines nach dem anderen. Vielleicht liegen dort Päckchen voller verletzter Gefühle, möglicherweise schleppen Sie völlig verstaubte Relikte aus Ihrer Kindheit mit. Vielleicht auch einige Dinge, die Sie nur noch aus Gewohnheit mit sich herumtragen, oder Gefühle und Erwartungen, die gar nicht die Ihren sind. Aber es werden dort auch viele Dinge liegen, die Ihnen wertvoll und wichtig sind: Momente der Liebe, Momente des Glücks, Momente der Einsicht, Momente von Zufriedenheit und Harmonie.

Schauen Sie sich den Inhalt Ihres Rucksacks genau an, und seien Sie sich bewußt, daß Sie diese Dinge teils freiwillig getragen haben, teils weil das Schicksal sie Ihnen auf den Weg gelegt hat. Entscheiden Sie sich, was Sie jetzt noch brauchen. Was gehört untrennbar zu Ihnen und was nicht? Was schleppen Sie nur noch aus alter Gewohnheit mit sich herum? Was war vielleicht in anderen Lebensabschnitten nützlich, und was können Sie jetzt ablegen, weil es nicht mehr sinnvoll ist, daß sie es weiter mit sich herumschleppen?

Und ebenso wie es Dinge gibt, die sich bei näherer Betrachtung als überflüssiges Gepäck erweisen, werden Sie vieles finden, was für den weiteren Weg unentbehrlich erscheint. Und während Ihr Blick über all die Dinge gleitet, die ausgebreitet vor Ihnen liegen, beginnen Sie all die Dinge, Gefühle, Überzeugungen, Erinnerungen und Erfahrungen auszusortieren, die Ihnen für Ihre Zukunft wichtig erscheinen, von dem zu trennen, wofür Sie keine Verwendung mehr haben.

Und alles, was zurückbleiben soll, nehmen Sie noch einmal in die Hand, bevor Sie davon Abschied nehmen. Vergraben Sie diese Dinge anschließend am Wegesrand, oder verbrennen Sie sie mit einem kleinen Feuerritual. Packen Sie anschließend die Dinge wieder in Ihren Rucksack, die zu Ihnen gehören oder für den weiteren Lebensweg nützlich oder mit Spaß verbunden sind.

Stehen Sie auf, schultern Sie Ihren Rucksack, und wenden Sie sich Ihrer Zukunft zu — mit leichterem Gepäck.

## BEDINGUNGSLOSE LIEBE

Manchmal tragen wir Dinge mit uns herum, die wir nicht so ohne weiteres hinter uns lassen können. Sooft wir auch versuchen mögen, sie hinter uns zu lassen, egal wie oft wir sie vergraben oder scheinbar verbrannt haben, unversehens spüren wir wieder ihr Gewicht auf unseren Schultern.

Als besonders resistent gegenüber Veränderungen auf der persönlichen Ebene erweisen sich die Lasten, die in das tiefgründige und machtvolle Beziehungsgeflecht zwischen uns und unserer Familie hineinführen. Denn was wir als Charakterfehler, persönliche Schwäche oder Schicksal betrachten, entpuppt sich bei näherem Hinsehen oft als ein Ausdruck von Loyalität und tiefer Liebe zu unseren Familienangehörigen. Und genau hier ist auch die Lösung zu finden. Denn was in uns persönlich und in ganzen Familien viele Schwierigkeiten hervorruft und beharrlich aufrechterhält, heilt sie auch – die tiefe, unbewußte Verbundenheit mit der eigenen Sippe.

Ein Kind kommt nackt und hilflos zur Welt. Um mit diesen Voraussetzungen überleben zu können, ist es auf die Hilfe und Pflege anderer, in der Regel der Eltern, angewiesen. Ein Säugling, der in eine Familie hineingeboren wird, hat ein lebensnotwendiges Bedürfnis, zu dieser Familie dazuzugehören. Und auf einer tiefen, unbewußten Ebene weiß er, daß er mit seiner Geburt unwiderruflich Teil von ihr geworden ist.

In den ersten Jahren stellt ein Kind seine Familie noch in keiner Weise in Frage und nimmt die Eltern und alle anderen Angehörigen so, wie sie eben sind, unabhängig davon, welche Bedingungen es für sein eigenes Leben vorfindet. Es wird vielleicht nicht gut versorgt oder gar gequält, aber viel schlimmer als das wäre, wenn es verstoßen oder verlassen und nicht mehr dazugehören würde. Dieses instinkthafte Bedürfnis nach Zugehörigkeit schweißt das Kind bedingungslos an seine Familie. Ohne Wenn und Aber ist ein Kind bereit, das Schicksal seiner Angehörigen zu teilen – wenn es sein muß, auch zum eigenen Nachteil. Was auch immer sein Bedürfnis nach Zusammengehörigkeit ihm abverlangt, das Kind gibt es bereitwillig, sogar sein eigenes Leben.

Je kleiner das Kind, desto größer ist die bedingungslose Kindesliebe. Und obwohl sich die Bindung mit dem Älterwerden immer mehr lockert, wirkt sie doch ein Leben lang. Kindesliebe beruht auf einer verrückten Logik: Kinder leben in dem Glauben, nur dann zu ihrer Familie dazugehören zu dürfen, wenn sie es sich ebenso ergehen lassen wie die anderen Mitglieder der Familie. Um diesen gleich zu sein und weil sie glauben, es ihnen damit leichter zu ma-

chen, übernehmen Kinder Gefühle, Lasten und Leiden von anderen Familienangehörigen und erleben es als Verrat, wenn es ihnen selbst bessergeht als diesen.

Aus Liebe folgen Kinder ihren Eltern in den Tod oder versuchen, ihnen eine/n früh verstorbene/n Schwester/Bruder oder eine frühere große Liebe zu ersetzen. Aus Liebe zu den Eltern und um ihnen nahe zu sein, fühlen sie sich wie Papa oder Mama traurig, zornig oder heimatlos. Und aus Liebe übernehmen sie die Schuld eines Angehörigen oder üben Rache oder Sühne für vergangenes Unrecht. Sie verwirklichen Lebenspläne, die nicht die eigenen sind, und versagen sich selbst, was einem anderen aus der Familie nicht vergönnt war.

Selbst in späteren Jahren duldet diese ursprüngliche Kindesliebe auf der unbewußten Ebene nicht, daß sich ein Kind gegen seine Familie und die Eltern stellt. Sie ist eine grundlegende Prägung und gilt für das ganze Leben. Auch wer sich später von den Eltern abwendet und den Kontakt mit ihnen abbricht, ihnen Vorwürfe macht und lebenslang grollt, kann nicht verhindern, daß in vielen seiner

Verhaltensweisen und Gefühlen diese Liebe unbemerkt zutage tritt. Denn die Zugehörigkeit und Treue zur Familie wiegt für das Kind in uns sehr viel schwerer als das eigene Glück.

So kommt es, daß wir in unserem Rucksack fremde Schicksale, Aufträge und Gefühle mitschleppen, die gar nicht zu unserem eigenen Leben gehören, sondern aus Solidarität für andere von uns getragen werden.

Als Kinder haben wir ein sehr genaues intuitives Wissen über das, was in unserem Umfeld geschieht. Wir nehmen damit selbst das wahr, was den Eltern überhaupt nicht bewußt ist oder was sie zu verbergen versuchen oder sogar verdrängen. Kinder verfügen über Gefühlskanäle, die bei uns Erwachsenen weitgehend verschüttet sind. Sie brauchen diese feinfühlige Wahrnehmung, um sich in ihrer Welt orientieren zu können. Kleine Kinder haben keine andere Möglichkeit als diesen Gefühlsradar, der sie erkennen läßt, was richtig und wichtig ist, der sie die Zugehörigkeit zu ihrer Familie spüren läßt.

So übernehmen Kinder schon in ganz frühen Lebensphasen Werte, Lebenseinstellungen und Gefühle der Eltern, ohne zu wissen, was sie bedeuten. Sie spüren, daß Vater oder Mutter traurig sind, und versuchen, sie zu trösten, indem sie dieses Gefühl mit ihnen teilen, weil sie hoffen, daß es dadurch für Papa oder Mama leichter wird. Sie fühlen, daß es einem ihrer Geschwister schlechter geht als ihnen selbst, und trauen sich darum häufig nicht, ihr eigenes Leben zu leben und ihre eigenen Möglichkeiten voll auszuschöpfen. Sie spüren es, wenn jemandem in der Familie Unrecht geschehen ist, und versuchen auszugleichen, was gar nicht ihre Schuld ist. Vielleicht übernehmen sie auch »nur« ein Bedürfnis nach Sicherheit und schaffen es deshalb später, trotz guter Voraussetzungen, nicht, sich beruflich selbständig zu machen, denn das wäre Verrat an den Werten der Eltern. Oder sie bekommen mit, wie sehr der Vater unter seinem beruflichen Mißerfolg leidet, und gestatten sich nicht, erfolgreicher zu werden als er. Und viele Liebesbeziehungen zwischen Menschen scheitern deshalb, weil der eine oder andere Partner aus Treue zu Vater oder Mutter, die in ihrer Ehe sehr unglücklich waren, aus unbewußter Solidarität auf eine erfüllende Beziehung verzichtet. Innerlich sagt das Kind in uns zu dem unglücklichen Elternteil: »Ich mach´s genau wie du und werde auch nicht glücklich.«

Viele unverständliche und aus der eigenen Biographie unerklärliche Verhaltensweisen und Gefühle, entpuppen sich bei näherer Betrachtung nicht selten als Beweis unserer unverbrüchlichen Treue zum Familiensystem. Sie gehören gar nicht zu unserem Leben, sondern wir haben sie aus Liebe von einem anderen Familienmitglied übernommen. Sie sind der unbewußte Versuch, auszugleichen, was in Wirklichkeit nicht auszugleichen ist, denn das Schicksal eines anderen läßt sich nicht dadurch mildern, daß zwei es tragen statt nur einer. Vielmehr ist es dann so, daß eines Menschen jetzt zwei leiden.

Sollten Sie bei der Durchsicht ihres Rucksacks vermuten, daß Sie das eine oder andere Gepäckstück aus der Familie übernommen haben und jetzt mit sich herumtragen, sind Familien-Aufstellungen eine wirkungsvolle Methode, um sich davon zu befreien. Denn bis heute sind Aufstellungen die einzige bekannte Möglichkeit, eine Familie als Ganzes zu betrachten und Konflikte zu lösen, die zwar das individuelle Leben belasten, aber auf der Ebene der Familie entstanden sind und sich auch nur dort lösen lassen.

Aufstellungen beleuchten die Hintergründe der familiären Beziehungsstrukturen und daraus entstandener Verhaltensmuster und Blockaden. Dabei werden schicksalhafte Verstrickungen aufgedeckt, und es wird deutlich, wessen Schicksal wir nachleben, wessen Gefühle wir übernommen haben oder wem zuliebe wir auf Erfolg, Zufriedenheit oder eine glückliche Partnerschaft verzichten. So werden Veränderungen möglich, die sowohl von fremden Lasten befreien als auch mit dem versöhnen, was wir sind und woher wir stammen. Wir dürfen uns dann erlauben, zufrieden, glücklich, gelassen oder erfolgreich zu sein, auch wenn anderen Angehörigen dieses versagt blieb, und uns trotzdem zugehörig fühlen.

Zugegeben, die Methode der Aufstellungsarbeit klingt zunächst reichlich verrückt. Da kommt jemand mit einem Problem zu einem Aufstellungsseminar, stellt scheinbar willkürlich wildfremde Menschen als Stellvertreter für die eigenen Familienangehörigen in den Raum –, die daraufhin unerklärlicherweise Gefühle und Einsichten zu der ihnen zuvor völlig unbekannten Situation entwickeln – spricht ein paar Sätze nach oder vollzieht eine symbolische Handlung und geht dann wieder nach Hause und stellt in den folgenden Wochen und Monaten fest, daß sein Problem sich in Luft aufgelöst hat. Natürlich ist diese Beschreibung sehr verkürzt, aber im Kern trifft sie genau das, was in und durch Aufstellungen ständig geschieht. Und wie verrückt auch immer es klingen mag, es funktioniert.

In der Familientherapie erkannte man schon im letzten Jahrhundert, daß die Ursachen von Krankheiten, Verhaltensstörungen oder individuellen Schwierigkeiten oft nicht auf der persönlichen Ebene zu finden, sondern Ausdruck familiärer Störungen sind. Daher suchte man nach Möglichkeiten, das Familiensystem als Ganzes, als Beziehungsmuster zwischen allen Mitgliedern darzustellen, um so grundlegende Probleme und Konflikte erkennen und lösen zu können.

Als geeignetes Instrument erwiesen sich Familien-, bzw. systemische Aufstellungen. Dabei stellt ein Familienangehöriger sich selbst und für sein Problem relevante Familienangehörige so im Raum auf, wie es dem inneren Bild der gelebten Beziehung entspricht. Manchmal sieht das so aus, daß alle Angehörigen unerträglich eng beieinanderstehen und dem einzelnen kaum Luft zum Atmen bleibt. In anderen Fällen stehen lauter vereinzelte Individuen so weit auseinander, daß der Kontakt zwischen Ehepartnern und ihren Kindern kaum noch als Beziehung erlebt wird. Oder einem einzelnen Familienmitglied werden alle unterdrückten Spannungen und Probleme aufgeladen. Und wieder andere stehen abseits der Familie, werden ausgegrenzt und zum Buhmann erklärt.

Ein wesentlicher Anteil an der heutigen Form der Aufstellungsarbeit gebührt Bert Hellinger. Seine verdichtete und auf das wesentliche reduzierte Form, Familienkonflikte in Aufstellungen sichtbar zu machen, vor allem aber seine Entdeckung generationsübergreifender Verstrickungen einzelner Familienmitglieder im Schicksal früherer Generationen, löste einen Boom von Aufstellungsseminaren aus.

Offensichtlich gelingt es mit dieser einfachen Methode, einen transpersonalen* Gedächtnispool anzuzapfen, der uns im täglichen Leben auf der bewußten Ebene verschlossen bleibt. Wie sonst ist zu erklären, daß Stellvertreter Zugang zu Gefühlen und Informationen ihnen völlig unbekannter Personen bekommen, daß sie Verhaltensweisen und Empfindungen erfahren, die mit Sicherheit nicht ihre eigenen sind? Natürlich wissen die Stellvertreter nicht alles über die Person, die sie darstellen, aber sie wissen bzw. fühlen, was es, bezogen auf das dargestellte Problem, Wissenswertes zu erfahren und mitzuteilen gibt. Und das über einen Menschen, den sie überhaupt nicht kennen, der oft genug schon tot ist und von dem sie, außer den wenigen Fakten aus einem Vorgespräch, auch nichts weiter wissen.

So unglaublich es scheint, aber da fängt eine Stellvertreterin, kaum daß sie in der Aufstellung steht, schwer zu atmen an, faßt sich an die Brust und teilt mit, sie habe das Gefühl, als ob eine Maschine ihren Atem regle. Auf Nachfrage stellt sich heraus, daß die Frau, die sie darstellt, die letzten Monate ihres Lebens an eine Herz-Lungen-Maschine angeschlossen war. Ein andermal werden alle Stellvertreter einer Familie von einer schier unerträglichen Last gelähmt und von beinahe übermächtigem Gefühlen überflutet, und es stellt sich heraus, daß die gesamte Familie ein schlimmes Familiengeheimnis hütet und von der uneingestandenen Schuld eines Angehörigen fast erdrückt wird. Ein anderer Stellvertreter besteht darauf, in der Aufstellung fehle jemand, und auf Nachfrage stellt sich heraus, daß ein Familienmitglied verstoßen wurde und totgeschwiegen wird.

Immer wieder sitzen Menschen, deren Familiensystem in der Aufstellung dargestellt wird, kopfschüttelnd dabei und können es kaum fassen, wie genau Gefühle, Empfindungen und teilweise fast wortwörtlich typische Sätze und Verhaltensweisen ihrer Angehöri-

---

*transpersonal = weit über die eigene Erfahrung hinausgehend gen von Stellvertretern ausgedrückt und wiedergegeben werden. Natürlich ist das, was Stellvertreter aussagen, nicht immer dermaßen erstaunlich und spektakulär, wie in den beschriebenen Beispielen. Es zeigt sich aber, daß in Aufstellungen Informationen empfangen werden und belastende Hintergründe ans Licht kommen, die den Zugang zu Lösungen weisen, die auf der persönlichen Ebene nicht gefunden werden können.

So ist zum Beispiel die einzig wirkungsvolle Weise, sich von übernommenen Gefühlen zu befreien, die ihnen zugrundeliegende Störung in der Familie aufzulösen, die, daß man sie an den ursprünglichen Besitzer zurückgibt. Solange man den Zorn der Mutter auf den unzuverlässigen Vater mit sich herumschleppt, ist der persönliche Wunsch, ein ausgeglichenes und friedliches Leben zu führen, kaum realisierbar. Unverständlicherweise und außerhalb der eigenen Kontrolle, bricht der Zorn einfach über einen herein, und man fühlt sich diesen Gefühlen hilflos ausgeliefert. Erst wenn man den Zorn wieder an die Mutter zurückgegeben hat und man sich klar vom Paarproblem der Eltern abgrenzt, ist man frei davon, und die eigenen Gefühle können sich entfalten und ausdrücken.

Wir können einen Koffer für einen anderen Menschen tragen, nicht aber seine Emotionen und schon gar nicht sein persönliches Schicksal. Sie lasten nur schwer auf unseren Schultern, entlasten den, zu dem sie gehören, aber nicht im mindesten.

### *Dauer durch Gelassenheit*

*Um die Menschen zu fördern und dem Einen zu dienen,*
*ist Gelassenheit das beste Mittel.*
*Durch Gelassenheit fügt man sich wunschlos den Dingen.*
*beugt Sorgen vor und sammelt große Kraft.*
*Hat man große innere Kraft gewonnen,*
*ist man jeder Lage gewachsen.*

*Ist man jeder Lage gewachsen,*
*ist nichts mehr unmöglich.*
*Wenn nichts mehr unmöglich ist,*
*ist man grenzenlos.*
*Das Grenzenlose wurzelt im Tao und hat ewige Dauer.*

*Gelassen sein heißt:*
*Im Bodenlosen wurzeln und im Uferlosen treiben,*
*unvergänglich und all-eins.*

LAO TSE

# ALLE DINGE SIND VERGÄNGLICH

*In einem Zen-Kloster lebten einst zwei Brüder. Zu ihren tägli-*
*chen Aufgaben gehörte es, einen Tempel zu reinigen, in dem kost-*
*bare Gefäße standen. Eine Schale galt als besonders wertvoll, weil*
*sie das Meisterwerk eines berühmten Töpfers war, dessen Gefühl*
*für harmonische Formen man im ganzen Land rühmte. Um dieser*
*Schale willen hatte das Kloster eine gewisse Berühmtheit erlangt,*
*und die Pilger kamen von weit her, nur um einen Blick auf die*
*vollkommene Harmonie und Schönheit der Schale zu werfen.*
*Eines Tages ließ der jüngere Bruder die Teeschale fallen, und sie*
*zerbrach in tausend Stücke. Ein älterer Mönch, der die beiden*
*beaufsichtigte, schimpfte über den unersetzlichen Verlust und*
*drohte: »Warte nur, bis der Meister kommt – bestimmt wird er*
*dich davonjagen!«*
*Der junge Mönch begann verzweifelt zu weinen, aber sein älte-*
*rer Bruder tröstete ihn und sagte: »Hab keine Angst, mir fällt*
*schon eine Lösung ein.«*
*Sorgfältig sammelte er die Scherben ein, steckte sie in die weiten*
*Ärmel seines Gewandes, setzte sich dann vor den Tempel und*

*wartete auf die Rückkehr des Meisters. Als dieser schließlich kam,*
*stand er auf, verneigte sich tief und fragte:* »Meister, darf ich
Euch einige Fragen stellen?«
*Der Meister nickte freundlich und blieb abwartend stehen.*
»Meister«, *sagte der Mönch,* »müssen alle Menschen dieser Welt
sterben?«
»Gewiß müssen alle Menschen sterben. Selbst der erhabene Bud-
dha ist gestorben«, *antwortete der Meister.*
»Und die nichtmenschlichen Wesen dieser Welt, müssen die auch
sterben?«
»Ja, mein Sohn, alle Lebewesen müssen sterben.«
»Und wie ist es mit den unbeseelten Dingen und Gegenständen
dieser Welt, müssen die auch vergehen?«
»Ja, mein Sohn, alle Dinge die eine Form haben, müssen eines
Tages wieder vergehen. Das ist das Gesetz des Universums.«
»Ich verstehe«, *entgegnete der junge Mönch,* »alles ist vergäng-
lich. Sagt, Meister, ist es dann richtig, wütend oder traurig zu
sein, wenn etwas zerbricht oder vergeht?«
»Nein, natürlich nicht«, *erwiderte der Meister.* »Es ist töricht,
sich gegen eine höhere Ordnung zu wehren. Wahre Demut und
Weisheit zeigt, wer die Dinge nimmt, wie sie sind.«
*Da holte der Mönch die Scherben aus seinem Ärmel und reichte
sie dem Meister. Als dieser die Scherben erkannte, stieg Zorn in
ihm auf, und gerade wollte er zu schimpfen anfangen, da erinnerte
er sich seiner eigenen Worte und begann schallend zu lachen.*

Es ist wirklich ganz einfach. Lernen Sie, über Widrigkeiten herzhaft zu lachen, und Sie werden sich nie wieder länger als nötig über
Dinge aufregen, die sich nicht (mehr) ändern lassen. – Sehen Sie sich
das, was ist, an, und entscheiden Sie dann, ob sich Ärger, aufwüh-
lende Gefühle und Streit lohnen. Eine andere Möglichkeit besteht
darin, dem, was ist, zuzustimmen und das Unabänderliche mit
Humor zu nehmen. Je früher man die guten Seiten entdeckt, die
das Ganze auch hat, desto eher steht man wieder über den Dingen.

Kreative und humorvolle Leute haben eines gemeinsam: Sie wechseln, und sei es nur für ein paar Sekunden, die Perspektive, um dann mit erstaunlichen Einsichten und Beobachtungen wieder mitten im Geschehen zu landen. Wer sich auf die Kunst versteht, den inneren Standort zu verändern, von dem aus er eine Sache betrachtet, dem erscheinen die Dinge oftmals erst dann im richtigen Blickwinkel. Das ist wie im Kino: In der vordersten Reihe hat man nur ein ziemlich verzerrtes Bild von dem, was vor sich geht. Erst auf den oberen Plätzen, in größter Distanz, kriegt man den richtigen Überblick. Und das ist, was Humor bewirkt: Wir sitzen im Kino unseres Lebens auf den besseren Plätzen.

Humor und Lachen sind zwei wunderbare und wirkungsvolle Fähigkeiten, dem Leben zu begegnen. Entgegen einer weitverbreiteten Ansicht ist Humor aber nicht angeboren, sondern eine Lebenseinstellung, die man im Laufe der Jahre erwirbt. Nur wir Menschen verfügen über diese einzigartige Fähigkeit. Als einziges Lebewesen auf diesem Planeten (nach heutigem Kenntnisstand) können wir durch die Bedeutung, die wir den Ereignissen geben, krank oder gesund werden. Kein anderes Säugetier kann das. Allein uns Menschen ist es gegeben, zwischen Lachen und Weinen wählen zu können. Wenn Ihnen das Auto ausgerechnet auf dem Weg zu einer wichtigen Besprechung zusammenbricht, es in Strömen regnet und Sie gerade frisch vom Friseur kommen, alle Taxis in einem regionalen Bermudadreieck verlorengegangen scheinen und Ihr Handy streikt, dann können Sie entweder verzweifelt resignieren, hilflos fluchen oder es humorvoll angehen.

Da wir Menschen Distanz zu uns selbst schaffen, uns gleichsam von »außen« zuschauen können, geraten wir manchmal wie von selbst in einen Zustand, in dem wir herzhaft über uns selbst lachen. Dieser zunächst meist zufällig eintretende Zustand läßt sich zu einer Fähigkeit ausbauen, der zu einem Teil unseres Wesens wird. Herzlich lachen heißt nicht, sich selbst zu beschämen oder andere auszulachen, sondern über die Situation und unser Verhalten zu lachen. So als hätte Monty Python die Szene verfilmt. Nutzen Sie unsere ungeheuer sympathische menschliche Fähigkeit, angesichts der offensichtlichen Unberechenbarkeit des Daseins über uns selbst und die Widrigkeiten des Alltags zu lachen.

Humor ist eine Lebenshaltung, mit der man sich selbst wichtig, aber nicht zu ernst nimmt. Humorvoll betrachtet, entpuppen sich die eigenen und fremden Unzulänglichkeiten und Schwächen als liebenswerte Eigenschaften, die zu skurrilen Situationen in einem absurden Panoptikum führen. Wer Humor hat, der findet noch in den erhabensten Gedanken ein närrischer Kern und im offensichtlich Absurden der Schlüssel zur Wahrheit.

Wer herzlich lacht, entspannt sich. Lachen setzt in unserem Körper Serotonin frei, was zur Folge hat, daß wir uns gelassener und glücklicher fühlen. Und weil Humor unsere Beziehungen fördert, trägt er ganz nebenbei zu einem friedlichen Zusammenleben bei, in dem unsere Schwächen und Stärken einfach nur Teil eines unendlich facettenreichen Spektrums sind. Ob das Leben sich von seiner heiteren oder dunklen Seite zeigt, ob wir gerade in eine neue euphorische Phase eintauchen, ob das Leben fad und ereignislos dahinplätschert oder wir uns in den Fallstricken gesellschaftlicher Regeln verheddern: Humor ist, wenn man trotzdem lacht.

➡ *MIT HUMOR BETRACHTET*

*Wenn Sie nicht so recht wissen, wie Sie zu einer humorvollen Lebenseinstellung finden sollen, probieren Sie folgendes aus: Stellen Sie sich vor, Sie säßen mit einem Menschen zusammen, dessen Lebenserfahrung, Toleranz und Weisheit Sie zutiefst verehren und schätzen. Und wenn Sie einen solchen Menschen nicht kennen, erschaffen Sie sich einen, oder wählen Sie einen Mann wie den Dalai Lama oder Mutter Erde als Gesprächspartner, und erzählen Sie diesem Menschen eine Situation Ihres Lebens, die Ihnen noch heute die Schamröte ins Gesicht treibt, weil Sie sich dermaßen dumm benommen haben. Und während Sie zu erzählen beginnen, erinnern Sie sich immer lebhafter an die Pein-*

*lichkeit der Situation, und Sie steigern sich mehr und mehr in dieses Gefühl hinein.*

*Plötzlich beginnt Ihr Gegenüber zu schmunzeln. Was Sie über Ihr damaliges Verhalten erzählen, läßt ihn immer breiter grinsen, und schließlich bricht er in schallendes Gelächter aus. Kein Auslachen, sondern das Lachen eines Menschen, der um das Absurde, Große und Schwache weiß und es aus der Perspektive der Unendlichkeit betrachtet.*

*Dieser von Ihnen hochgeschätzte Mensch sitzt vor Ihnen und lacht Tränen über Ihr Mißgeschick. Er lacht, und jedes weitere Wort, alles, was Sie tun, löst neue Lachsalven aus. Und ganz allmählich lassen Sie sich von dem Gelächter anstecken, und Sie beginnen, zunächst vielleicht noch zögernd und dann immer ausgelassener mitzulachen. Jetzt gewinnt Ihre Schilderung an Farbe und Dynamik, und bald halten auch Sie sich den Bauch vor Lachen. Schon lange haben Sie sich nicht mehr so gut amüsiert und so herzhaft gelacht. Und noch dazu über sich selbst! Und noch während Sie lachen, ahnen Sie: Aus einer peinlichen Situation ist eine wunderbare Anekdote geworden.*

Haben wir über ein Problem erst einmal herzlich gelacht, werden wir es nicht mehr auf die gleiche Art ernst nehmen. Selbst wenn Sie Ihre Lage humorvoll betrachten, werden Sie vielleicht noch immer ein Problem haben, aber Ihre innere Haltung wird eine andere sein. Lachen Sie über sich und die Welt. Es gibt kein besseres und schnelleres Heilmittel.

# ES IST IHRE ENTSCHEIDUNG

Jetzt im Moment ist jetzt. Und jetzt ist schon wieder jetzt. Man kann sich nicht oft genug daran erinnern. Die einzige Zeit, die wir wirklich erleben, ist die Gegenwart. Im Jetzt leben heißt: mit allen Sinnen, mit der ganzen Aufmerksamkeit dort zu sein, wo Sie gerade jetzt sind. Unsere Genuß- und Leistungsfähigkeit hängt davon ab, wie sehr wir uns dem Augenblick, dem, was wir gerade tun, hingeben können. Im Jetzt leben heißt, sich dem, was Sie gerade tun, hinzugeben. Wenn Sie diese Worte lesen, lesen Sie diese Worte. Wenn Sie die Straße entlanglaufen, dann laufen Sie die Straße entlang. Wenn Sie Kartoffeln schälen, schälen Sie Kartoffeln. Wenn Sie flirten, flirten Sie. Mit allen Sinnen, ohne Wenn und ohne Aber.

In jedem Moment hat jeder von uns die Wahl, zu entscheiden, was er leben will, worauf er sich konzentrieren und was er ausblenden will. Sie können an längst vergangenen Ereignissen beharrlich festhalten und sich damit Ihr ganzes Leben versauen. Sie können sich die Zukunft rosarot ausmalen und Ihr Leben in sehnsüchtiger Erwartung auf ein besseres Morgen verbringen. Sie können aus Angst vor einer ungewissen Zukunft erstarren – oder sich dessen bewußt werden, was JETZT gerade ist.

Im Moment gibt es keine Geburt und keinen Tod. Im Moment ist man mit den fundamentalen, kosmischen Kräften verbunden. Lebendigkeit geschieht hier und jetzt. In diesem Augenblick, in diesem Moment und nur jetzt. Mit jedem Einatmen, mit jedem Ausatmen. Konzentriert im Moment, verbunden mit allem, was ist, aufbauend auf allem, was war, und Fundament dessen, was sein wird.

Im Moment entsteht Handlung. Handlungen bauen auf den Gegebenheiten der Vergangenheit auf. Die Entscheidungen des Moments beeinflussen die Zukunft. Ändern wir unsere Bewußtheit, unser Selbstverständnis, unsere Werte und Ziele, so wird sich auch das Zukünftige entsprechend wandeln. Geschieht dieses Denken aus einem ursprünglichen Zustand heraus, so ist es im Einklang mit dem universellen Leben. Kommen wir wieder in Kontakt mit der ursprünglichen Lebensenergie, so lösen sich Wahrnehmung, Bewußtsein, Empfindungen, Eindrücke, Meinungen und Ideen in der unendlichen Vielfalt von Möglichkeiten auf.

Dies ist bei manchen Menschen schon geschehen, andere befinden sich mitten im Veränderungsprozeß, andere haben daran kein Interesse. Welche Entscheidung Sie auch immer treffen, es wird eine Angelegenheit des Moments sein. Der Moment ist nichts Statisches. Der Moment ist eine einzige reale Dynamik. Der Moment ist eine beständige Bewegung, mit der sich das Dasein voranbewegt.

Wir werden, so lange wir leben, immer wieder mit neuen Problemen und ungeahnten Herausforderungen konfrontiert – in unserem Zeitalter vielleicht sogar mehr als in allen anderen zuvor. Gelassene Heiterkeit und innere Ruhe stellen sich wie von selbst ein, wenn wir beginnen, öfter mal die Perspektiven zu wechseln, und mal von außen, mal von innen, von ganz oben oder im ganz Kleinen, mal voller Humor, mal voller Selbstmitleid und Wehklagen auf unser Leben zu schauen. Aber nie wieder länger, als bis Sie sich anders entscheiden.

Und lächeln Sie!

# WEISHEIT

### Weisheit

*Der Weise ist wie das Wasser:*
*Er nutzt allen Wesen*
*willig und streitlos.*
*Weil er sich nicht scheut, auch die niedrigsten*
*Aufgaben zu erfüllen, ist er dem Tao nahe.*

*Ebenso lebt der Erwachte:*
*Wo er sich aufhält, fügt er sich willig ein.*
*Was er denkt, ist voller Güte und Tiefe.*
*Wenn er gibt, verschenkt er wunschlos sich selbst.*
*Wenn er spricht, enthüllt er tiefe Weisheit.*
*Wo er leitet, lenkt er durch Friedfertigkeit.*
*Wenn er handelt, dient er allen Wesen ohne Unterschied.*
*Wo er eingreift, bewirkt er Verständnis und Frieden.*

*Weil er sich willig einfügt,*
*lebt er ohne Widerstand und Feindschaft.*

*LAO TSE*

# Das Ganze im Blick

Als weise gilt, wer gelassen und mit klarem Geist das Geschehen der Welt überblickt, ein offenes Herz hat und frei von vordergründigen Bewertungen und Urteilen zum Wohle des Ganzen beiträgt. Ein weiser Mensch denkt ganzheitlich und nicht in den Kategorien von richtig oder falsch, gut oder böse, denn er weiß: Das eine ist nur die Kehrseite des anderen. Dem weisen Menschen sind alle Wesen gleich, denn ihm ist alles ohne Unterschied heilig. Weil er das Ganze im Blick hat, bleibt er gelassen und handelt aus der Ruhe seines Inneren heraus. Wer weise denkt, fühlt und handelt, hat die höchste Stufe des Menschseins erreicht.

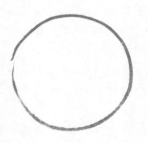

Sich selbst und die Welt ganzheitlich und damit ein ganzes Stück weiser und gelassener zu betrachten ist für die Menschen der westlichen Welt, aber auch für einen großen Teil der Menschen der östlichen, keine Selbstverständlichkeit. Spätestens mit der Entwicklung der modernen Wissenschaften vor etwa dreihundert Jahren begann der Siegeszug einer Denkweise, die heute sämtliche Lebensbereiche beherrscht. Wissenschaft, Medizin, Politik, Arbeitswelt, Schule und Universität und der Blick auf den Menschen sind geprägt von einer linear strukturierten Denkweise, die von uns fordert, das, was uns begegnet, in seine Elemente zu zerlegen und diese zu untersuchen. Wir haben gelernt, die Dinge der Welt auseinanderzunehmen und den Einzelteilen eine eigenständige, vergleichsweise unabhängige Existenz zuzusprechen – so, als seien der Mensch und die Welt aus Bauteilen zusammengesetzte Maschinen.

Die Idee, die Welt mit ihren Gesetzmäßigkeiten mit einem präzisen Uhrwerk zu vergleichen, verdanken wir dem französischen Philosophen, Mathematiker und Wissenschaftler René Descartes

(1596–1650). Er glaubte, die komplexe Mechanik dieser »Weltmaschine« müsse man nur in kleine, leicht zu verstehende Bestandteile zerlegen, diese analysieren und wieder logisch zusammensetzen, um das Ganze zu verstehen. Diese Betrachtungsweise nennt sich Reduktionismus.

Unleugbar hat diese Denkweise großartige Fortschritte in allen Wissenschaftszweigen hervorgebracht, von denen wir alle profitieren. In der Medizin führte sie beispielsweise dazu, daß einzelne Teile der »Maschine Körper« immer genauer untersucht und damit besser verstanden wurden. Gleichzeitig entstand eine Technologie, die mit immer feineren und präziseren Geräten immer bessere »Reparaturen« durchführen konnte. Was die westliche, hochspezialisierte Medizin dabei aus den Augen verlor, ist das Gesamtsystem Mensch, das eben nicht nur eine aus einzelnen Teilen zusammengesetzte Maschine ist, sondern ein unglaublich komplexes Netzwerk aus unterschiedlichen Körpersystemen, einem extrem differenzierten Geist und einer unfaßbaren Seele, die wechselseitig aufeinander einwirken. Ohne ein Verständnis aller Zusammenhänge kurieren wir nur Symptome, reparieren kaputte Einzelteile, aber wir heilen nicht das Gesamtsystem Mensch.

Denn das Ganze kann nicht verstanden werden, indem man die Einzelteile analysiert. Vielmehr kann das Einzelne nur über ein ganzheitliches Verstehen begriffen werden. Unser westliches Denken gleicht dem Versuch, das Wesen einer Melodie durch das Hören einzelner Töne zu verstehen. Einzelne Töne sind aber weit davon entfernt, das zu vermitteln, was eine Melodie tatsächlich ausmacht. Das Wesentliche einer Melodie besteht eben darin, daß jeder einzelne Ton sich mit den anderen Tönen wechselseitig verbindet, und erst das Zusammenspiel der Töne, die Verbindung aus Klanglänge, Rhythmus und Tonarten sowie verschiedenen Instrumenten, schafft Melodien und großartige Symphonien, die wiederum auf unseren Geist einwirken und bestimmte Gefühle hervorrufen.

Und so wie einzelne Töne noch keine Melodie ergeben, sondern erst ihre ständige Wechselbeziehungen in Verbindung mit Rhythmus Musik erschaffen, so ähnlich verhält es sich auch mit den einzelnen Elementen unseres Körpers im Kleinen und den Konstellationen des Universums im Großen. Solange Wissenschaftler, Politiker, Wirtschaftsbosse, Mediziner und Menschen wie Sie und ich die Welt und uns selbst fragmentarisch* betrachten und sie in Einzelteile zerlegen, so lange werden wir nicht verstehen, was die Welt wirklich ist: kein Haufen einzelner Dinge und Ereignisse, sondern ein großes, virtuelles Zusammenspiel aller im Universum existierender Elemente.

Die Quantenphysiker bestätigen uns längst, daß die fernöstliche Sicht mit ihren intuitiv gewonnenen Erkenntnissen einer allseitigen Verbundenheit kein spirituelles Wunschdenken ist, sondern den tatsächlichen Gegebenheiten unseres Universums entspricht. Dringen wir tief in die subatomare Welt ein, finden wir keine isolierten Bausteine, die unabhängig voneinander existieren. Vielmehr erweist sich jegliche Materie – von den Atomen über die Moleküle und weiter über hochorganisierte lebende Systeme (z.B. wir Menschen) bis zu den Galaxien – als ein dichtes Gewebe von Zusammenhängen zwischen den unterschiedlichen Teilen eines unfaßbaren Ganzen: Im Universum der kleinsten Quanten genauso wie in den unendlichen Weiten des Universums finden wir niemals isolierte Teile, sondern stets wechselseitige Verbindungen. Die »härteste« aller Wissenschaften, die moderne Physik, belegt eindeutig, daß alle Objekte, vom kleinsten Atomteilchen bis hin zu den riesigen Galaxien im All, Teil eines einzigen untrennbaren Netzes von Beziehungen und Verknüpfungen sind. Ein kosmischer Tanz, in dem jedes mit allem verbunden ist, aus sich heraus erschafft, wieder auslöscht und in neuer Konstellation erneut gebiert.

Nüchterne Wissenschaftler und fernöstliche Mystiker formulieren mit ähnlichen Worten und Gleichnissen Erkenntnisse, die sie auf völlig unterschiedlichen Wegen gefunden haben. Der »kosmische Tanz der Schöpfung und Zerstörung« ist eine uralte hinduistische Metapher. Unter den vielen tausend Gottheiten der hinduistischen

---

*Fragment = Bruchstück

Vorstellungswelt ist Shiva eine der ältesten. Seine berühmteste Erscheinungsform ist die des kosmischen Tänzers, der durch seinen Tanz den großen rhythmischen Prozeß von Schöpfung und Zerstörung, von Tod und Wiedergeburt in endlosen Zyklen hervorbringt und ewig fortsetzt.

Beide Sichtweisen, die östliche und die westliche, haben ihre Vor- und Nachteile. Jahrhundertelang belächelten wir verstandesorientierten westlichen Menschen die östliche Weltanschauung als Aberglaube und wähnten uns weit überlegen. Inzwischen legt sich unser Hochmut, und östliche Heilmethoden wie das indische Ayurveda oder die chinesische Akupunktur, bei denen der Mensch und sein Umfeld als Ganzes gesehen werden, haben in der westlichen Welt Hochkonjunktur. Meditation, Rituale zur Heilung von Körper, Geist, Seele und Umwelt und östliche Philosophien bereichern unser eingeschränktes rationalistisches Weltbild und tragen ein ganzheitlich orientiertes Verständnis in unseren Alltag hinein. Umgekehrt wirken westliche Werte und Errungenschaften auf die östliche Kultur ein.

Inzwischen beginnen wir zu ahnen, daß wir beide Seiten brauchen, damit wir das äußere und innere Universum verstehen können und beiden Seiten unseres Wesens, der intellektuellen und der spirituellen, gerecht werden. So wie erst die gleichberechtigte Nutzung der rechten und linken Gehirnhälfte mit ihren sehr unterschiedlichen speziellen Fähigkeiten das gesamte Potential eines Menschen erblühen läßt und großartige intellektuelle Leistungen mit Gefühl und Intuition verbindet, können die westliche und die östliche Lebensanschauung einander bereichern. Denken und meditieren, Intuition und Verstand, Wissenschaft und Spiritualität, das Einzelne und das Ganze sind eben nicht einander ausschließende Gegensätze, sondern verschiedene Möglichkeiten, die Wunder der Welt zu erfassen: als unteilbare Ganzheit.

*Einst lebte im alten China in einem Dorf ein armer Bauer, dessen einziger Besitz ein wundervoller weißer Hengst war. Selbst der Kaiser träumte davon, dieses Pferd zu besitzen, und so bot er dem Bauern einen Sack voller Gold für das Pferd. Doch der lehnte ab, und so zogen die Gesandten des Kaisers unverrichteter Dinge wieder davon. Die anderen Dorfbewohner wunderten sich über soviel Unvernunft und verstanden nicht, warum der Alte auf soviel Reichtum und unverhofftes Glück verzichtete.*

*Eines Morgens, als der Bauer zum Stall kam, war das Pferd verschwunden. Die Dorfbewohner liefen aufgeregt vor dem leeren Stall zusammen, und beklagten lauthals das Unglück des armen Bauern. »Du könntest ein reicher Mann sein, wenn du nicht so eigensinnig gewesen wärst. Jetzt bist du ärmer als zuvor. Kein Pferd zum Arbeiten und kein Gold zum Leben. Das Unglück hat dich hart getroffen!«*

*Der alte Bauer blickte bedächtig in die Runde, nickte nachdenklich und sagte: »Was redet ihr da? Das Pferd steht nicht mehr im Stall, das ist alles, was ich sehe. Vielleicht ist es ein Unglück, vielleicht auch nicht. Wer weiß das schon so genau?«*

*Tuschelnd gingen die Leute auseinander. Der Alte mußte durch den Schaden wirr im Kopf geworden sein. Anders ließen sich seine Worte nicht erklären.*

*Einige Tage später, es war ein warmer, sonniger Frühlingstag, und das halbe Dorf arbeitete in den Feldern, stürmte der vermißte Schimmel laut wiehernd die Dorfstraße entlang. Die Sonne glänzte auf seinem Fell, und Mähne und Schweif flatterten wie feinste Silberfäden im Wind. Es war ein herrlicher Anblick, wie er voller Kraft und Anmut dahergaloppierte. Doch das war es nicht allein, was die Dörfler erstaunt die Augen aufreißen ließ. Noch mehr Staunen riefen die sechs wilden Stuten hervor, die hinter dem Hengst hertrabten und ihm in die offene Koppel neben dem leeren Stall folgten.*

*»O du glücklicher, von den Göttern gesegneter Mann! Jetzt hast du sieben Pferde und bist doch noch zum reichen Mann geworden. Bald wird Nachwuchs deine Weiden füllen. Wer hätte gedacht, daß dir noch einmal so viel Glück beschieden wäre?« riefen nun die Menschen aus dem Dorf, als sie dem alten Mann zu seinem unverhofften Reichtum gratulierten.*

*Wieder schaute der Alte gelassen in die aufgeregte Menge und erwiderte: »Ihr geht zu weit. Sagt einfach, jetzt hat er sieben Pferde. Niemand weiß, was daraus wird. Wir sehen immer nur Bruchstücke, wie will man da das Ganze beurteilen. Das Leben ist so unendlich vielfältig und überraschend.«*

*Verständnislos hörten ihm die Leute zu. Die Gelassenheit des Alten war ihnen einfach unbegreiflich. Aber er war ja schon immer etwas komisch gewesen. Untereinander waren sie sich einig: Sie jedenfalls wären vor Freude überglücklich gewesen, wenn ihnen das Schicksal unverhofft sechs wilde Pferde geschenkt hätte!*

*Der alte Bauer hatte einen einzigen Sohn, der in den folgenden Wochen die Wildpferde zu zähmen und einzureiten begann. Er war ein ungeduldiger junger Mann, und so setzte er sich zu früh auf eine der wilden Stuten. Die warf ihn ab, und dabei stürzte er so unglücklich, daß er sich beide Beine gleich mehrfach brach. Obwohl die Heilerin ihr Bestes tat, war allen klar, daß seine Beine nie wieder ganz gesund würden und daß er für den Rest seines Lebens ein hinkender Krüppel bliebe.*

*Wieder versammelten sich die Leute vor dem Haus des Alten. »O du armer, alter Mann«, jammerten sie, »nun entpuppt sich dein Glück als großes Unglück! Dein einziger Sohn, die Stütze deines Alters, ist nun ein hilfloser Krüppel und kann dir keine Hilfe mehr sein. Wer wird dich ernähren und die Arbeit tun, wenn du keine Kraft mehr hast? Wie hart muß dir das Schicksal erscheinen, das dir solches Unglück beschert.«*

*Wieder schaute der Alte in die Runde und antwortete: »Ihr seid vom Urteilen besessen und malt die Welt entweder schwarz oder weiß. Habt ihr noch immer nicht begriffen, daß wir nur Bruch-*

*stücke wahrnehmen? Das Leben zeigt sich uns nur in winzigen Ausschnitten, doch ihr tut, als könntet ihr das Ganze beurteilen! Tatsache ist, mein Sohn hat beide Beine gebrochen und wird nie wieder so laufen können wie vorher. Laßt es damit genug sein.«*

*Nicht lange danach rüstete der Kaiser zu einem großen Krieg gegen ein Nachbarland. Die Häscher ritten durchs Land und zogen die Väter und Söhne zu Kriegsdiensten ein. Das ganze Dorf war von Wehklagen und Trauer erfüllt, denn alle wußten, daß die meisten Männer aus diesem blutigen und aussichtslosen Krieg nicht mehr heimkehren würden.*

*Wieder einmal liefen die Dorfbewohner vor dem Haus des alten Bauern zusammen: »Wie recht du doch hattest. Jetzt bringt dein verkrüppelter Sohn dir doch noch Glück. Zwar wird er dir keine große Hilfe mehr sein, aber wenigstens bleibt er bei dir. Wir sehen unsere Lieben bestimmt nie wieder, wenn sie erst einmal in den Krieg gezogen sind. Dein Sohn aber wird bei dir sein und mit der Zeit auch wieder mithelfen können. Wie konnte nur ein solches Unglück über uns kommen! Was sollen wir nur tun?«*

*Der Alte schaute nachdenklich in die Gesichter der verstörten Leute und entgegnete ihnen: »Könnte ich euch nur helfen, weiter und tiefer zu sehen, als ihr es bisher vermögt! Wie durch ein Schlüsselloch betrachtet ihr das Leben, und doch glaubt ihr das Ganze zu sehen. Niemand von uns weiß, wie sich das große Bild zusammensetzt. Was eben noch ein großes Unglück scheint, mag sich im nächsten Moment als Glück erweisen. Andererseits erweist sich scheinbares Unglück auf längere Sicht oft als Glück, und umgekehrt gilt das gleiche. Sagt einfach, unsere Männer ziehen in den Krieg, und dein Sohn bleibt zu Hause. Was daraus wird, weiß keiner von uns. Und jetzt geht nach Hause und teilt die Zeit miteinander, die euch bleibt.«*

Den meisten von uns ergeht es wie den Dorfbewohnern in dieser Geschichte. Sobald sich etwas in unserem Leben ereignet, bilden wir uns blitzschnell ein Urteil und treffen eine innere Entscheidung, wo wir das Geschehen einordnen. Je nachdem, ob wir uns davor fürchten oder es herbeigesehnt haben, fühlen wir uns dann glücklich und schweben im siebten Himmel, oder wir sind unglücklich und finden uns in finstere Abgründe geschleudert. Bei genauerer Betrachtung zeigt sich allerdings, daß Glück und Unglück nicht so eindeutig voneinander zu trennen sind, wie wir es auf den ersten Blick gern tun. Wer hat nicht schon erlebt, daß das große Glück sich nach einiger Zeit als etwas entpuppt, das den Keim zukünftigen Unglücks schon in sich trug?

Wir Menschen neigen dazu, so zu tun, als hätten Gefühle und Ereignisse einen eindeutigen Anfang und ein klar bestimmtes Ende. Tatsächlich bewegen wir uns aber in einem unendlichen Raum-Zeit-Gefüge, das wir willkürlich in Abschnitte unterteilen. So wie in einem Kreis Anfang und Ende ineinander übergehen und sich nur willkürlich festlegen läßt, wo das eine beginnt und das andere endet, so ist es auch mit den Polaritäten, mit Hilfe deren wir das, was uns in der Welt begegnet, bewerten und einordnen.

Gleichgültig ob Sie sich im Moment glücklich oder unglücklich fühlen oder irgendwo dazwischen, versuchen Sie einmal, den Anfangspunkt Ihrer augenblicklichen Gefühle zu finden. Und wenn Sie glauben, ihn gefunden zu haben, schauen Sie ihn sich genau an. War das wirklich der Beginn Ihrer gegenwärtigen Gefühlslage? Was genau ging diesem Anfang voraus?

Nehmen wir einmal an, Sie haben im Lotto gewonnen. Wann genau hat Ihr Lottoglück begonnen? Als Sie von Ihrem Gewinn erfahren haben? Oder begann Ihr Glück nicht vielmehr schon damals, als Sie die richtigen Zahlen angekreuzt haben, obwohl Sie damals von Ihrem zukünftigen Glück ja noch nichts wissen konnten? Allerdings wäre der Lottogewinn nie Wirklichkeit geworden, wenn Sie sich den Schein vorher nicht besorgt, ausgefüllt und wieder abgegeben hätten. Dies wiederum setzt voraus, daß Sie überhaupt wissen, daß man Lotto spielen und dabei gewinnen kann. Und schließlich könnte man sagen, daß Ihr Glück im Grunde genommen bereits damals begann, als die Lottogesellschaften gegründet wurden. Und natürlich ging auch dieser Gründung etwas voraus.

Vielleicht haben Sie aber auch gerade einen schweren Verlust hinnehmen müssen und sind jetzt voller Schmerz oder Haß. Wann genau hat Ihr Unglück angefangen? Als Sie von dem Verlust erfuhren? Oder schon vorher, in den Zeiten des Glücks, mit dem im Hintergrund der Schmerz nur um so deutlicher hervortritt? Vielleicht waren Sie aber auch schon eine Weile nicht mehr so richtig zufrieden, und da Sie die Zeichen des Verfalls nicht wahrhaben wollten, konnten Sie auch nichts dagegen unternehmen. Ist der Anfang des Unglücks möglicherweise in Ihrer Persönlichkeit zu suchen, weil Sie lieber die Augen verschließen, als zu kämpfen? Oder liegt er vielleicht sogar weit zurück in der Kindheit, in der Erziehung? Oder findet sich der Keim des Unglücks darin, daß Sie einem bestimmten Menschen begegnet sind? Wären Sie ihm nie begegnet, müßten Sie jetzt nicht mit der Enttäuschung und dem Verlust leben. Hätten Sie dieses Geschäft nie angefangen, hätte es nicht schieflaufen können.

Allen Ereignissen, Gefühlen und Gedanken geht ein Vorheriges voraus. Wir leben in einer endlosen Abfolge von äußeren und inneren Erlebnissen und tun so, als ob die Dinge einen eindeutigen festgelegten Anfang und ein klar erkennbares Ende hätten. Doch wer konsequent weiterfragt, beginnt zunächst zu ahnen und dann immer besser zu verstehen, daß die Frage nach Anfang und Ende eines Ereignisses müßig ist. Immer landen wir bei der bisher unbeantworteten Frage: Henne oder Ei? Womit und wodurch fing das Ganze überhaupt an?

Unser Verstand liebt es, zu urteilen und alles und jedes in ordentlich beschriftete Kästchen unterzubringen. Scheinbar braucht er einen Grund, ein Zeitraster, eine Klassifizierung, eine Grenze, womit er den unwägbaren, endlosen Lebensstrom faßbar machen kann. Doch wann immer wir das tun, bleiben wir an Bruchstücken kleben. Aus einem lebendigen Strom ineinanderfließender Ereignisse versuchen wir einen gezähmten, von unzähligen Staustufen eingezwängten und berechenbaren Strom zu machen. Das aber wird dem Leben nicht gerecht.

Schauen Sie nicht nur die jeweilige Gegend an, durch die Sie gerade reisen, sondern behalten Sie den Fluß von der Quelle bis zum Meer im Auge. Sie werden erkennen, daß die Bewertung der Umstände einzig und allein von Ihnen selbst abhängt.

## POLARITÄTEN

*Erkennst du das Schöne als schön,*
*so weißt du auch um das Häßliche.*
*Erkennst du das Gute als gut,*
*so hast du auch das Ungute bestimmt.*

*Denn: Sein und Nicht-Sein entspringen einander,*
*schwer definiert sich durch leicht,*
*unversehens wandelt sich hoch zu niedrig,*
*kurz zu lang, vorher zu nachher.*

## POLARITÄTEN ÜBERWINDEN

Ein weiterer Grund, warum es uns so schwerfällt, ganzheitlich zu denken, liegt in der westlichen Denktradition. Die klassische Form abendländischen Denkens legt uns fast zwangsläufig nahe, etwas sei entweder das eine oder das andere. Entweder etwas ist wahr oder falsch, gut oder böse. Entweder es ist Glück, oder es ist Unglück. Für einen Sachverhalt zwei unterschiedliche Interpretationen gleichzeitig als gegeben anzusehen ist für unsere Kultur nahezu undenkbar. Noch dazu wenn die Interpretationen einander widersprechen und unvereinbar erscheinen. In solchen Fällen gehen wir stillschweigend davon aus, daß wir den wahren Grund noch nicht gefunden haben und letztlich die beiden gegensätzlichen Pole auf einer höheren oder tieferen Ebene verschmelzen und sich dann schon irgendwie als *eine* Wahrheit offenbaren. Am Ende läuft unsere Suche nach Verstehen darauf hinaus, *eine* Ursache und *eine* wahre Beschreibung zu finden.

Obwohl die Grundlagen dieser Denkweise seit Beginn der modernen Physik Anfang des letzten Jahrhunderts überholt sind, halten wir in unserem Alltagsdenken beharrlich daran fest. Die Physiker sind längst in Alice's Wunderwelt eingestiegen und beobachten Phänomene dieser Welt, die mit unseren herkömmlichen Anschauungen nicht mehr zu vereinbaren sind. In der klassischen Weltsicht ist beispielsweise etwas entweder Teilchen oder Welle. Nun stellt die moderne Physik aber fest, Licht kann sowohl Wellen- als auch Teilchencharakter haben. Und wie soll man nach herkömmlichen Denkmustern begreifen, daß sich auf der subatomaren Ebene die scheinbar festen, materiellen Teilchen in wellenartige Wahrscheinlichkeitsmuster auflösen, die nicht mit Gewißheit an einem bestimmten Ort anzutreffen sind, sondern eher die »Tendenz zu existieren« aufweisen?

Unser Alltagsbewußtsein ist indessen noch immer auf Eindeutigkeit eingestellt, und eine unserer häufigsten Fragen bleibt: Wie ist es denn nun wirklich? Was ist denn nun letztlich der eigentliche Grund oder die eigentliche Wahrheit? Das Bedürfnis, DER Wahrheit auf DEN Grund zu kommen, scheint nahezu unüberwindlich in einer Welt, die sich in Polaritäten definiert und auf das lineare Ursache-Wirkung-Prinzip setzt.

Wie aber entkommt man der fast zwanghaften Denkfalle, daß

es eine singuläre Wahrheit hinter allen Erscheinungen gibt? Eine eigentliche Ursache und eine eindeutige Auswirkung; einen klar erkennbaren Anfang und ein eindeutiges Ende? Gibt es überhaupt eine Möglichkeit, dieser Art des Denkens zu entrinnen?

Die Anhänger der traditionellen Denkweise werden mit »Nein« antworten, die Anhänger ganzheitlichen Denkens dagegen mit »Durchaus«. Im Weltbild der letzteren ist es nämlich gar nicht möglich und auch nicht nötig, alle Ereignisse auf eine Ursache und auf eine Wahrheit zu reduzieren. Verschiedene Interpretationen, Gefühlszustände und Wahrheiten können durchaus gleichwertig nebeneinander belassen werden. Das eine ist genauso »richtig« oder »falsch« wie das andere; darüber hinaus könnte ebensogut auch noch ein dritter oder vierter möglicher Standpunkt eingenommen werden. Und erst wenn wir eben von unterschiedlichen Standpunkten aus ein und dieselbe Sache betrachten, gewinnen wir ein komplexere Sicht des Geschehens und größere Flexibilität. In einer schwarzweiß-strukturierten Weltanschauung bleibt uns nur die Freiheit, entweder schwarz oder weiß zu wählen. Damit befinden wir uns in einem klassischen Dilemma, weil nach gängiger Meinung nur eine Entscheidung, eine Wahl die richtige sein kann. Insbesondere Menschen, die weise urteilen wollen, sollten umfassender als in Schwarz-weiß-Schablonen denken.

Im Buddhismus hat man sich schon vor langer Zeit Gedanken gemacht, wie die bunte Wirklichkeit der Welt sich in ein praktikables Denkmodell umsetzen läßt, das weniger in starken Kontrasten denkt und der Vielfältigkeit der Realität mehr Spielraum läßt. Und so dachte man sich ein Betrachtungsmodell aus, das nicht nur das eine oder das andere im Blick hat, sondern auch noch zusätzliche Aspekte berücksichtigt.

Nehmen wir beispielsweise an, ein Richter soll in einem Fall über Recht und Unrecht entscheiden. Im klassischen Denken gibt es nur die Wahl zwischen Recht und Unrecht; entweder jemand hat recht, oder er hat unrecht. Nun könnte es aber durchaus so sein, daß jemand sowohl in gewisser Weise recht als auch unrecht hat. Und genausogut könnte es sein, daß er weder recht noch unrecht hat, sondern etwas ganz anderes zutrifft.

Dem buddhistischen Denkmodell entsprechend nimmt man nun vier mögliche Standpunkte ein, anstatt sich nur zwischen dem einen oder anderen entscheiden zu müssen. Jeder dieser Standpunkte zeigt eine durchaus reale Möglichkeit, wie man eine Sache (ein Problem, ein Gefühl oder eine Situation) betrachten kann, und je nachdem, welchen Standpunkt man einnimmt, sieht die Sache völlig anders aus.

## VIER EINFACHE FRAGEN,
### DIE DIE WELT VERÄNDERN

Soviel zur Theorie. Weitaus interessanter und spannender wird dieses Denkmodell allerdings dann, wenn wir beginnen, unsere eigenen Überzeugungen und Probleme auf diese Art zu durchdenken. In vielen Situationen läßt nämlich das Schwarzweiß-Sehen uns nur wenige Wahlmöglichkeiten und blendet alle anderen Facetten einer regenbogenbunten Wirklichkeit aus.

Eine effektive Methode, wie man aus dem Schwarzweiß-Denken aussteigen und eine umfassendere Sicht gewinnen kann, ist, sie von unterschiedlichen Standpunkten aus zu betrachten.

Die meisten Menschen nehmen nur eine Facette eines Ereignisses wahr und blenden alle anderen aus. Wenn der Partner sie nicht mehr liebt, sehen sie nur das Negative. Daß sie dadurch auch etwas gewinnen, liegt außerhalb ihres Bewußtseins. Umgekehrt gilt das gleiche. Hat man endlich den langersehnten Job erhalten und ist überglücklich, denkt kaum jemand daran, daß man dadurch auch etwas verliert. Auch daß Gewinn und Verlust nur die zwei Seiten der gleichen Medaille sind und darüber hinaus noch eine andere Sichtweise möglich ist, welche die beiden gegensätzlichen Seiten vereint, bleibt außerhalb der normalen Denkgewohnheiten. Und wie es sich anfühlt, eine Sache oder eine Situation weder von der einen noch von der anderen Seite aus zu betrachten, sondern einen Standpunkt jenseits davon einzunehmen, kommt in den bisherigen Betrachtungen überhaupt nicht vor.

Doch je mehr Facetten eines Problems, einer Situation, eines Gefühls etc. man wahrnimmt, desto umfassender und ganzheitlicher kann man etwas betrachten und bewerten, weil ein Ereignis so in seiner Vielschichtigkeit hinterfragt wird. Denn grundsätzlich gilt: Je mehr unterschiedliche Aspekte ein Mensch wahrnimmt, desto mehr Handlungsspielraum und Wahlmöglichkeiten stehen ihm zur Verfügung, damit umzugehen. Die Situation ist, wie sie ist, das Problem ist, wie es ist. Doch niemand außer Ihnen selbst bestimmt, aus welchem Blickwinkel Sie es betrachten.

➡ *VIER FRAGEN*

*Um einen ganzheitlicheren Blick auf die Welt zu bekommen und somit über die einengenden Denkgewohnheiten hinauszuwachsen, hat sich diese einfache Übung bewährt. Wählen Sie zu Anfang kein persönliches Problem (diese Übung kommt später), sondern irgendein Ereignis, ein Gefühl, einen Zustand oder allgemeine Überbegriffe wie Krieg oder Liebe, um sie aus unterschiedlichen Perspektiven zu betrachten. Lassen Sie sich nicht davon abschrecken, wenn es häufig schwierig ist, eine Antwort zu finden. Kaum jemandem wird es schwerfallen, ein Wort dafür zu finden, was z.B. der Krieg in der Welt unmöglich macht und was er verhindert. Wofür Krieg aber gut sein soll\*, ist nur schwer und nach längerem Nachdenken zu beantworten, einfach deshalb, weil wir normalerweise noch nie in diese Richtung gedacht haben. Aber auch diesen Aspekt gibt es mit Sicherheit.*

---

\*aus Sicht eines Menschen, in dessen Weltbild Krieg kein Mittel zum Zweck ist

*Zeichnen Sie als erstes einen großen Rhombus auf ein Blatt Papier, und beschriften Sie die Ecken wie in der Zeichnung.*

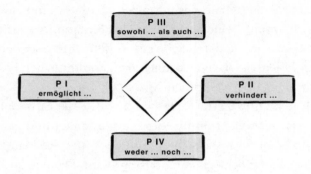

- **X:** *Schreiben Sie jetzt das, was Sie in seiner Vielschichtigkeit beleuchten wollen– den Begriff, die Situation, das Gefühl etc. –, in die Mitte des Rhombus.*
- **P I:** *Fragen Sie nun: »Wozu ist X gut?«, oder: »Was wird durch X möglich?« Fassen Sie Ihre Antwort in einem Wort (oder in ganz wenigen Worten) zusammen, und schreiben Sie es an den Eckpunkt »ermöglicht«.*
- **P II:** *Wechseln Sie nun zur anderen Seite, und fragen Sie: »Was wird durch X verhindert?«, oder: »Was wird dadurch unmöglich?« Notieren Sie die Antwort am Eckpunkt »verhindert« wieder mit einem oder sehr wenigen Worten.*
- **P III:** *Natürlich haben diese zwei Seiten auch etwas gemeinsam, einen gemeinsamen Nenner, der sowohl etwas mit der einen Seite als auch mit der anderen Seite zu tun hat. Nehmen Sie jetzt einen dritten Standpunkt ein, und fragen Sie sich: »Was haben diese beiden Seiten gemeinsam?«, oder: »Was hat sowohl mit der einen wie der anderen Seite etwas zu tun?« Notieren Sie die Antwort am Punkt »sowohl als auch«.*
- **P IV:** *Als nächstes überlegen Sie sich, was jenseits der Gegensätze liegt. Fragen Sie sich: »Was hat weder mit der ei-*

*nen noch mit der anderen Seite zu tun?«, »Was ist jenseits*
*dieser Gegensätze?«, oder: »Was ist weder das eine, noch*
*das andere?«, und notieren Sie die gefundene Antwort am*
*Punkt »weder – noch«.*

## JENSEITS VON PROBLEM UND LÖSUNG
### *Ein Beispiel*

Gerade im Umgang mit Problemen führen unsere engen
Bewertungskriterien und die Fixierung auf nur *eine* Lösung
oftmals zu mehr Schwierigkeiten als das Problem selbst. Anstatt nur
nach Norden zu starren und ausschließlich dort die Lösung zu suchen, kann man genausogut alle anderen möglichen Richtungen
in Betracht ziehen und nach Süden, Westen oder Osten gehen und
dort möglicherweise ganz überraschende andere Lösungswege entdecken.

Welche Bereicherung es ist, eine Situation aus unterschiedlichen
Blickwinkeln zu betrachten, macht das nachfolgend dargestellte
Gespräch deutlich. Es fand während eines unserer Seminare statt
und ist ein ziemlich typisches Beispiel für das, was geschieht, wenn
jemand beginnt, eine Situation aus unterschiedlichen Blickwinkeln
zu betrachten – also eine Situation und ihre Bedeutung und ihre
Auswirkungen aus unterschiedlichen Perspektiven zu erleben.

Betrachtet man eine Situation, ein Problem, ein Ereignis, ein
Gefühl, einen Begriff zunächst einmal von vier unterschiedlichen
Standpunkten, gewinnt man eine Fülle neuer Einsichten und Erkenntnisse, die bisher außerhalb der Wahrnehmung lagen. Und
gleichzeitig machen wir die eindrucksvolle Erfahrung, daß, je nachdem aus welchem Blickwinkel wir eine »Sache« betrachten, sehr unterschiedliche Gedanken und Gefühle auftauchen.

Hier also, was geschah:

Eine junge Frau saß mit verheulten Augen neben mir [Marlies]. In den letzten Minuten hatte sie versucht, mir ihr ganzes Leid in möglichst kurzer Zeit zu klagen, und nun wirkte sie völlig hoffnungslos. Ich hatte nur hin und wieder genickt, bisher aber nichts gesagt.

»Dein Mann hat dich also verlassen?« faßte ich ihre Erzählung schließlich zusammen.

Die Frau vergrub ihr Gesicht in den Händen und weinte. Ich wartete. Nach einer Weile nickte sie heftig. »Ja«, flüsterte sie.

»Die Frage mag dir seltsam vorkommen, ich stelle sie aber trotzdem: Was gewinnst du, wenn dein Mann dich verläßt?« fragte ich.

Die junge Frau sah mich irritiert an. Offenbar verstand sie meine Frage nicht, also wiederholte ich sie in anderen Worten: »Wofür ist es gut, daß dein Mann dich verlassen hat?«

»Wofür es gut sein soll?« Sie starrte mich an, als fürchte sie, ich sei plötzlich wahnsinnig geworden.

»Ich wette, du weißt sehr genau, was du verlierst, wenn dich dein Mann verläßt.«

Wieder stiegen ihr die Tränen in die Augen. »Ich hab' mich ihm so nahe gefühlt, mich bei ihm so sicher und geborgen gewähnt. Ich werde Sicherheit und Nähe verlieren.« Wieder wurde sie von Schluchzern geschüttelt.

»Genau«, sagte ich, »du verlierst die Art von Nähe und Sicherheit, die du bei deinem Mann gefunden hast. Und bisher hast du nur daran gedacht. Aber weil jedes Ding, jedes Gefühl, jede Situation zwei Seiten hat, wirst du nicht nur etwas verlieren, sondern gleichzeitig auch etwas gewinnen. Du hast diese Seite der Medaille nur noch nicht bedacht. Aber daß du bisher nicht in diese Richtung gedacht hast, heißt nicht, daß es nicht auch etwas zu gewinnen gibt. Laß dir ruhig soviel Zeit, wie du brauchst, um eine Antwort zu finden. Also: Was gewinnst du dadurch, daß dein Mann dich verlassen hat?«

Sie schwieg. Offensichtlich gab es nichts zu sagen. Ihr Gesicht wirkte ratlos, als würden ihre Gedanken ein unerforschtes Land durchstreifen, von dessen Existenz sie bisher nichts geahnt hatte.

»Was ermöglicht dir diese Situation?« fragte ich noch einmal nach.

»Ich gewinne Selbständigkeit«, erwiderte sie nach einer Weile nachdenklich und schien sich selbst über die Antwort zu wundern.

»Wenn dein Mann dich verläßt, verlierst du also einerseits eine bestimmte Art von Sicherheit, dafür gewinnst du andererseits an Selbständigkeit«, faßte ich zusammen, »das macht Sinn.«

Nach einer Weile fuhr ich fort: »Aber natürlich besteht die Welt nicht nur aus Schwarz und Weiß, und das eine oder das andere sind nur zwei Aspekte des Ganzen. Darüber hinaus gibt es etwas, das beide Seiten vereint. In ihm ist sowohl die Sicherheit der einen Seite als auch die Selbständigkeit der anderen Seite enthalten. Jetzt überlege bitte: Was haben für dich Sicherheit und Selbständigkeit gemeinsam?«

Wieder starrte sie eine ganze Zeit blicklos vor sich hin. Dann sagte sie: »Wenn ich an Sicherheit denke, dann tauchen Bilder von mir und meinem Mann auf, Bilder von glücklichen Zeiten, und wie wohl und geborgen ich mich an seiner Seite gefühlt habe über all die Jahre. Und auf der anderen Seite die Selbständigkeit. Ich kann jetzt wieder all die Dinge tun, an denen er keinen Spaß hatte. Ich habe viel mehr Zeit für mich und meinen Job. Ich könnte mich in einen neuen Mann verlieben oder ...« Sie lächelte und ließ den Satz unbeendet.

»Was haben sowohl die Art von Sicherheit, die du verlierst, als auch die Selbständigkeit, die du gewinnst, gemeinsam?« wiederholte ich.

»Frieden«, sagte die junge Frau, nachdem sie lange nach einem Begriff gesucht hatte, der beschrieb, was für sie Sicherheit und Selbständigkeit miteinander verband.

»Gut. Beides zusammen bedeutet für dich also Frieden.« Während ich sprach, zeichnete ich einen Rhombus auf das Flipchart. An die Ecke der einen Seite schrieb ich »Sicherheit«, an die gegenüberliegende Ecke »Selbständigkeit«. Und an die obere Spitze »Frieden«. Dann deutete ich auf die untere Spitze: »Und jetzt möchte ich, daß du dich innerlich an diesen Platz stellst und dir überlegst, was in bezug zu dieser Situation weder etwas mit Sicherheit, die du ver-

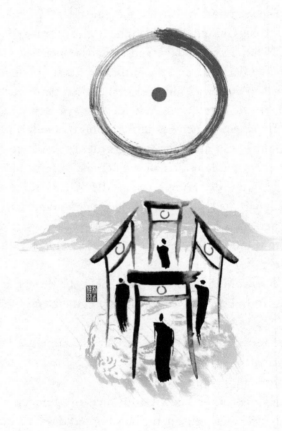

lierst, noch mit Selbständigkeit, die du gewinnst, zu tun hat. Welcher Zustand, welches Gefühl, welche Position liegt jenseits von Sicherheit und Selbständigkeit?«

Wieder mußte die junge Frau lange nachdenken. Schließlich sagte sie zögernd: »Mein Sein?«

»Gut!« Ich nickte zustimmend. »Dein Sein hat weder etwas damit zu tun, ob du diese Art von Sicherheit verlierst, noch damit, ob du Selbständigkeit gewinnst. Du lebst, unabhängig davon, ob das eine oder das andere zutrifft. Sehr schön.« Sie lächelte, während ich »Sein« an den unteren Eckpunkt schrieb.

»Und jetzt tust du bitte so, als ob du innerlich auf dem Punkt ›Ich verliere die Sicherheit‹ stehen würdest.« Ich zeigte auf die Ecke, an der »Sicherheit« stand. »Und von dort aus blickst du auf die Situation ›Mein Mann hat mich verlassen‹. Wie fühlt es sich an, wenn du aus dieser Perspektive die Situation betrachtest?«

Ihre Schultern begannen zu beben, und wieder schwammen ihre Augen in Tränen.

»Und jetzt verläßt du diesen Standpunkt und stellst dich innerlich auf die Position ›Ich gewinne Selbständigkeit‹.« Mein Finger tippte auf die Ecke, an der Selbständigkeit stand. »Wie fühlt es sich an, wenn du mit dieser Einstellung die gleiche Situation betrachtest?«

Ein zaghaftes Lächeln glitt über ihr Gesicht. Offensichtlich gefiel ihr diese Vorstellung. Ich ließ ihr Zeit, sich stärker in ihre Vorstellung von Selbständigkeit zu vertiefen. Nach einer Weile forderte ich sie auf, jetzt an den Platz zu gehen, in dem das Gemeinsame der beiden Gegensätze sich vereinte. An den Ort, den sie »Frieden« genannt hatte.

Wieder veränderte sich das Gesicht der Frau. Obwohl sie ihre Augen geschlossen hatte, drehte sie ihren Kopf von einer Seite zur anderen, so als würde sie die beiden Situationen miteinander vergleichen. Sie wirkte jetzt ruhiger und sehr gesammelt. »Von hier aus«, sagte sie, »sieht es gar nicht mehr so schlimm aus. Es ist, als ob ich über allem schwebte und das Ganze eher beobachtete. Irgendwie bin ich hier größer und das Ganze wirkt leichter.« Sie lächelte verwundert in sich hinein.

»Stell dich jetzt innerlich auf den Ort, der weder mit dem Verlust von Sicherheit noch mit dem Gewinn von Selbständigkeit zu tun hat und den du ›Sein‹ genannt hast. Wie ist es, wenn du aus diesem Gefühl heraus auf die Situation schaust? Nimm einfach deine Empfindungen und Gefühle wahr, während du von dieser Warte aus dein Problem betrachtest. Aus der Perspektive ›Sein‹, unabhängig davon, ob du Sicherheit verlierst oder Selbständigkeit gewinnst. Gewissermaßen jenseits von beidem.«

Ich machte eine lange Pause und ließ sie ihre Gedanken und Gefühle auf dieser Position wahrnehmen. Dann fuhr ich fort: »Und wenn du willst, kannst du jetzt in Gedanken von einem Punkt zum anderen wandern. Vom Standpunkt Verlust aus gesehen, scheint die Situation unerträglich zu sein. Und wenn du in Gedanken an den Ort Gewinn wanderst und erlebst, welche Gefühle jetzt entstehen, denkst du vielleicht eher an neue Zukunftsaussichten und überraschende neue Möglichkeiten. Zum Beispiel an sichere Selbständigkeit oder an selbständige Sicherheit. – Daß dein Mann dich verlassen hat, bedeutet einerseits einen schmerzlichen Verlust an vertrauter Sicherheit, und gleichzeitig birgt es die Chance, daß du mehr Selbständigkeit gewinnst. Und wenn du beides zusammenfaßt, entsteht in dir ein Gefühl inneren Friedens. Und von einer Warte jenseits dieser Problematik aus erkennst du, daß dein Schmerz darüber, einerseits die bisher vertraute Sicherheit zu verlieren, und deine Freude darüber, andererseits Selbständigkeit zu gewinnen, einfach zwei Facetten deines Lebens sind. Und für welche Sichtweise du dich jetzt oder in einer Weile auch entscheidest, gleichzeitig werden alle anderen Aspekte auch dasein als potentielle Möglichkeiten deiner Wahrnehmung. Und die Frage ist, ob du nicht gleich wie ein Wellenreiter durch die verschiedenen Facetten der Situation surfen willst, so daß du wahrnehmen kannst, wie friedliches Sein in einer selbständigen Sicherheit dein Leben verändert. Denn im friedlichen Sein geborgen, wird selbständiges Sein zu sicherem Frieden, in dem sicheres Sein zu friedlicher Selbständigkeit führt. – Und die Frage ist: Wofür willst du dich entscheiden?« Ich schwieg, während sie noch eine Weile still und nachdenklich neben mir saß.

»Wie fühlst du dich jetzt in bezug darauf, daß dein Mann dich verlassen hat?« fragte ich nach einer Weile.

»Ich bin total verwirrt«, antwortete sie. »Als du angefangen hast, die vier Worte miteinander zu vermischen, war es endgültig so, als würden meine Gedanken und Gefühle plötzlich in einen Meer von Bedeutungen und Möglichkeiten schwimmen. Aber irgendwie fühle ich mich jetzt leichter, nicht mehr so festgefahren und bedrückt. Mir sind viele Aspekte klargeworden, die ich bisher überhaupt nicht gesehen habe. Ich glaube, jetzt brauche ich etwas Zeit, um zu verstehen, was ich gerade erlebt habe. – Danke!« fügte sie mit einem Lächeln hinzu.

## Von guten Problemen und schlechten Lösungen

Vielleicht fragen Sie sich jetzt, wozu es gut sein soll, verwirrt zu werden, denn meistens sucht man ja Klarheit, um aus unangenehmen Problemzuständen herauszufinden. Klassisch gedacht macht Verwirrungstiften keinen Sinn, doch um eingefahrene Denkstrukturen aufzubrechen und neue Sichtweisen zu ermöglichen, ist Verwirrung eine der besten Methoden. Denn erst muß das alte Denkgebäude zusammenbrechen, bevor ein neues errichtet werden kann. Oder anders ausgedrückt: Verwirrung ist das Tor zur Erleuchtung!

### Entweder – oder!

Nehmen wir z.B. an, jemand ist Single, wünscht sich aber nichts sehnlicher als eine Partnerschaft. Das Singledasein ist das Problem, eine Partnerschaft die Lösung. Das Problem ist schlecht, die Lösung ist gut. Schwarz oder weiß, Glück oder Unglück. Meist erscheint es einem ja so, als ob das Problem vollkommen schlecht und die Lösung vollkommen gut wäre. Steckt man mitten in seiner Problem-

Lösung-Konstruktion, dann erscheint die Lösung als einzig erstrebenswertes Ziel und das Problem als unbedingt zu vermeidendes Übel. Da Problem und Lösung Gegenpole sind und sich scheinbar diametral gegenüberstehen, verstärkt sich dieser Eindruck noch. Entweder bin ich im Problemzustand (Single), oder ich bin im Zielzustand (Partnerschaft) – ein Drittes gibt es nicht!

Problem — Single sein     Lösung — Partnerschaft

### Sowohl – als auch

Nach der bisherigen Sichtweise steht einem Problem ein Ziel gegenüber, scheinbar unvereinbar. Folgt man dem buddhistischen Denkmodell, stellt sich jetzt eine Frage, die Schwarz-weiß-Denkern zunächst völlig unsinnig erscheint. Sie heißt: »Was haben das Problem und die Lösung gemeinsam?«

Die Frage nach der Gemeinsamkeit von Problem und Lösung verblüfft zunächst, und die spontane Antwort ist in der Regel: »Natürlich nichts!« Das stimmt aber nur, solange man sich in der diametralen Konstruktion »Problem versus Lösung« befindet. Um aber die Frage »Was haben Problem und Lösung gemeinsam?« beantworten zu können, muß man gewissermaßen aus der bisherigen Vorstellung von Problem und Lösung heraustreten und sie sich wie von außen anschauen. Denn nur von dort erkennt man die Gemeinsamkeiten und Ähnlichkeiten der gegensätzlichen Pole. Meist gewinnt man aus diesem Blickwinkel eine völlig neue Dimension des Verständnisses.

So könnte beim Problem »Single« und bei der Lösung »Partnerschaft« eine mögliche Antwort auf die Frage nach der Gemeinsamkeit so lauten: »Sowohl das Singledasein als auch eine Partnerschaft haben gute und schlechte Zeiten.«

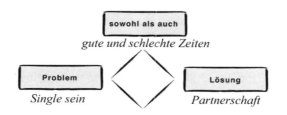

Das ist schon eine andere Sicht. Plötzlich wird klar, weder das Singledasein ist eine einzige Katastrophe, noch liegt in der erwünschten Partnerschaft das allzeitige Glück. Das Singledasein hat durchaus Vorteile, aber eben auch gewisse Mängel. Ebenso bringt uns eine Partnerschaft zwar der Erfüllung unserer Träume näher, höchstwahrscheinlich bringt sie aber auch neue Probleme mit sich.

Aus dem Blickwinkel der Gemeinsamkeit betrachtet, rückt man von seinem Problem und dem erstrebten Ziel ein wenig ab und geht innerlich auf Distanz. Ähnlich wie beim Beobachter (siehe Kapitel 2) tritt man aus sich/seiner Situation heraus und betrachtet dissoziiert das selbsterschaffene Problem-Lösung-Konstrukt. Und mit dem Vorgang des »Heraustretens« geschieht etwas, das im wortwörtlichen Sinne als Relativierung des Problems bezeichnet werden kann. Das Problem wird in einen Bezug, in eine Relation, gesetzt und mit anderen Aspekten verbunden, die bisher außerhalb des Bewußtseins lagen.

Dasselbe passiert mit der Lösung bzw. dem Ziel. Die eindeutigen Zuordnungen von Gut und Schlecht werden hinterfragt und lockern sich. Das »schwarze« Problem wird nicht durch eine »weiße« Lösung ersetzt – die genausoschnell wieder ins Gegenteil umschlagen könnte –, vielmehr hat man mit der Beantwortung dieser Frage den ersten wichtigen Schritt zu einer *Auflösung* des Problems gemacht, weil wir den einengenden Rahmen von entweder–oder verlassen. Und das ist etwas ganz anderes als die üblicherweise gesuchte Problemlösung.

Problem und Lösung sind immer durch einen gemeinsamen Rahmen miteinander verknüpft. Solange wir uns innerhalb des Rahmens bewegen, scheint es nur eine mögliche Lösung zu geben, um vom Problem- zum Zielzustand zu gelangen. Durch das »Heraustreten« wird dieser Rahmen erstmals für uns sichtbar.

Leidet jemand beispielsweise unter einer Allergie, so kann es dafür recht unterschiedliche Erklärungen geben. Man kann die Allergie 1. als Umweltproblem, 2. als medizinisches Problem, 3. als Ernährungsproblem oder 4. als psychologisches Problem betrachten. Jede dieser vier Erklärungen schafft einen bestimmten Rahmen, innerhalb dessen das Problem und die entsprechende Lösung wahrgenommen und gesucht werden. Wird aber durch die Fragetechnik erst einmal deutlich, daß man sich innerhalb eines eng abgesteckten Rahmens bewegt, können auch andere Rahmen in den Blick gefaßt werden. Und sind erst einmal mehrere unterschiedliche, aber genauso mögliche Rahmen im Blick, so fällt es schwer, die bisher einzig gültige Wahrnehmung eines Problems und seiner Lösung aufrechtzuerhalten.

Manchmal fällt es nicht leicht, auf die Frage, was Gegensätze wie Problem und Lösung, Glück oder Unglück, Krieg oder Frieden, Krankheit oder Gesundheit, Liebe oder Haß, Wut oder Gelassenheit etc. gemeinsam haben, eine Antwort zu finden. Das liegt daran, daß wir es einfach nicht gewohnt sind, solche Überlegungen anzustellen. Um diese Frage aber beantworten zu können, müssen wir unsere gewohnten Denkbahnen verlassen und eine zunächst ungewohnte Perspektive suchen und einnehmen. Lassen Sie es nicht vorschnell damit bewenden, die Frage unbeantwortet zu lassen, nur weil Ihnen nicht gleich etwas einfällt. Denn keine Gemeinsamkeit zwischen den Gegensätzen zu finden bedeutet, in seiner bisherigen Problem-Lösung-Konstruktion gefangen zu bleiben und den wichtigen Schritt des »Heraustretens« nicht gemacht zu haben.

Gerade aber das »Heraustreten« aus der Enge und Beschränktheit von Gegensätzlichem ermöglicht eine weisere Sicht auf die

Gegebenheiten des Lebens. Rechts und links sind wirklich nur zwei Parameter, die Welt zu betrachten, aber sie zeigen längst nicht die Fülle der Möglichkeiten, die uns tatsächlich zur Verfügung stehen.

### Weder – noch

Bei dieser Perspektive geht es darum, herauszufinden, was weder das Problem noch die Lösung ist. Was liegt jenseits von Problem und Lösung? Oder noch anders gefragt: Was ist nicht das eine und nicht das andere? In unserem Beispiel wäre das die Frage: Was hat weder mit deinem Singledasein noch mit einer Partnerschaft zu tun? Welche Gefühle, Dinge, Zustände, Faktoren etc. bleiben davon unberührt?

Eine mögliche Antwort wäre »mein Beruf«. Ob jemand Single ist oder mit einem Partner zusammenlebt, hat mit den täglichen Herausforderungen seiner Berufswelt oder mit seinen Karrierechancen nicht unbedingt etwas zu tun. Eine andere Antwort könnte lauten: »Spaß am Leben zu haben.« Man kann allein leben und trotzdem viel Spaß haben, und man kann in einer Beziehung leben und viel Spaß haben. Beruf oder Spaß wären also mögliche Antworten für eine Lebensqualität, die weder von dem als Problem erlebten Zustand noch von der Erreichung des Ziels abhängig sind.

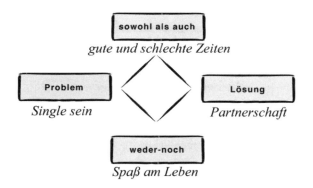

Während der vorhergehende Blickwinkel des Sowohl-als-auch uns das Problem-Lösung-Konstrukt von außen betrachten läßt, ermöglicht der Standpunkt jenseits davon, das Weder-noch, einen Blick darüber hinaus. Jenseits des bisherigen Verständnisses der Situation öffnet das Weder-noch den Geist für Neues, was wiederum eine weitere Relativierung des Problems mit sich bringt: Der enge Rahmen der bisherigen Sicht auf Problem und Lösung weitet sich auf Dinge aus, die bisher nicht in Betracht gezogen wurden. Es gibt im Leben noch anderes, als Single oder Partner zu sein. Man kann so oder so beruflich Karriere machen, unter diesen oder jenen Lebensumständen Spaß haben. Und ob ich nun allein oder zu zweit mein Leben verbringe, in beiden Fällen kann ich mich weiterentwickeln.

Aus dieser Perspektive zu Problem und Lösung eröffnen sich bislang unbeachtete Räume. Anstatt wie hypnotisiert auf das Problem zu starren und sich auf nur *eine* Lösung zu fixieren, wird der Blick wieder auf andere Aspekte gelenkt. Oft ist es ja so, daß ein aktuelles Problem uns so gefangennimmt, daß alle anderen Dinge dahinter verschwinden und ausgeblendet werden. In solchen Situationen ist es sehr befreiend, die Aufmerksamkeit wieder einmal all den Dingen zuzuwenden, die es jenseits von Problem und Lösung auch noch gibt. Aus der Distanz gesehen, sieht und spürt man wieder, daß das Leben sehr viel mehr zu bieten hat und neben dem Problem und seiner Lösung noch andere Wirklichkeiten existieren, auf die man sich ausrichten könnte. Von hier aus gesehen, können einem plötzlich Lösungsmöglichkeiten und Alternativen einfallen, die überraschend und neu sind.

Es gibt immer auch eine andere Sichtweise der Dinge, eine andere Perspektive, aus der etwas betrachtet werden kann! Und je mehr davon wir berücksichtigen und als möglich ins Auge fassen, desto freier und souveräner werden wir im Umgang mit Problemen. Unser Problem verschwindet dadurch zwar nicht, aber wir können gelassener damit umgehen und es bekommt den Raum und das Maß an Aufmerksamkeit, die ihm zukommen: ein Teil des Lebens zu sein, doch nicht der Mittelpunkt des Daseins.

# Ein Problem und viele Möglichkeiten

Um ein Gefühl für die Denkweise mit den vier Standpunkten zu entwickeln und erste Erfahrungen zu sammeln, ist es natürlich am besten, sie auf eigene Probleme anzuwenden. Nehmen Sie zu Anfang nicht gleich Ihr Lebensgrundproblem – kleinere und mittlere Schwierigkeiten tun es auch.

Nachdem Sie ein Problem ausgewählt haben, bestimmen Sie zunächst das Ziel bzw. die angestrebte Lösung. Achten Sie darauf, daß das Ziel die Kriterien der Wohlgeformtheit erfüllt, d.h.,

1. es sollte positiv formuliert sowie
2. konkret sein, und
3. sollte seine Realisierung im Bereich der eigenen Möglichkeiten liegen.

➡ *Neue Standpunkte*

1. *Zeichnen Sie als erstes wieder einen großen Rhombus auf ein Blatt Papier, und beschriften Sie die Ecken wie in der folgenden Zeichnung:*

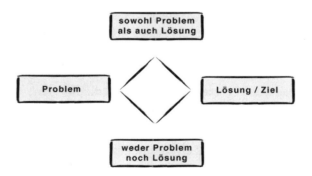

2. *Fassen Sie nun Ihr Problem in einem oder wenigen Worten zusammen, und schreiben Sie es unter dem Punkt »Problem« auf das Blatt,*
3. *ebenso das wohlgeformte Ziel bzw. die wohlgeformte Lösung.*

4. *Schauen Sie jetzt Ihre Worte für Problem und Lösung an, und finden Sie einen Begriff für das, was beide gemeinsam haben. Welches Gefühl, welcher Zustand, welche Kategorie, welcher Wert etc. vereint in sich Problem und Lösung? Schreiben Sie diesen Begriff unter den entsprechenden Punkt.*

5. *Anschließend fragen Sie sich: Was hat weder mit meinem Problem noch mit seiner Lösung etwas zu tun? Was liegt jenseits davon? Notieren Sie den Begriff, der zusammenfaßt, was Ihnen dazu einfällt.*

Beobachten Sie aufmerksam, was während dieser Übung mit Ihnen geschieht. Welche Antworten finden Sie leicht? Nach welchen müssen Sie lange suchen? Und bei welchen scheint Ihnen überhaupt keine Antwort möglich? Und wenn Sie schließlich doch eine gefunden haben – überrascht Sie das Gefundene?

Wie so oft im Leben profitiert man auch bei dieser Übung am meisten von den Antworten, welche die größte Mühe bereitet haben. Also nicht vorschnell aufgeben, sondern weitersuchen! Gerade dann, wenn Sie glauben, Problem und Lösung hätten nun wirklich keinen gemeinsamen Nenner oder jenseits der beiden Pole gäbe es überhaupt nichts zu entdecken, ist der Überraschungseffekt um so größer, wenn Sie schließlich doch eine Antwort finden. Und danach werden Sie möglicherweise feststellen, daß das, was Sie gefunden haben, Ihre bisherige Sicht auf Problem und Lösung verändert hat.

Die Wirkung dieser Vorgehensweise läßt sich um ein Vielfaches steigern, wenn Sie die Positionen und Ihre kurzen Notizen dazu nicht nur im Geist durchlaufen, sondern sie auch mit einer räumlichen Veränderung verbinden. Legen Sie dazu die mit dem jeweiligen Wort beschrifteten Zettel in Form eines Rhombus auf dem Boden aus. Stellen Sie sich dann nacheinander auf die vier verschiedenen Eckpunkte, und tauchen Sie auf jeder Position in Ihre Gedanken, Gefühle und Assoziationen ein. Erleben Sie, wie sich Ihre Gefühle und Gedanken auf den unterschiedlichen Positionen verändern.

Vielleicht springen Ihnen einzelne Gedanken blitzartig ins Bewußtsein. Oder eine der vier Positionen löst eine Gedankenkette oder ein bestimmtes Gefühl in Ihnen aus. Vielleicht spüren Sie auf den verschiedenen Eckpunkten eine unwillkürliche Reaktion Ihres Körpers, etwa eine Verspannung oder ein Gefühl von Losgelöstheit oder anderes. Gehen Sie mehrmals durch die einzelnen Eckpunkte mit den unterschiedlichen Perspektiven in bezug zu Ihrem Problem hindurch. Achten Sie darauf, ob und wie sich Ihre Wahrnehmung verändert hat, wenn Sie wieder zu einer Position zurückkehren, nachdem Sie bereits die anderen Blickwinkel mit ihren Gefühlen und Gedanken kennengelernt haben.

## Und noch eine Ebene weiter ...

Die Grundform, wie Sie ein Problem aus unterschiedlichen Blickwinkeln betrachten können, haben Sie nun kennengelernt. Ein noch tieferes Verständnis der Vielschichtigkeit einer Situation erhält man, wenn man noch zwei Fragen hinzunimmt. Die Möglichkeiten, eine noch ganzheitlichere Sichtweise zu gewinnen, vermehren sich dadurch nochmals um ein Vielfaches.

Die beiden Fragen »Wofür ist X gut?« bzw. »Was wird durch X verhindert (unmöglich)?« haben Sie schon weiter vorn kennengelernt. Hier nun werden sie in Bezug zum Problem bzw. zur Lösung gestellt. Gerade bei negativ empfundenen Elementen wie einem Problem fragen wir uns selten, wenn überhaupt, wozu es gut ist. Und was die Lösung, die wir anstreben, in unserem Leben verhindert oder unmöglich macht, liegt ebenfalls meistens außerhalb unserer Wahrnehmung. Die Lösung scheint nur positiv besetzt zu sein.

Doch jede Veränderung, auch wenn sie zunächst als Lösung des Problems empfunden wird, kann irgendwelche negativen Auswirkungen haben, die es zu berücksichtigen gilt. Jede persönliche Veränderung wirkt sich auf unterschiedlichen Ebenen aus. Familie, Freunde, Selbstbild, Beruf, Gesundheit oder was auch immer werden von der Veränderung beeinflußt, und nicht immer sind unsere Familie, Freunde oder Kollegen etc. davon begeistert.

Eine Frau, die nach längerer Familienpause wieder mehr Selbständigkeit will und ins Berufsleben zurückkehren möchte, stößt bei ihrem Mann und den Kindern möglicherweise auf Widerstand, weil sie fürchten, dann zu kurz zu kommen. Ihrem persönlichen Ziel, einen Job zu suchen, stehen die Wünsche der Familie entgegen. Oder jemand möchte beruflich aufsteigen, aber ein (vernünftiger) Teil in ihm boykottiert dieses Ziel, weil es die möglichen Auswirkungen dieses Ziels sehr wohl berücksichtigt, die man bewußt gar nicht bedacht hat. In solchen Fällen glauben wir, ein Ziel oder eine Lösung zwar angestrebt, es aber aus irgendwelchen Gründen einfach nicht geschafft zu haben, es zu erreichen. Später stellt sich dann oft heraus, daß das sogar gut war, weil die negativen Aspekte des Ziels oder einer erwünschten Lösung, unangenehmer gewesen wären als der bisherige Zustand.

Nur wenn man die Folgen einer Veränderung für sich selbst und für wichtige Menschen seines Umfeldes wirklich bejahen oder zumindest in Kauf nehmen kann, besteht die Chance einer erfolgreichen Verwirklichung. Um also sowohl das Positive als auch die Nachteile eines Problems, einer Lösung oder eines anderen Standpunktes zu erkennen, erweisen sich die beiden Fragen »Wofür ist es gut?« bzw. »Was wird dadurch verhindert (unmöglich)?« als äußerst nützlich.

Bevor Sie Ihr Blatt Papier aus der letzten Übung (Neue Standpunkte) mit diesen zwei Fragen vervollständigen, ein Beispiel:

Der Mann war zu einer Einzelberatung gekommen, weil er unter seiner unberechenbaren Wut litt und in Zukunft gelassener reagieren wollte. Auf die Frage »Was haben dein Problem Wut und dein Ziel Gelassenheit gemeinsam?« antwortete er, daß beides Gefühle seien, die zu seiner Person gehörten. Und seine Antwort darauf, was jenseits von Wut und Gelassenheit liege, lautete: mein Leben. Die Grundfigur sah hier also so aus:

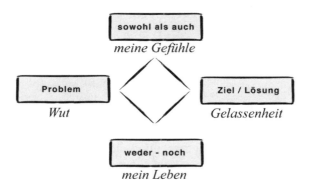

Im nächsten Schritt erweitern wir die Grundfigur folgendermaßen:

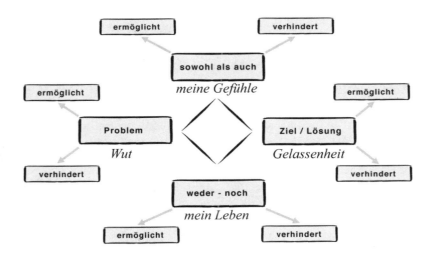

Jeder der vier bisher gefundenen Aspekte wurde nun dahin gehend untersucht, was er jeweils ermöglichte oder verhinderte.

Auf die Frage, was seine Wut verhindere bzw. unmöglich mache, antwortete er wie aus der Pistole geschossen: Harmonie. Wofür seine Wut allerdings gut sei und was sie ihm ermögliche, fiel ihm lange nicht ein. Doch dann erkannte er: »Sie ist ein Schutz.

Wenn ich wütend werde, bin ich total abgegrenzt gegen die Forderungen anderer Menschen. Und außerdem bin ich dann nicht so verletzbar.« Damit hatte das Problem Wut plötzlich einen positiven Aspekt gewonnen: den Schutz, den sie vor Übergriffen und Verletzlichkeit gewährt.

Auch auf die Frage, was sein Ziel Gelassenheit ihm ermögliche, fiel ihm sofort eine Antwort ein: Frieden. Frieden mit sich und seinen Mitmenschen. Was Gelassenheit allerdings verhindere, lag zunächst wieder außerhalb seines Vorstellungsvermögens. Schließlich hellte sich sein Gesicht auf, und er erwiderte: »Kampfgeist. Wenn ich gelassen bin, dann regt mich Ungerechtigkeit nicht mehr auf, und ich nehme sie einfach so hin. Eigentlich will ich das gar nicht«, fügte er nachdenklich hinzu.

Am nächsten Punkt, »meine Gefühle«, fielen ihm beide Antworten leicht. Seine Gefühle ermöglichten ihm einerseits ein »intensives Erleben«, andererseits verhinderten sie »distanzierte Sachlichkeit«.

Den vierten Standpunkt, weder Wut noch Gelassenheit, sondern jenseits davon, den er »mein Leben« genannt hatte, erlebte er als vollkommen losgelöst von Wut oder Gelassenheit. Die Frage, was ihm dieser Blickwinkel auf Problem und Ziel ermögliche, beantwortete er dahin gehend, daß das Leben beide Gefühle beinhalte. »Von hier aus betrachtet, sind es einfach zwei Möglichkeiten, auf etwas zu reagieren. Mal ist Wut angesagt, und ein anderes Mal ist Gelassenheit die bessere Wahl.« Er schüttelte verwundert den Kopf und fügte hinzu: »Da hätte ich auch schon vorher drauf kommen können.« Auch was diese Art, das Ganze zu betrachten, verhindere bzw. unmöglich mache, fiel ihm spontan ein: »Langweilige Einseitigkeit.« Das sagte er und grinste dabei.

Vollständig ausgefüllt, sah das Blatt Papier jetzt so aus:

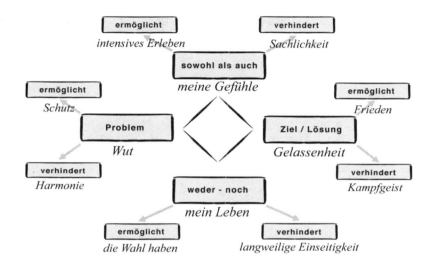

Die meisten Menschen sehen, nachdem sie alle Facetten kennengelernt haben, sowohl das Problem als auch das Ziel mit völlig neuen Augen. Ihre einseitige Beurteilung von Problem und Ziel hat sich um ein Vielfaches erweitert. Das Problem der unberechenbaren Wutanfälle aus unserem Beispiel ist vielleicht noch nicht aus der Welt, aber die neue Sichtweise ermöglicht einen neuen Zugang und eine andere Bewertung.

In vielen Fällen tritt dann genau das ein, was wir weiter vorn als Problemauflösung bezeichnet haben. Typische Anzeichen dafür sind der Gewinn zusätzlicher Perspektiven, die bisher unbeachtet blieben, und eine deutlich gesteigerte Flexibilität und Souveränität im Umgang mit dem ursprünglichen Problem. Häufig ist zu beobachten, daß es danach gar nicht mehr als Problem empfunden wird, sondern als eine Möglichkeit des Selbstausdrucks, als Chance, als Herausforderung und manchmal sogar als eine Ressource.

Beginnt man aber erst einmal Probleme so zu erleben stellt sich fast automatisch ein sehr viel freundlicherer und gelassenerer Umgang mit den eigenen und fremden Problemen ein. Wie sollte man auch anders reagieren, wenn jedes Problem für etwas gut ist und jedes Ziel, das man erreicht, etwas verhindert.

## Zusammenfassung

1. *Problem auswählen*
2. *Das dazugehörige (wohlgeformte) Ziel bestimmen*
3. *Was haben Problem und Ziel gemeinsam? (sowohl – als auch)*
4. *Was ist jenseits von Problem und Ziel? (weder – noch)*
5. *Herausfinden, was die vier Aspekte (Problem, Ziel/Lösung, Sowohl-als-auch, Weder-noch) jeweils ermöglichen und verhindern*
6. *Erneut dem ursprünglichen Problem und dem Ziel zuwenden und aus jetziger Sicht betrachten*
7. *Eventuell Ziel neu bestimmen und die Grundfigur wiederholen*

## Einige praktische Hinweise

- Die verändernde Kraft dieser Methode entfaltet sich am wirkungsvollsten, wenn die einzelnen Stationen sowohl auf der kognitiven als auch auf gefühlsmäßigen Ebene erlebt werden. Weder eine rein intellektuelle Erkenntnis noch ein ausschließlich emotionales Erleben offenbart die ganze Fülle.
- Verwenden Sie zu Hauptwörtern geformte Begriffe oder wenige Worte, um Ihre Gedanken und Gefühle zu den einzelnen Punkten auf dem Blatt zu notieren. Das kommt der Übersichtlichkeit zugute und erleichtert die Antworten.
- Besonders bei der Frage, was etwas verhindert, müssen Sie darauf achten, daß die Antwort wirklich positiv ist. Wenn Ihnen als Antwort auf die Frage, was z.B. Partnerschaft verhindert, »Einsamkeit« einfällt, stecken Sie noch im alten Schwarzweiß-

Schema fest. Daß das Ziel Partnerschaft auch einen Preis hat und etwas kostet, kommt erst dann zum Vorschein, wenn etwas gefunden ist, das wirklich wichtig und von positiver Bedeutung für Sie ist. Beispielsweise könnte das Ziel, in einer Partnerschaft zu leben, den positiv besetzten Wert »Unabhängigkeit« verhindern.

- Mit der Grundfigur und der erweiterten Fragenebene halten Sie ein wirkungsvolles Werkzeug in Händen, mit dem Sie mehr Flexibilität, Souveränität und eine ganzheitlichere Weltsicht erlangen können. Sobald man diese Art vielschichtigen Denkens einmal eingeübt hat und mit ihr vertraut geworden ist, muß man nicht mehr bei jeder Kleinigkeit den ganzen »Klapperatismus« bewußt durchgehen. Oft reicht es schon, daran zu denken, wie viele verschiedene Aspekte eine Sache tatsächlich hat, daß sie unweigerlich einiges (Positive!) verhindert und gleichzeitig vieles ermöglicht, um ein Problem, eine Sache, ein Gefühl oder was auch immer gelassener und souveräner zu erleben.

- Allerdings fallen wir gerade in Streßsituationen gerne wieder in unsere eingespielten und bewährten Denkmuster zurück: »Stimmt's oder stimmt's nicht?«, »Jetzt will ich aber den wirklichen Grund wissen!« oder »Ich bin ja nur so, weil meine Eltern mich vernachlässigt haben« – solche monokausalen Vereinfachungen gewinnen dann schnell wieder die Oberhand.
Um selbst in heiklen Situationen oder im Zustand großer Erregung oder Empörung eine ganzheitliche Sicht zu bewahren, braucht es Übung. Ist diese neue Art des Denkens aber erst einmal verinnerlicht, werden wir spätestens dann, wenn die akute Streßsituation vorüber ist, wieder dahin zurückfinden und das Ganze noch einmal im Licht seiner Vielschichtigkeit reflektieren.
Doch auch in ruhigen Zeiten ist das Denken in dieser Form ungewohnt, und bis die neue »Weltanschauung« selbstverständlich geworden ist, sind anfänglich »mentale Schwindel-

gefühle« oder der gelegentliche Eindruck, man sei völlig verwirrt, durchaus normal. Schließlich gerät ein Denkgebäude ins Wanken, das bislang als einzig wahr und richtig erschien. – Erinnern Sie sich: Verwirrung ist das Tor zur Erleuchtung. Was soviel bedeutet wie: Das Alte muß zunächst erschüttert und ins Wanken gebracht werden, damit daraus Neues entstehen kann.

### WESEN DES WEISEN

*Wer andere erkennt ist klug.*
*Wer sich selbst erkennt ist weise.*
*Wer andere besiegt ist stark.*
*Wer sich selbst besiegt hat Macht.*

*Der Genügsame ist reich.*
*Der Unbeirrte weiß den Weg.*
*Der in sich Ruhende hat Dauer.*
*Wer sich vom Tod nicht töten läßt,*
*der lebt.*

# DIE KUNST, KOANS ZU LÖSEN

Im Zen-Buddhismus werden Koans eingesetzt, um den Schüler in eine neue und tiefere Art des Denkens und Erlebens einzuführen. Das Wesentliche eines jeden Koans ist das Paradoxon, also widersprüchliche oder sogar »unsinnige« Aussagen, Fragen oder Antworten, die auf der normalen Verstandesebene nicht zu lösen sind. Sie sollen das logische, begriffliche Verstehen transzendieren und erfahrbar machen, was »jenseits« des Denkens ist.

Ein Koan ist also kein Rätsel im herkömmlichen Sinne, da es nicht mit dem Verstand zu lösen ist. Zu seiner »Lösung« bedarf es eines Sprunges auf eine andere Ebene des Begreifens. Das Ziel der Arbeit mit Koans ist, Erleuchtung zu erlangen.

Das im Westen wohl bekannteste Koan lautet: »Wenn man mit beiden Händen klatscht, hört man einen Ton. Was ist der Ton der einen Hand?« Da sich ein Koan jeder Lösung mit den Mitteln des Verstandes entzieht, macht er dem Zen-Schüler die Grenzen des Denkens deutlich. Seine eigene Lösung des Koans findet nur, wer die Grenzen seines verstandesorientierten Denkens überwindet und in die Welt jenseits aller logischen Widersprüche und dualistischer Denkweisen eintaucht.

Die auf den vorhergehenden Seiten vorgestellte Art eines »neuen Denkens« weist einige Parallelen zu Koans auf. Oft entstehen dabei nämlich paradoxe Aussagen, die man durchaus als persönlichen Koan verstehen kann. Denn indem wir die festgefahrenen Bedeutungen, die wir bestimmten Dingen zu geben pflegen, und die Fixierung auf eindimensionale Lösungen auflösen, stellen sich Erlebniswelten ein, die jenen eines Koans nicht unähnlich sind.

Die beiden diametralen Ausgangspunkte Wut und Gelassenheit aus unserem Beispiel können, nachdem auch die anderen Standpunkte erlebt wurden, zu so paradoxen Gefühlserlebnissen führen, daß sich ein Mensch zugleich wütend *und* gelassen fühlt. Hier sind Formulierungen wie »wütende Gelassenheit« oder »gelassene Wut« keine unvereinbaren Widersprüche mehr, sondern werden zu neuen Gefühlserfahrungen, die im klassischen Entweder-oder-Denken verankerten Menschen absurd und vollkommen fremd erscheinen.

Ähnlich wie ein Zen-Meister seinem Schüler einen Koan gibt, damit er die Begrenztheit des Verstandes erfährt, erlebt man hier das Paradoxe im eigenen Dasein. Und die Lösung solcher persönlicher Koans besteht eben nicht im verstandesmäßigen Verstehen, was »gelassene Wut« oder »wütende Gelassenheit« denn nun sein könnten, sondern in der Entdeckung, daß eine solche Beschreibung

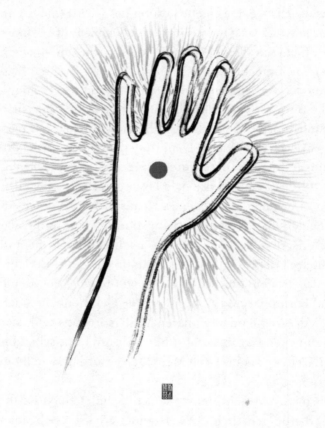

durchaus sinnvoll ist und eine reale Perspektive beschreibt, aus der man das Leben betrachten kann.

Solche persönlichen Koans ergeben sich immer wieder und sind auch beabsichtigt, denn sie erweitern den herkömmlichen Denk- und Erlebnisraum. Sie führen zu einem Überschreiten von Grenzen, zu einem *Mehr* an Erlebnisfähigkeit.

Gewöhnlich versuchen wir ein Problem zu lösen, indem wir es durch ein angestrebtes Ziel ersetzen. Der als problematisch empfundene jetzige Zustand soll durch das vermeintlich Bessere ersetzt werden. Weg von der Wut, hin zur Gelassenheit. Wird die Wut zugunsten der Gelassenheit ausgelöscht, so ist zwar ein vermeintlich besserer Zustand erreicht, die Bandbreite der Erlebnisfähigkeit aber deutlich verringert.

Ganzheitliches Denken weist einen anderen Weg. Dabei wird nichts ersetzt oder sogar ausgelöscht, vielmehr hat in diesem Welterleben alles einen Sinn und eine Daseinsberechtigung. Wut ist eben nicht immer und unter allen Umständen schlecht, genausowenig wie Gelassenheit immer und absolut gut ist.

Ganzheitlich gedacht, bleibt Wut ein eigenständiger und jederzeit frei zu wählender Gefühlszustand, eine Ressource, die in bestimmten Situationen gute Dienste leistet. Wut ist dann nicht einfach nur schlecht, sondern ein Zustand unter vielen, auf den man jederzeit zurückgreifen kann, wenn man es möchte, oder man läßt es bleiben und entscheidet sich für etwas ganz anderes.

Beide Gefühlszustände sind gleichzeitig möglich und wahr. Allerdings nicht im gleichen Kontext und in gleicher Weise, denn dann gäbe es keinen Unterschied mehr zwischen Wut und Gelassenheit, was natürlich Unsinn wäre. Vielmehr verwandelt sich der ursprüngliche Wunsch »bisher wurde ich wütend, in Zukunft will ich gelassen sein« in eine Bewegung zwischen den Polen. Und weil es dann keine eindeutig »guten« oder »schlechten« Positionen mehr gibt, muß nichts mehr krampfhaft ausgelöscht, nichts mehr zwanghaft angestrebt werden.

Wut, die eine Existenzberechtigung hat und sein darf, muß nicht unbedingt ausgelebt werden, und Gelassenheit, die nicht unbedingt sein muß, kann einen größeren Raum einnehmen. Beide Gefühle können, müssen aber nicht unbedingt gelebt oder vermieden werden. Mit dieser Haltung wird es möglich, sich sehr viel freier dem einen oder anderen Gefühl zu überlassen oder sich sogar bewußt für Wut oder Gelassenheit zu entscheiden – je nachdem, was die Situation erfordert*.

Diese Erkenntnis wirkt sehr befreiend. Man läßt einen Gefühlszustand hinter sich, weil jetzt ein anderer angesagt ist. Eben war ich noch wütend, jetzt entscheide ich mich dafür, gelassen zu sein. Wie es im Moment gerade angemessen und stimmig ist oder wo Bedürfnis oder Lust mich hinführen.

Normalerweise werden Widersprüche als belastend erlebt, und man versucht, sie so schnell wie möglich zu beseitigen oder wenigstens abzumildern. Erlebe ich mich beispielsweise einerseits als egoistisch und andererseits als selbstlos, so stellt sich die Frage: Was bin ich denn nun wirklich? Traditionelles Denken unterstellt, daß entweder das eine oder das andere gilt. Eine der beiden Aussagen muß also falsch sein. Im günstigsten Fall erleben wir die Wahrheit als irgendwo in der Mitte liegend. Meistens versuchen wir aber, hinter der widersprüchlichen Aussage wieder eine gemeinsame Basis zu entdecken: »Eigentlich bin ich ja doch ...«

Für jemanden, der ganzheitlich denkt, besteht dazu keine Veranlassung. Der Widerspruch bleibt als Widerspruch bestehen. Es besteht keinerlei Notwendigkeit, das eine zu verleugnen und es auf Kosten des anderen zu ersetzen. Ganz im Gegenteil! Spiegelt sich doch in den Gegensätzen eine Lebenswirklichkeit wider, die bunt, vielfältig und oft genug paradox ist. Die Gegensätzlichkeit des inneren Erlebens – einerseits egoistisch, andererseits selbstlos – wandelt sich vom Zustand der Zerrissenheit in einen Spannungsbogen zwischen den Polen, der nun eher als Bereicherung empfunden wird. Energie, die bis-

---

*Wenn Sie mehr über diese Methode, ihre Hintergründe und weitere Anwendungsbereiche wissen wollen, empfehlen wir Ihnen das Buch: »Die Diamond-Technik in der Praxis« von Klaus Grochowiak & Leo Maier

her dafür gebraucht wurde, das Unerwünschte zu unterdrücken, steht nun für eine größere Erlebnisfähigkeit zur Verfügung.

Unter einem Weltmodell, das nur über zwei große Schubladen verfügt, leidet die Vielfalt des Lebens zwangsläufig. Denn wenn in der einen Schublade das Gute wie Liebe, Glück, Erfolg, Selbstlosigkeit, Frieden etc. liegt und in der anderen das Schlechte wie Haß, Unglück, Mißerfolg, Egoismus und Krieg etc., ist es in der Regel keine Frage, wofür ich mich entscheide – natürlich für das Gute. Die »guten« Gefühle werden gesucht, die »schlechten« vermieden oder in den Untergrund verbannt. In einer solchen zweigeteilten Welt wird das »Gute am Schlechten« und das »Schlechte am Guten« völlig ausgeblendet und verdrängt.

Die ganze Fülle der eigenen Persönlichkeit und des Weltgeschehens erfährt man aber nur, wenn alle Gefühle, alle Dinge und Zustände eine Existenzberechtigung haben dürfen. Mit einem Schwarzweiß-Schema im Kopf bleibt uns die Komplexität verschlossen. Haben wir aber erst einmal erkannt, daß Selbstlosigkeit nicht in allen Situationen, zu jeder Zeit und unter allen Umständen, also absolut, besser als Egoismus ist, erhalten beide Gefühle eine Existenzberechtigung.

Was bislang in eine enge Bewertung von »entweder – oder« eingezwängt war, offenbart sich nun als nur *eine* Möglichkeit der Betrachtung, und darüber hinaus gibt es noch das Erleben des »Sowohl – als auch« und des »Weder – noch«. Nichts ist länger einfach nur schlecht oder einfach nur gut, nichts mehr nur ein Problem oder nur eine Lösung.

Und noch etwas wird Ihnen beim ganzheitlichen Denken immer bewußter werden: Kein Zustand ist von Dauer! Mitten im Erleben von Glück wissen Sie bereits, es wird nicht andauern. Und gerade deshalb sollte ich diesen Moment voll und ganz genießen. Aber auch mitten im Unglück können Sie gewiß sein: Es ist nicht von Dauer. Und daraus können Sie dann neue Hoffnung und Zuversicht schöpfen.

# DER BESTÄNDIGE WANDEL

*In einem Land weit jenseits des Meeres lebte einst ein mächtiger König. In den langen Jahren seiner Regierung verwandelte sich das ehemals arme Land in ein blühendes Reich. In den Straßen der Dörfer und Städte herrschte lebhafte Geschäftigkeit. Zufriedene, gesunde Menschen gingen tagsüber ihrer Arbeit nach und genossen ihr Leben. Die Häuser strahlten Geborgenheit aus, und ihre üppigen Gärten waren voller Früchte und großer Bäume, in deren Schatten die Menschen ruhten und ihre Feste feierten. Und so kam es, daß man den König mehr und mehr als einen großen Herrscher und weisen Führer verehrte. Aber der König selbst wurde immer unzufriedener. Voller Unruhe erledigte er seine Pflichten, und immer öfter schweiften seine Gedanken ab oder verirrte er sich im Labyrinth seiner Gefühle. Er schwankte zwischen zufriedener Geschäftigkeit und verzweifelter Sorge um die Zukunft, ohne daß er hätte sagen können, was diese Gefühle auslöste. All seine Macht konnte nicht verhindern, daß er diesen inneren Turbulenzen hilflos ausgesetzt war. Er fing an, sich vor Krankheit und Einsamkeit zu fürchten, und Gedanken an den Tod ließen ihn nachts nicht mehr schlafen. Und war er an manchen Tagen glücklich und von einer Aufgabe erfüllt, dauerte es nicht lange, und seine Gefühle schlugen wieder ins Negative um. Er hatte einfach keine Kontrolle über sie.*

*Schließlich rief er die weisesten Männer und Frauen seines Landes zusammen. »Hört«, sagte er, »ich suche nach einer Medizin, die mich an die Lebenslust erinnert, wenn ich traurig bin und die Welt ohne Glanz und Musik ist. Und gleichzeitig soll sie bewirken, daß ich mich an Vergänglichkeit und Tod erinnere, wenn das Leben am schönsten ist. Ich will nicht mehr länger Spielball meiner Gefühle sein. Findet den Schlüssel, der mich gelassen und ruhig macht!«*

*Die Weisen berieten sich viele Tage und Nächte, doch sie fanden kein Mittel, keine Arznei, keine Weisheit, die dem Wunsch des Königs gerecht werden konnte. Schließlich schickten sie einen Boten zu einem Einsiedler in die Berge. Wer, wenn nicht er, konnte vielleicht doch noch eine Lösung finden? Einige Tage später kehrte der Bote zurück. Er übergab dem König einen schlichten, einfachen Ring mit einem großen Glasstein in der Mitte. Der Einsiedler ließ dem König ausrichten: »Unter diesem Glasstein liegt die Antwort verborgen; doch widerstehe der Versuchung, sie jetzt schon lesen zu wollen. Du darfst erst dann unter den Stein schauen, wenn alles verloren scheint und du absolut keinen Ausweg mehr weißt. Erst wenn deine Verwirrung vollkommen ist, dein Schmerz und deine Verzweiflung unerträglich sind und du selbst völlig hilflos bist, dann öffne den Ring. Erst dann, und nur dann, wirst du verstehen.«*

*Und so seltsam es jedermann erschien, der König gab sich damit zufrieden und hielt sich trotz seiner Neugierde und obwohl er sich oft verzweifelt fühlte, an die Anweisung des Einsiedlers. Manchmal glaubte er, nun sei der Augenblick gekommen, der die Bedingungen erfülle, doch irgendwie fand er jedesmal doch noch einen Ausweg.*

*Eines Tages nun brach ein schon lange schwelender Streit mit einem mächtigen Nachbarland offen aus. Der Angriff kam so überraschend, daß jede Verteidigung zwecklos schien, und so flüchtete der König mit seiner Familie und seinen Soldaten, ohne daß sie etwas hätten retten können. Von nun an waren sie Verfolgte. Oft gerieten sie in aussichtslose Situationen, und oft, sehr oft, glaubte der König, unter den Stein an seinem Finger schauen zu müssen. Aber dann ließ er es doch bleiben.*

*Die Strapazen der Flucht zwangen ihn schließlich sogar, seine Familie zurückzulassen. Hunger und Krankheit wurden zu ständigen Begleitern und rafften die meisten Soldaten dahin. Die Lage wurde immer aussichtsloser. Am Ende flüchteten die letzten Männer mit dem König in die Berge. Sie schleppten sich nur noch mühsam vorwärts, als sie plötzlich das Triumphgeheul ih-*

rer Feinde direkt hinter sich hörten. Mit letzter Kraft kletterte
der König über einen Steilhang und zwängte sich in eine enge
Schlucht. Fast glaubte er, den heißen Atem der Angreifer im
Nacken zu spüren. Seine Angst wurde unerträglich. Und dann
stand er plötzlich am Rande eines tiefen Abgrundes. Vor ihm
bodenlose Tiefe, rechts und links steile Felswände und hinter ihm
der Feind. Jetzt war der Augenblick gekommen. Dies war das
Ende; er hatte absolut keine Wahl mehr. Verzweifelt klappte er
den Ring auf und las: **Auch das geht vorüber!**
Kaum hatte er die Botschaft gelesen, wurde er plötzlich ganz
ruhig. Aufmerksam sah er sich um und entdeckte einen schmalen
Spalt im Fels. Einen Augenblick später hatte er sich hineinge-
zwängt. Keinen Moment zu früh, denn schon stoben seine Ver-
folger heran. Angesichts der steilen Wände und der tiefen
Schlucht vor ihnen entschieden sie, daß der König wohl in den
Abgrund gesprungen sein mußte und endgültig besiegt war. Unter
wildem Freudengeschrei galoppierten sie davon.
Der König aber machte sich auf den Weg, sein zersprengtes Heer
und seine zerstreuten Anhänger wieder um sich zu sammeln. Und
das Glück war auf seiner Seite. In einem nächtlichen Überra-
schungsangriff eroberte er sein Land zurück und zog unter dem
Jubel seines Volkes wieder in den Palast ein.
Ausgelassen feierten die Leute seine Rückkehr. Durch die Straßen zogen tanzende, fahnenschwingende Menschen. Sie sangen
Loblieder auf ihren König und brannten ihm zu Ehren riesige
Feuerwerke ab. Überglücklich beobachtete der König sein feiern-
des Volk. Sein Herz schien vor Glück und Freude fast zu zer-
springen. Da fiel sein Blick auf den Ring.
»Auch das geht vorüber!« dachte er. Und augenblicklich fühlte
er eine tiefe Ruhe in sich aufsteigen.

Das einzig Beständige ist der Wandel. Alles geht vorüber, wandelt sich, wächst über sich hinaus und stirbt, um zu etwas anderem

zu werden. Ein universelles Gesetz und noch immer ein großes Geheimnis, das Gottessucher genauso beschäftigt wie Naturwissenschaftler, Philosophen und Menschen wie Sie und mich.

Ein Baum verliert seine Blätter, und im Laufe der Zeit verwandeln Abermillionen von Mikroorganismus das welke, faulende Laub in kostbaren Humus. Eine Liebe stirbt und wandelt sich, je nachdem, wie wir sie verarbeiten, in Haß, Gleichgültigkeit oder Dankbarkeit. Sterne vergehen und werden zu schwarzen Löchern, die vielleicht irgendwann einen neuen Kosmos gebären. Wasser verdunstet, sammelt sich zu Wolken, fällt als Regen, Hagel oder Schneeflocke wieder zur Erde, versickert im Boden, sammelt sich in Bächen, Flüssen und Meeren, verdunstet und steigt zum Himmel auf – ein endloser Reigen.

Die eingangs erzählte Geschichte ist leicht zu verstehen. Kinderleicht. Schließlich leiden oder genießen wir täglich die Auswirkungen ihrer zentralen Botschaft. Und gleichzeitig kann sie zu einem wirksamen Werkzeug werden, wenn sie zu einem selbstverständlichen Teil der gelebten Wirklichkeit wird.

»Auch das geht vorüber!« – Wer diese Worte einmal verstanden hat und danach lebt, hält den Schlüssel zu diesem Universum in Händen: Er wird bewußt Teil eines ewigen Prozesses sich wandelnder, einander durchdringender, aufeinander reagierender Elemente in einem kosmischen Kaleidoskop voller Möglichkeiten. Das Leben ist so unendlich vielfältig und bunt, weil es sich ständig wandelt und entwickelt. Nichts steht still, alles geht jetzt gerade vorüber. Und ist im nächsten Moment immer noch da. Nur anders.

Der König in der Geschichte erkennt, daß er zwar Macht hat, die ihn zum Herrscher über sein Volk macht, aber wirkliche Macht – nämlich die über sich selbst – hat er nicht. Seine Gefühle und Gedanken machen, was sie wollen. Er ist ein Opfer seiner unberechenbaren Gefühle: Wenn er unglücklich ist, dann ist er unglücklich. Er kann nichts machen. Wenn es ihn überrollt, dann erfaßt es ihn einfach voll und ganz, und kein Soldat kann ihn verteidigen. Und weil er ein kluger Mann ist, sucht er nach einer Medizin, einer alchemistischen Formel, einem Weg, die ihm die Macht über sich selbst verleihen, ihn zum Herren seiner Gefühle machen. Mit ihnen will er sein Glück in Unglück verwandeln können, und seine Trauer in Glück. Er will die einzige Herrschaft antreten, die sich wirklich lohnt: Er will über sich selbst herrschen.

Wenn Sie das nächstemal von Wut, Haß, Unglück, Selbstmitleid, Leidenschaft, Seligkeit oder welcher Stimmung auch immer überrollt werden, erinnern Sie sich: *Auch das geht vorüber.* Erhalten Sie die Erinnerung aufrecht: Glück kommt, und Sie wissen: Auch das geht vorüber. Sie sind traurig, zornig enttäuscht, überglücklich oder leidenschaftlich verliebt, und Sie wissen: Auch das geht vorüber. Und allmählich geschieht etwas Seltsames. Sie beginnen, Distanz zu Ihren Stimmungen zu gewinnen, und identifizieren sich nicht länger damit.

Gedanken, Gefühle, Launen kommen und gehen. Wenn Sie wollen, können Sie noch immer tief in sie eintauchen. Sie können leidenschaftlich genießen, wie ein Hund leiden, wie ein Elefant im Porzellanladen wüten, von tiefster Trauer niedergedrückt werden oder sich ganz im Gleichgewicht fühlen – tief in sich hören Sie eine leise Stimme sagen: Auch das geht vorüber.

### ➡ DER KOSMISCHE LABORVERSUCH – »LEBEN«

*Sie haben sicher schon häufig bemerkt, daß es einen Zustand gibt, in dem Ihre ganze bewußte Aufmerksamkeit im Außen ist, Sie sich selbst fast nicht mehr wahrnehmen, und einen anderen Zustand, in dem Ihre Aufmerksamkeit ganz nach innen gewandt ist, so daß alles um Sie herum belanglos wird. Alle äußeren Geräusche und alles, was Sie tagsüber erlebt haben, all die vielen Informationen und Erfahrungen werden unwichtig im Nach-innen-Gehen ...*

*...*

*Und in diesem Zustand kann der Punkt Ihrer Aufmerksamkeit tief in die Mitte des Körpers sinken, so daß alle äußeren Bilder blasser und blasser werden und der innere Dialog leiser und stiller wird, so leise und still, bis er nahezu ganz verstummt. Und was bleibt, sind vielleicht bestimmte Gefühle, vielleicht Gedanken, vielleicht auch etwas ganz anderes, und auch das kann nun ebenfalls mehr und mehr in den Hintergrund des Bewußtseins treten, so daß Sie ganz wach, ganz bewußt in sich selbst eintauchen. Und wenn Sie wollen, können Sie Ihr Unbewußtes bitten, all die Erfahrungen, alle Gefühle, Überlegungen und Gedanken, die Sie beim Lesen dieses Buches haben, auf eine für Sie wirklich nützliche Weise Ihrem bestehenden Wissen hinzuzufügen und in Ihren Erfahrungsschatz zu integrieren ...*

...

*Und Ihr Unbewußtes besitzt die Weisheit, das auf eine für Sie wirklich ökologische, sinnvolle Art und Weise zu tun. Und das Schöne dabei ist: Bbei dieser Art von Weisheit gibt es nichts zu tun, nichts Richtiges und nichts Falsches. Sie können ganz entspannt darauf vertrauen, daß dieser Prozeß ganz von allein geschieht, in Ihrem eigenen Tempo und in der Tiefe, die Ihnen gut und sinnvoll erscheint. Ganz entspannt der inneren Weisheit vertrauen und beobachten und geschehen lassen ...*

...

*Und für jeden von uns bedeutet Integration etwas anderes, und Sie können beginnen, herauszufinden, was es für Sie bedeutet, indem Sie ganz einfach wahrnehmen und spüren und erleben, was in Ihnen geschehen kann, wenn Sie nicht eingreifen, den bewußten Willen loslassen und geschehen lassen, was geschieht ...*

...

*Und vielleicht beobachten Sie sich selbst dabei, wie ein Teil von Ihnen manchmal eingreifen möchte, um seine Ziele durchzusetzen oder etwas zu verhindern, und immer, wenn Sie das beobachten, können Sie damit aufhören oder es verstärken, sich gelassen zurücklehnen oder noch etwas ganz anderes machen, denn die Lebendigkeit Ihres inneren Verstehens ist soviel komplizierter und komplexer als all das Wissen und die Theorien darüber. Und ganz gleich wieviel Sie über sich zu wissen glauben, tief in* uns gibt es Geheimnisse, von deren Existenz wir nicht mal etwas ahnen ...

...

Und in der Tiefe des inneren Selbst – an der Grenze zwischen Wachsein und Träumen – erleben Sie, wie wunderbar es ist, dieses Universum auf eine Art und Weise zu erforschen, die weder dem Verstand noch dem Gefühl, für sich genommen, zugänglich sind. Und weil intuitives Verstehen und verstehende Intuition keine Widersprüche sind, gibt es immer noch ein Mehr von Neuem zu lernen. Und ganz gleich, wieviel Sie schon wissen: Verglichen mit dem, was es noch zu wissen gibt, haben Sie vielleicht gerade erst begonnen, sich selbst und die Welt zu entdecken ...

...

Und Sie können sich jetzt selbst fragen: Bin ich wach oder nicht? Bin ich in Trance oder nicht? Und woran merken Sie, ob Sie in Trance sind oder nicht? Was ist Ihr Maßstab, an dem Sie die Tiefe eines Zustandes bemerken können? Und wenn Sie sich vorstellen, daß es eine Trancetiefe gibt, die Sie noch nie erreicht haben, woran würden Sie merken, daß Sie jetzt gerade in diesem Zustand sind? Und vielleicht glauben Sie, daß Sie etwas tun müssen, damit Sie in diesen Zustand kommen, aber es könnte genausogut sein, daß die Kunst gerade darin besteht, nichts zu tun, denn im Nichttun wird das Wesentliche getan ...

...

Und es gibt wirklich nichts zu tun, weil alles bereits ganz selbstverständlich da ist. Ganz gleich, was Sie tun oder nicht tun, in Ihnen pulsiert der Urquell des Lebens. Herzschlag für Herzschlag, Atemzug für Atemzug, sind Sie im Zentrum des Seins. In jeder einzelnen Zelle Ihres Körpers, in der Luft, die Sie atmen, in der Erde, auf der Sie gehen und zur Ruhe kommen, in ALLEM offenbart sich der kosmische Tanz, nichts ist getrennt ...

...

Und so werden Sie zum Wahrnehmenden der schöpferischen Lebensenergien. Das Universum wird sich durch uns seiner selbst

*bewußt. Mit Ihren Augen, mit Ihren Ohren, mit Ihren Gefüh-*
*len hat sich das Leben eine Möglichkeit geschaffen, auf eine be-*
*stimmte Art und Weise zum Beobachter seiner selbst zu werden,*
*seiner Natur, seines Entwicklungsstandes und der vielfältigen*
*Möglichkeiten. Der Urknall hat nie aufgehört, die natürliche*
*Bewegung, wohin auch immer, ist vollkommen offen ...*

...

*Und Sie sind Teil des Expeditionsteams mit dem Auftrag, das*
*Universum als Lebensform zu erforschen, sich weiterzuentwik-*
*keln, zu lernen, kreativ über das Bestehende hinauszuwachsen*
*im Denken und Handeln. Ihr Körper, Ihr Geist, Ihre Seele, Ihre*
*Gefühle, Ihr Denken, Ihre Kreativität, Ihre Arbeit sind Teil des*
*kosmischen Experiments »Leben« ... Stellt man sich das Uni-*
*versum als großes Labor vor, so könnte man sagen, die aktuelle*
*Versuchsanordnung hat den Auftrag, Geist in Materie zu trans-*
*formieren ... Ihre Existenz zeugt davon ...*

...

*Erinnern Sie sich an die ursprüngliche Lebensquelle und tau-*
*chen Sie ein. Sie sind und waren nie wirklich getrennt davon,*
*denn wären Sie das jemals gewesen, gäbe es Sie überhaupt nicht.*
*Die Urquelle des Seins strömt aus Ihnen und mündet in Ihnen.*
*Es geschieht einfach, ganz natürlich und selbstverständlich, ganz*
*im Moment – jetzt ... ... ...*

...

*Erinnern Sie sich: Alle Worte können nur Wegweiser sein, und*
*wohin der Wegweiser zeigt, ist nur eine mögliche Richtung in*
*den unendlichen Weiten des Universums. Letztlich führen alle*
*Wege zurück ins eigene Selbst. Und wenn Sie es hier nicht ent-*
*decken sollten, dann ist es nirgendwo zu finden.*

...

# KAPITEL 4
# ERLEUCHTUNG

## EINHEIT MIT DEM EINEN

*Namenlos ist das Absolute und Ewige.*
*Obgleich unendlich klein und einfach,*
*kann die Welt es doch nicht meistern.*

*Treten die Dinge in Erscheinung,*
*werden sie durch Namen geschieden, und die All-Einheit verblaßt.*

*Doch wer innehält*
*und sich mit dem Einen eins weiß,*
*der findet zurück —*
*wie Tropfen und Bäche, die sich im Meer auflösen.*

LAO TSE

## ERLEUCHTUNG – WAS SOLL DAS SEIN?

*Einst stritten zwei Schüler um den wahren Weg zur Erleuch-*
*tung. »Du mußt dich dem geistigen Leben voll und ganz hinge-*
*ben. Nur wenn du allen weltlichen Dingen entsagst und dein*
*Leben Gebet und geistiger Versenkung widmest, kannst du den*
*Weg zur Erleuchtung finden«, sagte der eine. »Ohne Anstren-*
*gung und Opfer wirst du vergebens suchen.«*
*»Nein«, erwiderte der andere Schüler, »das hast du ganz falsch*
*verstanden. Der Weg zur Erleuchtung ist mühelos und leicht.*

*Anstrengen kann sich nur dein Ego. Wenn du Erleuchtung finden willst, mußt du dich einfach nur deiner wahren Natur erinnern. Nur wenn du das Leben feierst wie ein Kind, wirst du Erleuchtung finden.«*

*Wann immer die beiden zusammentrafen, entbrannte der Streit aufs neue. Schließlich gingen sie zu ihrem Meister, damit er entscheiden möge. Der Meister lauschte interessiert den Ausführungen über den mühevollen Weg voller Anstrengungen des einen Schülers. Nachdem dieser seine Ansicht dargelegt hatte, fragte er: »Nun, Meister, sagt, ist dies der wahre Weg?«*

*Der Meister nickte und entgegnete: »Ja, du hast recht, mein Sohn.«*

*Der andere Schüler konnte seine Empörung nicht länger zügeln. Mit vor Aufregung zitternder Stimme begann er seinen Standpunkt zu verteidigen. Der Meister hörte wieder aufmerksam zu, während der Schüler den mühelosen Weg in schönen Worten darstellte. »Sagt, Meister, ist nicht das der wahre Weg?« fragte er, nachdem er zu Ende geredet hatte.*

*»Ja, du hast recht, mein Sohn«, nickte der Meister.*

*Ein dritter Schüler, der zugehört hatte, sragte erstaunt: »Aber Meister, sie können doch nicht beide gleichzeitig recht haben!«*

*»Da hast du recht, mein Sohn«, erwiderte der Meister und lächelte.*

In diesem Kapitel über das Phänomen »Erleuchtung« haben wir\* uns im wesentlichen von den Erkenntnissen des Zen-Buddhismus inspirieren lassen und zeitgemäße Betrachtungsweisen und praktische Übungen abgeleitet (wörtlich übersetzt heißt Zen soviel wie »die Sammlung des Geistes«). Diese Übungen sind zum Großteil bereits in die vorangegangenen Kapitel eingeflossen. In diesem Kapitel werden Sie sie auch im Zusammenhang mit Erleuchtungserfahrungen verstehen lernen.

---

\*die Autoren

Seit Jahrtausenden ist die Suche nach Erleuchtung ein wesentliches Element östlicher Religionen. Sie wird als wichtig erachtet, weil sie von allen Illusionen und Täuschungen befreit, denen wir Menschen im Alltagsbewußtsein erliegen. Zur Erleuchtung gelangen wir, indem wir Selbsttäuschungen und dualistisches Denken sowie alle belastenden Emotionen, die damit einhergehen, ablegen. Hülle für Hülle streift der Erleuchtungsuchende die Fesseln eines egozentrischen Welterlebens ab, um schließlich in sein wahres Wesen und die Natur aller Dinge einzutauchen.

Wie man diesen Zustand erlangt und welche Wege dazu geeignet sind, damit hat sich vor allem der Buddhismus beschäftigt. Seit der Geburt Buddhas vor etwa 2500 Jahren hat er eine lange und vielfältige Entwicklungsgeschichte hinter sich. Die unterschiedlichsten geistigen, religiösen und kulturellen Traditionen Asiens haben ihn im Laufe seiner Geschichte geprägt und immer wieder verändert.

Natürlich blieb es da nicht aus, daß sich Schwerpunkte innerhalb der verschiedenen Richtungen herauskristallisierten und Interpretationen voneinander abwichen. Für die Anhänger des einen Weges sind jahrzehntelange Übungen, Studien der alten Schriften sowie Anleitungen und Überprüfung der Fortschritte des Schülers durch einen Meister unabdingbar, um in einem allmählichen Prozeß in den Zustand der Erleuchtung zu gelangen. Andere vertreten die Auffassung, daß Erleuchtung ganz plötzlich geschehe und weniger der Intellekt als vielmehr die intuitive Einsicht gefördert werden sollte.

Im Zen (sprich: ßen) hat der Buddhismus eine ganz eigene Ausprägung erhalten. Schnörkellos, pragmatisch und auf alle religiösen Riten, Tempel und himmlisches Beiwerk verzichtend, will er die Buddha-Natur in jedem Menschen auf direktem Weg wecken. Jeglicher religiöser Glaube und Verehrung, sei es von Menschen, Göttern, Naturgeistern oder Orten, sind ihm fremd und gelten nur als hilfreiche Zwischenstationen auf dem Weg zur Erlösung. Durch Meditation und Überwindung des dualistischen Denkens sucht er den ursprünglichen Wesenskern in allen Erscheinungen dieser Welt.

Niemand wird erleuchtet, indem er etwas versteht. Erleuchtung ist Erfahrung, ein Eintauchen in die Natur unseres ursprünglichen Wesens. Doch bei allen unterschiedlichen Auffassungen, wie Erleuchtung zu finden sei, im Kern sind sich alle großen Schulen und Meister einig.

## ALLE DINGE SIND NICHT-SEIN:
### OHNE UNTERSCHIED VON LEERE ERFÜLLT

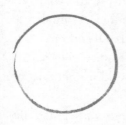 In Ermangelung eines geeigneteren Ausdrucks wurden das Sanskrit-Wort Bodhi (Erwachen) und das japanische Wort Satori (Erkenntnis) mit »Erleuchtung« übersetzt. Das ist insofern irreführend, als Erleuchtungserfahrungen nichts mit optischen Lichterscheinungen zu tun haben. Vielmehr erfährt ein Mensch dabei in einem Nu die Leere, die er selbst ebenso wie das gesamte Weltall ist. Und dieser Moment der Leere ermöglicht es dem Erleuchteten, das ursprüngliche Wesen aller Dinge zu erleben.

Bei dieser Leere handelt es sich aber nicht um das Nichts, sondern um das Unwahrnehmbare, Unbegreifliche, Unfaßbare jenseits von Sein und Nicht-Sein. Diese Leere ist nichts, was ein Mensch im herkömmlichen Sinne erfahren kann, da der wahrnehmende Mensch selbst sich in dieser Leere auflöst. Diese Erfahrung beschreiben die für den Verstand so kryptischen Worte: Wahrnehmen ohne Wahrnehmenden.

Das Wort »Erleuchtung« verführt dazu, Lichterscheinungen, wie sie in der Meditation oder in veränderten Bewußtseinszuständen auftauchen, fälschlicherweise als Erleuchtungserfahrungen mißzuverstehen. Doch auch Licht ist schon wieder etwas, ein Ding, jenseits der Leere. Der chinesische Weise Lao Tse beschreibt dieses Mißverständnis in seiner berühmten Verssammlung Tao Te King folgendermaßen:

*Tao, das du aussprechen kannst, ist nicht Tao.*
*Ein Name, den du nennen kannst, ist nicht der wahre Name.*
*Namenlos ist der Ursprung von Himmel und Erde.*

Die Erfahrung von unbegreiflicher, unaussprechlicher Leere als Urgrund allen Seins umschreibt das Wort Bodhi, Erwachen, sehr viel präziser und unmißverständlicher. Jenseits aller Dinglichkeit erwacht man in einer Dimension, in der Leere und Fülle, Absolutes und Relatives vollkommen eins sind. Das Erleben der wahren Wirklichkeit ist die Erfahrung von Einssein mit allem. »Form ist nichts als Leere, Leere ist nichts als Form«, heißt es in einem der bedeutendsten Sutras des Buddhismus. Sein und Nicht-Sein, Form und Leere sind nicht zwei Welten, die durch irgendeine Grenze geschieden sind, sondern eine Einheit bzw. Nicht-Zweiheit.

Auch wenn Erleuchtung ihrem Wesen nach stets gleich ist, so zeigen sich in der Tiefe der Erfahrung doch große Unterschiede. Vergleicht man Erleuchtung mit einem Durchbruch durch eine Wand, so reicht die Spannbreite der Erfahrungen von einem winzigen, kurzen Durchblick bis hin zum völligen Zusammenbruch dieser Wand. Und je nachdem, wie breit der Durchbruch ist, den wir in der Mauer schaffen, sind die Unterschiede an Klarheit und Tiefe der Erfahrung enorm, auch wenn jenseits der Mauer die gleiche »Welt« erfahren wird.

Dieser Vergleich ist allerdings insofern irreführend, als er die »Welt« jenseits der Mauer wie ein Objekt erscheinen läßt, das man selbst als Subjekt wahrnimmt. Genau das ist aber nicht der Fall. Im Erwachen in diese andere Dimension verschwindet das subjektive Ego, es stirbt in sein umfassenderes Sein hinein. Als Folge dieses »Sterbens«, des »Großen Todes«, gewinnt man Einsicht in das »Große Leben« jenseits von Unterscheidungen und Trennungen.

Soweit die klassische Definition von Erleuchtung. Wozu aber soll es gut sein, sich jahrzehntelang harter Selbstdisziplin zu unterziehen oder mit einem gewagten Sprung alles Vertraute und Bekannte hinter sich zu lassen, um sich in die Leere zu stürzen? (Und was wird dadurch verhindert? wird sich der im ganzheitlichen Denken Geübte sofort fragen …)

## Traum und Realität

 Weitaus die meisten Menschen suchen Erleuchtung, weil sie der weitverbreiteten Vorstellung anhängen, daß sie uns von Leid, Kampf und Schmerz befreit, daß sie uns Zugang zu einem Land gewährt, in dem immerwährende Liebe, Glückseligkeit und ewiger Friede herrschen. Erleuchtung verkörpert für sie den Traum einer idealisierten und vollkommenen Welt reiner Schönheit und Freude, in der die Menschen als lächelnde Buddhas wunschlos glücklich sind.

In dieser oder sehr ähnlicher Form ist dies etwas, das sich fast alle Menschen, gleich welcher Religion sie anhängen, insgeheim erträumen. Es ist der kollektive Wunsch nach Erlösung und Befreiung von irdischen Fesseln und Beschränkungen. Das ist aber eine völlig verdrehte Vorstellung von Erleuchtung, da sie noch immer im dualistischen Denken verhaftet ist. Liebe, Glückseligkeit und Friede anstatt Schmerz, Leid und Kampf – das klassische Schwarzweiß-Denken.

Erleuchtungserfahrungen gehen darüber hinaus. Weder dem Leid verhaftet noch in der Glückseligkeit schwelgend führt uns der Weg zur Erleuchtung eher in die Erfahrung, daß die Realität sowohl Leid als auch Glückseligkeit ist. Und der Erwachte verschließt davor nicht die Augen. Erleuchtungserfahrungen ändern nicht die Zustände dieser Welt. Die Welt ist, was sie ist! Kein paradiesischer Ort und keine immerwährende Hölle, sondern vielmehr ein ständiges Wechselspiel zwischen beiden.

Aus den Berichten vieler großer Meister geht hervor, daß Erleuchtung bzw. das Erwachen in die Realität keineswegs die himmlische Erlösung ist, die wir uns erhoffen. Aus der erleuchteten Sicht sieht man alles so, wie es ist. Und da man sich gegen die Wirklichkeit nicht sperrt, sieht man Schmerz und Leid dieser Welt ebenso klar wie Glück und Fülle und nimmt sie als das, was sie sind: gegensätzliche Aspekte universeller Energie.

Der Erwachte lebt weiterhin in der weltlichen Realität der Dualitäten und sieht Leid und Glück, Mißgunst und Schmerz. Doch darüber hinaus lebt er in einer Dimension jenseits davon. Und weil er sich jenseits aller Erscheinungen im leeren Urgrund des Seins zu Hause weiß, kann er sie transzendieren, hinter sich lassen. An der Quelle des Lebens lösen sich jegliche Widersprüche auf, kein heilig oder gemein, kein gut oder schlecht, kein ich oder du. Nur unbegreifliche Leere. Und doch entsteht daraus alles, was ist.

Und hier schließt sich der Kreis zwischen den Erkenntnissen mystischer Innenschau und jenen der modernen Wissenschaften. Das Zeitalter, in dem wir an eine nach logisch erklärbaren Gesetzen funktionierende Weltmaschine glauben konnten, neigt sich dem Ende zu. Plötzlich und unverhofft verblüfft uns die moderne Physik mit bizarren Erkenntnissen, die sich dem logischen Verständnis entziehen, jedoch erstaunlich genau mit den Einsichten östlicher Mystiker übereinstimmen.

So weist Materie im atomaren Universum keine festen Bestandteile mehr auf, sondern zeigt sich als ein Gewoge virtueller Energie. Was wir als handfeste, reale Objekte sehen und anfassen, ist »in Wirklichkeit« ein beschwingter Tanz unfaßbarer Energie in einem vollkommen leeren Raum. Das Universum stellt sich als ein dynamisches, unteilbares Ganzes heraus, das seinem Wesen nach immer den Beobachter als Teil des Ganzen mit einschließt. Einen objektiven Beobachter der Wirklichkeit gibt es nicht.

In der Quantenphysik ist die Trennung von Subjekt und Objekt längst aufgehoben. Oder mit anderen Worten gesagt: Das, was wir wahrnehmen, ist nicht *die* wahre Natur, sondern ein Ausschnitt, der von der Fragestellung und der Sichtweise des Beobachters beeinflußt wird. Die Realität ist ein Spiegelbild unseres Bewußtseins und nicht die Wirklichkeit selbst. Und: Wir sind Teil dieser Wirklichkeit und keine objektiven, vom Sein getrennten Beobachter.

Was die Mystiker als »Leere« bezeichnen, nennen die Physiker Quantenvakuum und meinen damit ein reines Energiefeld. Dieses Quantenvakuum gilt als Quelle und Träger aller Materie-Energien des Universums. Es ist eine lebende Leere, welche die Heimat des Bewußtseins ist, das alle Erscheinungen, also auch unseren Körper, hervorbringt und wieder aufnimmt.

Während der Mensch in seinem Körper ist, bleibt sein Bewußtsein Teil des leeren Energiefeldes. Unsere Essenz ist in dieser Leere, zu Hause und ebenso ist die Leere in unserem Körper daheim. Zwischen dem vermeintlichen »Nichts« und faktischen Gegebenheiten wie unserem Körper besteht eine ständige Wechselwirkung. Das Ego ist eine Fiktion, sagen deshalb die östlichen Weisen. In der Welt des unendlich Kleinen löst sich das wahrnehmende Ich in der Leere auf. Letztlich gibt es nur die unbegreifliche Energie des Quantenvakuums.*

Vor diesem Hintergrund erhalten die Aussagen östlicher Lehren einen ganz anderen Stellenwert und zeigen eine neue Dimension des Verstehens. Die Botschaften Buddhas und seiner Nachfolger erweisen sich als eine Weltsicht, die dem atomaren Zeitalter weitaus angemessener ist als unsere traditionellen Religionen und Ansichten.

*Fragte man Buddha nach seinem Wesen, so entwickelte sich der Überlieferung zufolge dieser Dialog:*
*»Bist du ein Gott?«*
*»Nein«, antwortete Buddha.*
*»Ein Engel?«*

---

*Mehr über die Zusammenhänge zwischen Quantenphysik, östlichem Weltverständnis, schamanistischem Wissen, Bewußtseinsforschung, den neuen Erkenntnissen über lebende Systeme und darüber, wie sie sich im Netzwerk Leben verbinden, können Sie in unserem Buch »Der kosmische Wissensspeicher« nachlesen.

*»Nein.«*
*»Ein Heiliger oder Prophet?«*
*»Nein.«*
*»Was bist du dann?«*
*»Ich bin wach.«*
*Und genau das bedeutet das Wort Buddha: der Erwachte.*

# OFFENE WEITE, NICHTS VON »HEILIG«

Zen ist eine herbe Mischung aus heiliger Gottlosigkeit und Ich-loser Philosophie, aus tiefenpsychologischem Verständnis für das Wesen des Menschen, gemalten Weisheiten, aberwitzigem Spiel und tiefer Weisheit.

Würde man einen der alten Weisen fragen, was Zen ist, so würde er antworten: »Zen ist nicht Geist, ist nicht Buddha, es ist an sich gar nichts.« Und um unsere westliche Logik vollends zu verwirren, würde er vielleicht noch hinzufügen: »Es gibt nichts, was Buddha, nichts, was nicht Buddha ist!« Wer ernsthaft fragt, was Zen denn nun sei, bekommt einfach keine gescheite Antwort. Jedenfalls keine, die den Verstand zufriedenstellt. Und genau das ist möglicherweise das Faszinierendste am Zen-Buddhismus.

Die westliche Welt hat sich in den letzten hundert Jahren mit Zen vertraut gemacht, ja sie ist geradezu vernarrt in diese Weltsicht, die ihren Anfang bei der Erleuchtung Buddhas hat. Aber die meisten versuchen immer noch – trotz seiner verstandesverwirrenden Aussagen – Zen unter Vorherrschaft der logisch denkenden linken Gehirnhälfte zu begreifen. Ein zum Scheitern verurteilter Versuch, denn Zen zerschlägt den Intellekt zugunsten unmittelbaren Erlebens. Einer der Gründe, weshalb Meister Schülern, die mit Logik auf einen Koan antworteten, einen Stockhieb versetzten oder auf deren durchaus kluge Fragen scheinbar unsinnige Antworten gaben.

*Schüler: »Was ist Buddha?«*
*Meister: »Ein Scheißstock!«*

Bis zur Einführung des Toilettenpapiers wurden in China Holzspatel verwendet. Die scheinbar ordinäre und herabwürdigende Antwort auf die Frage, was Buddha sei, enthält in Wahrheit einen Kerngedanken des Zen: Alles ist Buddha, selbst ein Scheißstock. Es gibt keinen Unterschied zwischen »rein« und »unrein«, zwischen »heilig« und »unheilig«. Darüber hinaus weist diese Antwort darauf hin, daß man sich davor hüten möge, Buddha (oder irgendwen oder irgend etwas) zu etwas unantastbar Heiligem zu stilisieren, dem man blinde Verehrung entgegenbringt. Dazu paßt folgende Geschichte:

*Als ein Mönch zu einem Abt sagte, er suche nach dem in den Sutras offenbarten Gesetz des Buddha, erhielt er zur Antwort: »Du läßt also auf der Suche nach fremden Schatzkammern den in deinem eigenen Haus verborgenen Schatz gleichmütig herumliegen?«*
*Der erstaunte Mönch fragte zurück: »Was ist das denn für eine Schatzkammer, die sich in meinem Haus befinden soll?«*
*Der Abt antwortete: »Ebendas, was hier und jetzt an mich diese Frage stellt, das ist der Buddha in deiner Schatzkammer!«*
*Der Mönch verstand und war im nächsten Moment erleuchtet.*

Was hier so leicht klingt – finde den Buddha in deiner Schatzkammer, und du bist erleuchtet –, wird in vielen traditionellen Zen-Klöstern in einer harten Lehrzeit vorbereitet. Jahrzehnte konstanter Meditation, teilweise unter strapaziösen Bedingungen, Studieren der Lehren Buddhas und anderer Schriften, die Mühen, einen Koan zu lösen, Askese und die Aufgabe, die eigenen Energien aus allem zurückzuziehen und sich ausschließlich der Kontemplation zu widmen, waren und sind nur einige Anforderungen, denen sich ein nach Erleuchtung suchender Schüler zu unterwerfen hat, damit er allmählich oder plötzlich erleuchtet wird. – Kein Wunder, daß Zen-Klöster unter dem gleichen Versiegen des Nachwuchses an Mönchen leiden wie die christlichen im Westen.

Obwohl Zen auf westliche Menschen eine starke Faszination ausübt und Thema vieler Selbstfindungs- und Managerseminare ist, sind die wenigsten bereit, ihr Leben ausschließlich der Meditation zu widmen und sich dem harten Alltag einer traditionellen Zen-Schulung zu unterziehen. Dazu kommt, daß die meisten modernen Menschen weniger nach der »großen« Erleuchtung streben, sondern eher nach einer entspannten, asiatisch inspirierten Lebenshaltung suchen, um ihr Leben streßfreier zu gestalten und größere innere Freiheit zu erlangen. Ein kurzer Blick durch die »Mauer zwischen den Welten« genügt ihnen. Die Zen-Meister bezeichnen diesen Zustand als »kleine« oder »seichte« Erleuchtung, wie sie für Anfänger typisch ist.

Auf dem Weg zu mehr Gelassenheit und einer tieferen Einsicht in unser wahres Wesen erweisen sich die zeitlosen Erkenntnisse und Weisheiten Buddhas sowie des Taoismus und des Zen als wunderbare Schätze. Doch die Art und Weise, wie sie vermittelt wurden und noch immer werden, entspricht nicht mehr den Gegebenheiten und Bedürfnissen unseres Zeitalters. Wir müssen leichtere und entspanntere Wege finden, wie wir in unserem Inneren wieder das Tor öffnen können, hinter dem wir uns mit dem Ganzen verbunden fühlen; wo wir unserem ursprünglichen Sein begegnen.

Die traditionelle Form ist nicht mehr praktikabel und vielleicht auch nicht mehr nötig. Denn sobald ein Weg einmal gegangen wurde, ein Land einmal entdeckt ist, wird der Gang dorthin für alle Nachfolger leichter. Kolumbus brauchte unvorstellbaren Mut und Entdeckergeist, um sich auf den Weg ins Unbekannte zu machen. Nachdem er bewiesen hatte, daß man jenseits des bekannten Ozeans nicht über den Weltenrand ins Reich der Dämonen kippte, wurde es für alle seine Nachfolger immer leichter, das Land jenseits des Ozeans zu finden. Heutzutage ist Amerika kein geheimnisvolles Land mehr, und mit dem Flugzeug können wir es in wenigen Stunden erreichen. Wir müssen den Weg nicht mehr neu suchen, er ist be-

kannt. Heute müssen wir uns nur noch entscheiden, ob wir per Schiff oder Flugzeug reisen wollen.

Mit der Erfahrung von Erleuchtung verhält es sich nicht anders. Wir müssen nicht mehr fürchten, über den Weltenrand zu fallen, oder uns den Gefahren eines vollkommen unbekannten Weges aussetzen. Wir wollen nicht mehr zwanzig, dreißig Jahre stumm vor einer Wand sitzen und unseren Verstand unermüdlich mit sinnwidrigen Koans beschäftigen, bis er aufgibt. Heutzutage, wo schon so viele Leute vor uns erwacht sind, ist der Weg breit und gut erkennbar, wir müssen ihn nicht mehr mühsam durch unbekanntes Gelände bahnen. So aufregend, erschöpfend, beglückend, frustrierend, erfüllend und einzigartig die Stationen unserer eigenen Reise dann auch sein mögen, wir sind im Besitz einer Landkarte, die wenigstens eine ungefähre Orientierung bietet.

Für Buddha war der Weg vollkommen unbekannt. Zwölf Jahre suchte er unaufhörlich und erforschte jede damals bekannte Methode. Schließlich gab er auf und ließ jegliche Askese, alle Philosophien und Yoga-Disziplinen hinter sich. So kam es, daß er zum erstenmal, seitdem er sich auf die Suche gemacht hatte, vollkommen entspannt war. Er verspürte kein Verlangen mehr, etwas zu finden, kein Verlangen, etwas Bestimmtes zu werden, er saß einfach nur meditierend unter einem Bodhi-Baum – und in jenem Augenblick der Wunschlosigkeit wurde er erleuchtet.

Was genau in ihm vorging, ist nicht überliefert. Als sicher gilt, daß er einfach geschehen ließ, was geschah. Er nahm seine Gedanken, Gefühle, seinen Körper und die Umgebung lediglich wahr, ohne einzugreifen, ohne sich mit irgend etwas zu identifizieren. Er dachte an seine Vergangenheit und ging dann über die Grenzen seines Lebens hinaus, beobachtete das Entstehen und Vergehen anderer Universen und gelangte darüber hinaus zum Anfang des Universums. Und so wurde er ein Teil all dessen, was jemals geschehen war. Er war nichts und alles zugleich.

Solange er etwas wollte und suchte, war sein Geist nicht entspannt. Doch Erleuchtung erfährt nur ein entspannter Geist, sie ist eine Auflösung aller selbstgewählten, anerzogenen und übernommenen Begrenzungen. Buddha entspannte sich und fand den Weg ins eigene Zentrum. Es war nur eine Frage der Entspannung, keine Frage der Anstrengung. Er ließ sich einfach fallen, tief in die eigene Tiefe hinein, ins Zentrum seiner Lebensquelle. Und hier fand er das Tor zum Jenseits, den Ort, wo er mit dem Universum verschmolz und in ein ozeanisches Bewußtsein eintauchte. Die Persönlichkeit Buddhas löste sich auf, und er fand zu seinem eigentlichen Wesen.

Warum also nicht gleich entspannen und darauf vertrauen, daß unsere Buddha-Natur, unser innerstes Wesen, nicht mühsam, sondern leicht zu finden ist? Warum nicht auf spielerische, kindliche Art das Innere betreten und das Erwachen des Bewußtseins erfahren? Wir wissen heute soviel mehr, kennen so viele Methoden der Versenkung und des Innewerdens, und das menschliche Gehirn, anpassungsfähig, wie es ist, vernetzt Informationen und Erfahrungen heute um einige Takte schneller als noch vor fünfzig Jahren.

Vielleicht müssen wir nicht viel mehr tun, als unseren Verstand zugunsten unserer Intuition in den Hintergrund treten zu lassen. Geben wir ihr dann noch Raum und Ruhe, so findet unser Bewußtsein von selbst zurück zu seinem Ursprung. Wir brauchen nur in uns selbst hineinzugehen und uns vertrauensvoll unseres wahren Wesens zu erinnern. Das kann man überall und jederzeit tun.

> *Wahre Spiritualität ist eine Haltung des Geistes,*
> *die man jederzeit praktizieren kann.*
> DALAI LAMA

*Der legendäre amerikanische Arzt Milton Erickson, dem wir die Fundamente der therapeutischen Hypnose verdanken, war als junger Mann einmal in den Weiten der Prärie unterwegs, als er plötzlich ein einsames Pferd mitten im Nirgendwo grasen sah. Als Landkind wußte er sofort, daß es kein Wildpferd sein konnte, Wildpferde leben in Herden. Also stellte er seinen Wagen am*

*Straßenrand ab, ging auf das Pferd zu und tatsächlich zeigte es keinerlei Scheu und ließ ihn willig aufsitzen. Erikson war klar, daß das Pferd irgendwem gehören mußte, aber da weit und breit kein Haus zu sehen war, setzte er das Pferd einfach nur in Bewegung und überließ es ihm selbst, die Richtung zu bestimmen. Er griff nur ein, wenn das Pferd anhielt und grasen wollte, ansonsten ließ er es einfach laufen.*

*Stunden später tauchte eine abgelegene Farm auf, und das Pferd trabte schnurstracks darauf zu. Der Farmer kam ihnen freudestrahlend entgegen und berichtete, daß er das Pferd seit Tagen vermißte. Schließlich fragte er Erickson: »Woher wußten Sie, daß das Pferd hierher gehört?«*

*Erickson lachte und antwortete: »Ich hatte keine Ahnung. Ich habe einfach dafür gesorgt, daß es auf seinem Weg in Bewegung blieb. Mehr war nicht nötig!«*

Mehr ist nicht nötig! Der Verstand, unser bewußtes Wollen, geht eingefahrene Wege. Unser inneres Wesen findet auch abseits der bekannten Wege zurück nach Hause.

## ERLEUCHTUNG IST NICHTS FÜR GLÄUBIGE,
### SONDERN ETWAS FÜR ENTDECKER

Wie viele andere spirituelle Traditionen sucht der Buddhismus nach Wegen, die über das Ego hinausgehen. Doch keine Religion, auch nicht die verschiedenen Ausprägungen des Buddhismus, geht so weit, wie Buddha selbst gegangen ist. Buddha sprengte alle religiösen Vorstellungen von höherem Selbst, ja sogar von der Seele. In der ganzen Geschichte der Menschheit gab es niemanden, der so weit ging wie Gautama Buddha. Buddha ließ nicht nur sein Ego hinter sich, er ließ sogar jede Konzeption von Gott hinter sich.

»Tief im Innersten«, sagte er, »löst sich alles im ozeanischen Bewußtsein auf. Und dort gibt es keine Individualität, kein Ego, kein Selbst, keine Seele noch nicht einmal so etwas wie Gott. Im Ursprung, an der Quelle aller Erscheinungen, löst sich alles in nichts auf, ist nur noch unbegreifliche, pure Existenz jenseits aller Vorstellungen. Frei von jeder Begrenzung, frei von jeder Glaubensvorstellung, wird der Erwachte zum leeren Gefäß, in dem sich die ganze Großartigkeit der Existenz ausdrücken kann. Jenseits des Verstandes verschwinden alle Vorstellung von »Ich bin«, von Selbst und Seele, und eine tiefe Verbundenheit mit der Existenz wird zum Lebensgrundgefühl. Jenseits aller Trennungen und Unterscheidungen erblüht in uns das kosmische Sein, das Reich des erwachten Bewußtseins. Das läßt sich nur erfahren, indem wir über den Verstand und alle Vorstellungen hinaus in die tiefste Tiefe unseres Wesens hinabsinken, in die tiefste Quelle des Lebens, aus der alles, auch unser Leben, entspringt. Und sobald man in diese Leere eingetaucht ist, stellt man überrascht fest, daß es nichts ist, wovor man sich fürchten muß. Es ist unser ursprüngliches Zuhause!«

Zen-Meister stellen ihren Schülern gerne die Frage: »Wo und wer warst du, bevor dein Vater geboren wurde?« Diese scheinbar absurde Frage verweist auf eine tiefe Wahrheit. Bevor wir in eine christliche, hinduistische, moslemische, buddhistische Familie oder einen animistischen Clan hineingeboren wurden, waren wir ein leeres Blatt, frei von irgendwelchen moralischen, gesellschaftlichen und religiösen Vorstellungen. Was wir glauben, welche Werte wir vertreten, was wir über uns denken, das sind die Konventionen der jeweiligen Gesellschaft und Religion, die Programme der Familien, in die wir geboren werden.

Buddha brachte der Welt eine Philosophie der Deprogrammierung. Wenn wir alle Vorstellungen, jeglichen anerzogenen Glauben, alle Erklärungen über die Welt beiseite lassen, alle Programme löschen, bleibt ein reines Bewußtsein übrig, wie bei einem unschuldigen, neugeborenen Kind. Ein Bewußtsein, das keine willkürlichen Grenzen kennt, das jenseits von Ich und Du im Ganzen geborgen ist.

# LASS ES HINTER DIR

*Ein Mann, der auf der Suche nach Erleuchtung war, kam zu Buddha und schenkte ihm seinen gesamten irdischen Besitz.*
*Buddha sagte nur: »Laß es hinter dir!«*
*Der Mann begriff. Nun legte er Buddha seinen Glauben und alle Überzeugungen zu Füßen. Buddha sagte nur: »Laß es hinter dir!«*
*Nun suchte der Mann all seine Hoffnungen und Sehnsüchte zusammen und brachte sie dem Buddha dar.*
*Buddha sagte nur: »Laß es hinter dir!«*
*Der Mann ging in sich und legte ihm dann all sein Streben und Wollen zu Füßen und schließlich sein Leben.*
*Buddha sagte nur: »Laß es hinter dir!«*
*Der Mann wußte nicht mehr weiter. »Was kann ich denn sonst noch hinter mir lassen?« fragte er verzweifelt.*
*»Nicht das, was du bringst, sondern den, dem es gehört«, antwortete Buddha.*
*Der Mann verstand und wurde augenblicklich erleuchtet.*
*Buddha sagte: »Und jetzt laß auch das hinter dir!«*

Sokrates forderte uns auf: »Erkenne dich selbst!« Die ganze westliche Kultur baut darauf auf, daß die Menschen das eigene Selbst erforschen. Buddha sagte: »Erkenne – erkenne einfach, was ist, und du wirst dich nicht finden. Tauche immer tiefer in dein Bewußtsein ein, und je tiefer du eintauchst, desto weniger ›Selbst‹ wirst du finden.«

Was wir unter »Selbst« verstehen, ist nichts anderes als ein aufpoliertes, verfeinertes und geläutertes Ego, aber es bleibt eine Form von Ego. Und insofern ist Zen keine spirituelle Lehre oder Religion, denn es kennt kein höheres Selbst, das zu finden und zu verwirklichen ist. Spiritualität, Selbstverwirklichung oder Erlösung sind alles Dinge, die noch zum Ego gehören. Und das Selbst ist die letzte Hürde. Erst wenn auch diese fällt, gibt es keine Individualität und Religion mehr, nur noch pure Lebensenergie. Ganz tief innen findet man nichts als die Leere des Ursprungs allen Seins, aber kein Ego, kein Selbst und keinen Gott.

Versucht man diese »Leere« als bewußtes »Ich« zu verstehen, so erscheint dieses »Nichts« nicht sonderlich einladend und erstrebenswert. Für die meisten Menschen ist allein die Vorstellung, in dieses »Nicht-Sein« einzutauchen, sogar äußerst beängstigend. Solche Gedanken rufen zunächst eine Rebellion des Verstandes hervor, denn sie sind nicht vereinbar mit dem Selbstverständnis unserer vertrauten Vorstellungswelt. Unser traditionelles Weltbild geht nicht von der Zugehörigkeit zum Ganzen aus, sondern erfährt sich als getrennt vom anderen und der Welt. Für den verstandesorientierten westlichen Menschen verursacht der Gedanke eines Nicht-Ich in der Leere des Universums eher ein Gefühl von Angst und Verlorenheit als von Zugehörigkeit zum Ganzen. Unser Verstand wird vom »horror vacui« gepackt, ihn graust vor dem Nichts, in der seine gewohnten Denkmuster und Einordnungsprinzipien nicht mehr greifen und funktionieren.

Unser Verstand ist dualistisch angelegt, seinem Wesen nach versucht er, die Dinge zu verstehen, indem er sie zerlegt und analysiert, indem er abwägt und vernünftige Entscheidungen trifft, die letztlich dazu dienen, unser Überleben zu garantieren. Und da die weltlichen Erscheinungen sich in Dualitäten zeigen, spaltet er im Bemühen, zu verstehen, alles in Gegensätze. Himmel und Erde, Tag und Nacht, Objekt und Subjekt, Sichtbares und Unsichtbares, Gutes und Schlechtes, Schwarz und Weiß. In der Welt der Gegensätze gefangen, trennt er Dinge voneinander, die in Wirklichkeit eins sind. Weder ist der Tag von der Nacht getrennt, noch der Himmel von der Erde und auch Geburt und Tod sind keine Gegensätze, sie sind Teile ein und derselben Energie.

Die Existenz kennt in ihrem Ursprung keine Gegensätze. Nur an der Oberfläche zeigt sich die Energie in Form von Polaritäten. In der Tiefe vereinen sich alle scheinbaren Widersprüche zu einer unteilbaren Einheit. Ob man diese Tao, Leere, Nichts, Absolutes oder Quantenvakuum nennt, macht keinen Unterschied.

Erleuchtungserfahrungen sind zunächst eine Rebellion gegen die Vorherrschaft des Verstandes, eine Rebellion, bei der alle einschränkenden Grenzen aufgehoben werden. Erleuchtung ist ein Quantensprung ins Nichts. Aber dieses Nichts ist entgegen aller Ängste und Befürchtungen des Verstandes voller Leben. Das läßt sich aber nur erfahren, indem wir über den Verstand hinausgehen, zurück zur tiefsten Tiefe unseres Wesens, zur Quelle des Lebens. Und dort erkennt der Suchende plötzlich, daß sein wahres Wesen grenzenlos ist. Der Verstand ist nur ein Käfig mit Gittern aus kulturell bedingten Überzeugungen und religiösen Vorstellungen, aus persönlichen Schlußfolgerungen und weltlichen Erfahrungen. An der Quelle des Seins angekommen, erfahren wir unsere Grenzenlosigkeit, und plötzlich verschwindet der Käfig. Doch diese Erfahrung ermöglicht nicht der Intellekt, sie ist nur möglich durch meditatives Hinabsinken in den Kern unseres Seins.

Hier liegt der Ursprung des Lebens, der Existenz an sich. Die erste Erfahrung nach dem Sprung in die Leere ist die, daß das Selbst verschwindet. Doch dann steigt mehr und mehr eine andere Erfahrung auf, und der Erwachte weiß: Das Selbst ist zum Ganzen geworden.

*Als Kabir, ein indischer Sufi, zum erstenmal ins Nichts einging, beschrieb er seine Erfahrung in einem wunderschönen Gedicht: »Oh, mein Freund, mein Geliebter, ich bin auf die Suche nach mir selbst gegangen, aber etwas Seltsames ist geschehen. Anstatt mich selbst zu finden, bin ich verschwunden – genau wie ein Tautropfen, der sich im Ozean auflöst.«*
*Nach dieser ersten Erleuchtungserfahrung wurde ihm der Ozean immer vertrauter, und er vergaß den Tautropfen völlig. Aber kurz bevor er starb, nahm er eine kleine Änderung an seinem Gedicht vor – nur eine kleine, aber entscheidende Veränderung. Jetzt hieß die Zeile nicht mehr »wie ein Tautropfen, der sich im*

*Ozean auflöst«, sondern »der Ozean ist in den Tautropfen ge-*
*fallen«. Dazu bemerkte er: »Meine erste Erfahrung stammte vom*
*diesseitigen Ufer, jetzt spreche ich vom anderen Ufer aus, vom*
*Jenseits. Jetzt weiß ich, daß nicht der Tautropfen im Ozean*
*verschwunden ist, sondern der Ozean in den Tautropfen gefal-*
*len ist.«*

Erleuchtung bedeutet nichts anderes, als daß wir uns dem Universum öffnen. Das Ego, das Selbst, verschwindet, die Existenz bleibt. Ohne daß wir etwas zu glauben, ohne daß wir Gläubige sind, offenbart sich uns im innersten Wesenskern das unvorstellbare, unbenennbare Ganze. Hier gibt es weder Anfang noch Ende, weder Zeit noch Raum, weder Sein noch Nicht-Sein, und doch werden weiterhin die Bäume Blätter hervorbringen, die Vögel werden weiterhin ihre Lieder singen, und die Flüsse werden weiterhin dem Meer zuströmen. Vom kleinen Zuhause des körperhaften Ich zieht man hinein in seine kosmische Existenz – die wahre Heimat. Hier schlägt das Herz im Rhythmus eines universellen Herzens. Man ist raumlos am richtigen Ort, zeitlos im richtigen Moment – geborgen im Ganzen!

Das kleine Zuhause des Ich wird immer bedroht sein von Sorgen und Ängsten, von Umwälzungen und irdischen Katastrophen, auf die es keinen Einfluß hat. Wenn das Zuhause sicher sein soll, muß es von einem sicheren Fundament getragen werden. Bisher suchen Menschen ihre wahre Heimat in ihrem Glauben an einen allmächtigen, liebenden Gott oder in einer bunten Götterwelt. Und als Mittler zwischen ihnen und Gott dienen irdische Stellvertreter in Tempeln und Kirchen.

Doch das große Haus des Lebens ist nicht von Menschenhand gebaut. In der ursprünglichen Existenz sind wir ohne Tempel zu Hause. Die alten Tempel bestehen auf verschlossenen Türen und Geheimlehren, brauchen Priester und setzen auf Macht. In der ursprünglichen Existenz gibt es weder verschlossene Türen noch Priester, die geheimes Wissen an wenige Auserwählte weitergeben. Denn der Geist des Seins weht überall. Und entweder ist er überall und in allem zu finden, oder er ist nirgendwo.

Der Existenz, der Quelle des Lebens, ist jeder Mensch gleich viel wert, sie ist jedem Wesen gleich nah, und jeder darf sich ihrer bedienen und aus ihr schöpfen. Sie braucht keine Vermittler, denn sie verschließt sich niemandem. Letztlich gibt es nichts zu erkämpfen, nichts zu erreichen, nichts zu suchen oder zu verlieren, es ist alles bereits da – in allem, was ist. Wir müssen uns nur entspannen, erinnern und in uns selbst hineingehen, damit wir in der leeren Ganzheit unserer wahren Natur ankommen. Wenn wir uns jenseits von uns selbst wiederfinden, verschwinden alle Grenzen, und wir kehren zum Ganzen zurück. Und so paradox es klingt: Ist unser kleines Ich nicht mehr da, hat alles andere Platz in uns. Im Nichts offenbart sich die ganze Fülle. Der Ozean ist in den Tautropfen gefallen.

## Zurück zur ursprünglichen Existenz

Gehen wir davon aus, daß das, was wir unter »Ich« verstehen, eine beschränkte Weltsicht beinhaltet, so ist es durchaus lohnend, wenn wir uns über den Tellerrand des bestehenden Weltmodells hinauslehnen.

Stellen Sie sich vor, Sie befänden sich am Rand dessen, was Sie bisher für möglich und denkbar hielten, gingen noch einen Schritt weiter und erkennten, daß es nichts zu erkennen gibt, was Sie nicht schon längst sind, daß sich hier ein natürliches Verständnis der Gesamtheit des Ganzen offenbart. Wovor sollten Sie also Angst haben?

Im Ich-Verständnis, über das wir Alltäglichen im Inneren des Tellers unserer Weltsicht verfügen, haben wir mit uns selbst und anderen Selbsten jede Menge Probleme. Sobald Menschen von Ich und

Du reden, treten Ängste, Sorgen und Befürchtungen auf. Das Ich getrennt vom Du schafft jede Menge Probleme. Das eine Ich will etwas anderes als das andere Ich. Die Trennung zwischen Ich und Du und der Welt ist das Problem! Als Sie sich noch nicht zum »Ich« gewandelt hatten, gab es für Sie auch keine Probleme mit dem Du und der Welt. Und wenn Sie es schaffen, daß es Sie als von allem anderen getrenntes »Ich« nicht mehr gibt, ohne gleich endgültig zu sterben, haben Sie zumindest ein wesentliches Problem weniger.

Wenn Sie sich jenseits von sich selbst orientieren und wiederfinden können – worüber sollten Sie sich dann noch Sorgen machen? Wenn Sie und Ihre Sorgen nicht mehr da sind, wird die Existenz an sich bleiben, wie sie ist. Auch wenn es Sie nicht mehr gibt, bleibt die Existenz. Wenn alle Grenzen verschwinden, kehren wir zum ozeanischen Bewußtsein zurück. Wenn Ihr Ich nicht da ist, hat alles andere Platz in Ihnen. Und Sie erleben einen Tanz ohne Tänzer. Einen Gesang ohne Sänger. Ein tiefes Wahrnehmen, ohne Wahrnehmenden. Sie spüren die Quelle des Lebens, ohne ihr zu entspringen; verbleiben in ihr, ohne sich ihrer bewußt zu sein. Werden Teil eines Bildes, ohne den Maler zu kennen. Ohne Grenzen kein Käfig. Von sich selbst befreit. Es ist, als würde sich der Tropfen im Ozean auflösen. Dann wird der Ozean zum Tautropfen. Und schließlich ist es weder Ozean noch Tautropfen, sondern pures Sein.

Erst nach einer Weile wird sich ein immer tieferes Verstehen bemerkbar machen. Und wenn dies eintritt, ist man bereits aus den gröbsten Ich-Problemen heraus. Aber solche Gedanken rufen vorerst eine Rebellion des Verstandes hervor. Denn sie sind nicht vereinbar mit dem Selbstverständnis unseres Verstandes. Erleuchtungserlebnisse sind eine Rebellion zur Heilung unseres einseitig ausgerichteten Verstandes. Eine Heilung des Selbst-Seins befreit von den Grenzen der Ich-Wahrnehmung. Für den, der es erfährt, ist es wie ein Quantensprung ins Nichts, und dahinter eröffnet sich ein Gefühl für das ursprüngliche universelle Leben – das Leben als Ganzes.

Für Menschen unseres Kulturkreises sind solche Gedanken zu-

nächst eher verwirrend als erhellend, da unser traditionelles Weltbild nicht von einer Zugehörigkeit zum Ganzen ausgeht, sondern sich als getrennt vom Du und der Welt erlebt. Für die verstandesorientierten westlichen Menschen verursacht der Gedanke eines Nicht-Ich in der »Leere« der metaphysischen Welt eher ein Gefühl von Vakuum denn eines der Fülle. Und wer will schon in einem Vakuum leben? Ein Vakuum empfinden wir als leer, trostlos und gefühllos.

Doch wenn sich der Tautropfen im Ozean auflöst, bedeutet das nicht, daß er zu nichts wird. Seine Individualität und seine Grenzen lösen sich auf, doch gleichzeitig wird er zum Ozean. Indem er als Tropfen verschwindet, wird er andererseits zum ganzen Ozean. Das Nichts und die ganze Fülle sind nicht zwei unvereinbare Dinge, sondern zwei verschiedene Begriffe, die einander nur scheinbar ausschließen. Wenn die Physiker vom Quantenvakuum sprechen, vom unbegreiflichem Nichts am Anfang aller Dinge, dann meinen sie damit »nichts« im Sinne von nicht materiell faßbar bzw. unsichtbar. Doch in dieser Leere ist die ganze Fülle jeglichen Seins eingebettet. Die unglaubliche Vielfalt unseres Universums ist hier als reine potentielle Energie vorhanden. Das Nichts ist nicht tot, sondern Fülle in einem so außerordentlichen Maße, daß man sie nicht definieren und ihr weder Anfang noch Ende und keine Begrenzung geben kann. Das »Nichts« ist die absolute Fülle. Im Erleben sind diese unbegrenzte Fülle und das totale »Nichts« das gleiche. Es sind nur zwei verschiedene Worte, um ein und dasselbe zu beschreiben.

Allerdings wählte Buddha mit Absicht die Worte »Leere« und »Nichts« anstatt das Wort »Fülle«. Sie lassen unserem Verstand und unserer Phantasie keinen Raum für Spekulationen und verhindern, daß diese das Wort »Fülle« benutzen, um ihre bekannten Vorstellungen von Paradies, Gott, Himmel und Hölle hineinzuprojizieren, und von der Erkenntnis der puren Realität ablenken. »Nichts« ist der sicherste Weg, zu vermeiden, daß der Verstand seine altbekannten Muster abspult und das Ego seine Spielchen spielt. »Nichts« liegt außerhalb der Reichweite und Vorstellungswelt von Verstand und vertrauten

Weltmodellen, ein »Nichts« kann man nicht fassen und einordnen, man muß sich darauf einlassen, damit man erfährt, was es ist.

»Nichts« erweckt im Verstand höchstens die Vorstellung, daß alles verlorengeht. Und das stimmt. Wir verlieren die bisherigen Überzeugungen einschließlich der vertrauten Vorstellung von uns selbst. Doch in dem Moment, da alles verlorengeht, gewinnen wir die ganze Fülle des Universums. Es scheint ein Widerspruch zu sein, doch je mehr das Ich verlorengeht, je abwesender wir unser egozentriertes Ich erleben, desto anwesender sind wir. In solchen Momenten sind wir abwesend anwesend und allwesend, denn das »Ich« erweitert sich zum kosmischen Bewußtsein. Und jetzt sieht das Ganze durch unsere Augen, hört mit unseren Ohren, fühlt mit unseren Sinnen. Das Herz schlägt im Einklang mit der Schöpfung, der Atem wird zum Atem der Welt, die ganze Existenz lebt und wirkt durch – Sie.

Im »Nichts« gibt es nicht das geringste zu verlieren, es gibt keinerlei Grund, Angst vor diesem »Nichts« zu haben. Es sei denn, Sie haben Angst vor der kosmischen Fülle.

## Wofür das Ego gut ist

### und was es verhindert

Über die Natur des Ego und darüber, was während der spirituellen Entwicklung damit geschehen soll, herrscht Verwirrung. Viele Menschen, die sich auf den spirituellen Weg gemacht haben, kämpfen erbittert gegen ihr Ego an, als wäre es ihr Erzfeind, den es schnellstens und erbarmungslos auszurotten gilt. Begriffe wie »das Ego hinter sich lassen«, »das Ego transzendieren« oder »das Ego sterben lassen« verleiten einen dazu, vorschnell falsche Schlußfolgerungen zu ziehen, meistens ohne sich tiefer damit beschäftigt zu haben, was damit in den unterschiedlichen religiösen Traditionen tatsächlich gemeint ist.

In der Folge leiden viele dann mehr unter ihrem eigenwilligen Ego, als sie es getan haben, bevor sie sich mit ihm auseinanderzusetzen begannen. Gefühle wie Zorn, Eifersucht, Eitelkeit, Gier etc., die im Alltagsleben einfach nur unangenehm waren, bekommen plötzlich eine überdimensionale Bedeutung und verleiden einem das Leben. Alle Versuche, das Ego zu überwinden, zu transzendieren oder sterben zu lassen, lassen die allgegenwärtige Herrschaft des Ego aber nur um so deutlicher werden und machen uns noch schmerzlicher bewußt, wie hilflos wir ihm in der Regel ausgeliefert sind.

Wer gegen das Ego kämpft, ist selten bereit, seine Existenz als nützlich anzuerkennen. Damit verkennt man aber auch die Vorteile und Geschenke, die es bereithält, wenn man es als Teil des alltäglichen Lebens achtet und ihm seinen angemessenen Platz zugesteht. Das Ego als bloße lästige Illusion zu betrachten ist ein bei vielen spirituellen Suchern verbreiteter Irrtum. Einerseits ist es tatsächlich illusorisch, denn es ist kein Ding, und Sie können es nicht anfassen, hervorholen und nach Größe oder Gewicht bemessen. Andererseits verfügt es über eine breite Palette von Funktionen und beherrscht unser Handeln und Wirken in beträchtlichem Maße. Zu behaupten, das Ego sei eine bloße Illusion, widerspricht daher der alltäglichen Erfahrung über die offensichtliche Realität seiner Existenz.

Das Ego dient einem ganz bestimmten Zweck. Wir* gehen nicht davon aus, daß das Ego eines erwachten Menschen wirklich stirbt; vielmehr hört dieser auf, sich mit jenem zu gleichzusetzen. Im normalen Bewußtseinszustand identifiziert man sich gewöhnlich so sehr mit seinem Ego, daß man glaubt, man wäre sein Ego. Dagegen ist es für einen erleuchteten Menschen nicht länger die Quelle der eigenen Identität, sondern ein Mechanismus, der dazu dient, in der äußeren Welt bestehen zu können.

Denn dasselbe Ego, gegen das viele Menschen so vehement ankämpfen, ermöglicht es ihnen überhaupt erst, zu überleben, die alltäglichen Dinge zu erledigen und auf grundlegende Art in der

---

*die Autoren

Welt zu funktionieren. Außerdem ist es genau dieses Ego, das sich für spirituelle Fragen interessiert, das nach Möglichkeiten sucht, uns aus schwierigen Situationen zu befreien, und uns hilft, die erforderlichen Schritte zu unternehmen, oder das einen neuen Weg einschlägt, wenn sich der bisherige als Irrtum erweist. Das Ego sorgt dafür, daß wir Körper und Geist pflegen und ernähren und mit der Erde verbunden bleiben. Wir müssen mit unserem Ego leben, andernfalls könnten wir auf dieser Erde nicht als irdische, körperhafte Wesen existieren.

Eine weitere sehr wertvolle Aufgabe eines gesunden Ego besteht paradoxerweise darin, dem nach Erleuchtung Suchenden dabei zu helfen, die »egofreien« Erfahrungen zu machen und sie in seinen Alltag zu integrieren. Es ist das Ego, was uns die Basis liefert, mit solchen Erfahrungen sinnvoll umzugehen, und was verhindert, daß wir abgehoben auf illusionären Wolken schweben und die Bedürfnisse und Realität des physischen Körpers vernachlässigen. Auch im Zustand der Erleuchtung muß unser Körper ernährt werden, brauchen wir ein Dach über dem Kopf und müssen mit anderen Menschen kommunizieren.

Ohne das Bewußtsein einer eigenständigen Persönlichkeit bin ich du, und du bist ich, und ich bin auch das Auto, die Blume, die Katze etc. – denn dann herrscht ein Zustand völliger Einheit. Obwohl das auf der feinstofflichen Ebene tatsächlich zutrifft, ist es im alltäglichen Leben ein wenig brauchbarer Zustand. Stellen Sie sich vor, Sie gehen hinaus in die Welt und haben Ihren Namen vergessen, wissen nicht, wer Sie sind, weil Sie sich gleichzeitig als alles andere erleben – als Baum, als Straße, als Wolke und als die vielen Menschen, denen Sie begegnen. Im Alltag erlebt man das nämlich nicht als erleuchtet, sondern als psychische Belastung. Man wird verrückt. Ohne Ego, das sich abgrenzt und ein klares Bewußtsein von »Ich bin X« hat, können wir in der Alltagswelt nur äußerst schwer überleben.

Das Ziel kann nicht darin bestehen, das Ego zu töten – nicht nur weil es zäh und stark ist und sich ohnehin weigern wird, sondern auch deshalb, weil es wichtige Funktionen erfüllt. Mit seinem Ego zu leben, ohne mit ihm identifiziert zu sein, das ist allerdings etwas ganz anderes. Der Erwachende beginnt sein Ego als das zu sehen, was es ist: ein nützlicher Mechanismus, der in seiner Intelligenz und Komplexität durchaus Bewunderung verdient. So betrachtet, kann man beginnen, sich mit all seinen Ausdrucksformen anzufreunden und ihm den gebührenden Platz in seinem ureigenen Wirkungsbereich einräumen. Das Ego ist einfach Teil des irdischen Da-Seins; es erweist im Alltag gute Dienste, aber es ist nicht unser innerstes Wesen.

Menschen, die ihr Ego auf diese Weise betrachten und freundschaftlichen Umgang damit pflegen, stellen das, was früher verhaßte Reaktionen waren, nun in den Dienst ihrer Suche nach Befreiung. Die gleiche Energie, die das Ego zuvor blindlings nach Besitz, Anerkennung, Ruhm etc. gieren oder sich in Wut und Eifersucht erschöpfen ließ, läßt sich im Einverständnis mit ihm für die Suche nach anderen Werten und Seinszuständen einsetzen. Das Ego — weder sich selbst überlassen noch bekämpft — verwandelt sich in einen Wegbegleiter, den wir beobachten, einsetzen und schätzen, ohne uns mit ihm zu identifizieren.

# EIN EXKURS ÜBER DEN »VERSTAND«

Das Ego ist gleichbedeutend mit dem Verstand – ohne Verstand kein Ego. Gelingt es Ihnen, den Verstand zu beruhigen, wird auch das Ego ruhiger und offener für neue Möglichkeiten des Seins.

Die Struktur unseres logischen und praktischen Bewußtseins baut auf Analyse und Ideenbildung auf. Der Verstand spaltet die Wirklichkeit der Dinge in kleinste Teile auf. Er will die Welt verstehen, für uns nutzbar machen, letztlich damit wir leben und überleben. Im Verstand ist die Zergliederung ein zentrales Element. Im Kombinieren der vorgefundenen, erforschten Teile setzt er seine Kreativität ein, um mehr oder weniger sinnvolles Neues herzustellen.

Das Ganze, die große geistige Ordnung des Ursprungs, hat im Aufgabenbereich des Verstandes keinen Platz. Wenn man als Geistesforscher versucht, sein Verständnis von Lebensenergie und Wille in seinem ganzheitlichen Selbstverständnis zu integrieren, wird man schnell feststellen, daß dies mit den herkömmlichen Werkzeugen des Verstandes nicht möglich ist. Wer tiefer blicken will, muß ohne die Hilfe des vertrauten Verstandes auskommen und andere Bewußtseinsebenen in sich aktivieren. Eine von uns* angewandte »Methode«, den geschlossenen Kreis der Gedanken zur Ruhe zu bringen, um auf eine neue Art die Möglichkeiten unserer Existenz zu erleben, sind geführte Trance-Reisen**.

Bei der Orientierung an anderen Bewußtseinsebenen in der Welt verläßt man den sicheren Boden der vermeintlich bestehenden Tatsachen. Will man verhindern, daß unser Verstand dabei nicht ständig die Alarmsirenen aufheulen läßt, ist für ihn ein sicheres Umfeld zu schaffen. Ohne Sicherheit im Äußeren werden alle geistigen Ausflüge nach innen vergebliche Liebesmüh sein.

Ohne diese Rahmenbedingungen bleibt der Verstand in seiner vorherrschenden Position, jegliches Streben nach Erleuchtungserfahrungen wird er unter erkenntnistheoretischen Gesichtspunkten analytisch und philosophisch leiten wollen. Dann wird spekuliert, debattiert, Strategien, ethische Konzepte und grandiose Erklärungsmodelle werden entwickelt, es werden Götter kreiert sowie moralische Gebote und Institutionen, die über deren Einhaltung wachen. All das sind Phantasien des kreativen Verstandes – wohlbekannt und allgegenwärtig.

Erst wenn der sichere Rahmen geschaffen ist und man dem Verstand erklärt hat, was man beabsichtigt, kann er für eine Weile zurücktreten und dem Geist den Freiraum lassen, den er zum Erkunden der inneren Freiheit braucht. Weiß der Verstand, was man beabsichtigt, und versteht er, daß er nicht verstehen muß, worum es geht, kann er sich beruhigt zurücklehnen und entspannen.

---

*die Autoren    **Die vier Kapitel dieses Buches beinhalten einige Trance-Reisen, die wir auch als CDs produziert haben. Nähere Informationen siehe Anhang.

Entscheidend ist Ihr Wille, Ihre Sehnsucht, das bekannte Ich, die festgefahrenen Pfade des Verstandes zu verlassen und sich der Intuition des Geistes anzuvertrauen. Auch wenn man nicht weiß, wohin diese Reise geht, sie wird sicherlich weit wegführen von gedanklicher Analyse und der üblichen Neigung, Dingen eine bestimmte Bedeutung zuzuschreiben. An deren Stelle treten neue Einsichten in das Dasein sowie letztlich und anfänglich die Begegnung mit einem selbst, ein erweitertes Selbst-bewußt-Sein.

## PSYCHOHYGIENE

Allzu oft sind es allerdings nicht das zu starke, eigensinnige Ego und unser analytischer Verstand, die uns davon abhalten, tiefer in unsere Innenwelt einzutauchen, sondern die berechtigte Angst unseres traumatisierten inneren Kindes. Wer das Glück hatte, in seiner Kindheit ein gesundes Urvertrauen aufbauen zu können, weil er sich in seiner Familie und seinem Umfeld sicher und geborgen wußte, dem fällt es in der Regel nicht besonders schwer, sich in unvertrautes Gelände der Seelenlandschaft zu wagen, wo die Kontrolle des Verstandes nicht mehr gegeben ist. Er ist sich innerlich sicher, daß ihm nichts Schlimmes passieren wird, selbst wenn er sich jenseits der vertrauten Welt auf etwas so Unbekanntes wie die Leere einläßt. Das Versprechen, daß er dort seine ursprüngliche Heimat findet, ist für ihn positiv genug, daß er einen Sprung riskiert.

Ganz anders stellt sich die Situation für jemanden dar, der auf einer tiefen Ebene psychischen Schmerz erfahren und Narben davongetragen hat. Die Wunden verhindern jede vertrauensvolle Öffnung, solange sie nicht verheilt und als Preis des eigenen Lebens angenommen wurden. Bei vielen Menschen löst allein der Gedanke an ein unbekanntes »Nichts« ein Schaudern aus, weil es an Emotionen rührt, die sie lieber verdrängen oder die auf einer so tiefen

Ebene angesiedelt sind, daß der bewußte Geist sie »vergessen« hat. Aber der Körper erinnert sich sehr wohl und reagiert mit den gleichen Ängsten wie damals das Kind, weil dahinter die alten Erinnerungen an Schmerz, Schock und enttäuschte Sehnsucht lauern.

Unser Verstand und unser Ego haben scheinbar sichere Barrieren gegen die Flut schmerzlicher Emotionen aufgebaut. Doch solange wir die grundlegenden Entwicklungsaufgaben unseres emotionalen Lebens noch nicht angegangen sind oder die Verstrickungen mit unserer Familien noch unbewußt sind, mögen wir spirituelle Erfahrungen machen, doch an unseren Gewohnheiten und Neurosen wird sich nichts ändern. Ab einem bestimmten Stadium sind wir dann blockiert, Verstand und Ego schalten sich als »Überlebensstrategen« ein und verhindern weitergehende Erfahrungen.

So wie ein schmutziges Haus nicht durch reine Absichterklärungen, durch Meditation und positives Denken sauber wird, sondern nur durch den Einsatz eines Besens, so ähnlich verhält es sich auch mit den Räumen unserer Psyche. Beginnt man, diese Räume mit Hilfe von Psychotherapie zu reinigen, wird zwangsläufig Staub aufgewirbelt, und in allen möglichen Ecken stößt man unverhofft auf alten »Müll« und so manche »Leiche im Keller«. Sind die Hinterlassenschaften der Vergangenheit aber erst einmal beseitigt, die Räume von Spinnweben und Staub befreit und die blinden Fenster und verrammelten Türen geöffnet, ist Raum für neue Erfahrungen, und eine neue Art von gelassener Ruhe kann sich einstellen.

In dieser Ruhe findet sich Zeit, den Moment zu erleben, den Moment in seinem So-Sein. Vielleicht sind es Momente absichtsloser Heiterkeit, Momente der Gelassenheit. Momente des Glücks werden genauso willkommen wie Momente der Trauer, Momente des Zorns und Momente der Langeweile. Einfach ein Moment, der bald vorüber ist und durch einen anderen abgelöst wird. Und im nächsten Moment zeigt sich vielleicht ein bisher ungeahnter neuer Weg. Dessen Spur folgend, erfahren wir größere Zusammenhänge, vielleicht sogar Einheit und Einsicht, Einsicht in die Welt des unbegrenzten So-Seins. Und wir erleben ein Welt- und Selbstverständnis ohne Einschränkungen, ohne Kampf, ohne Unterscheidungen. Dann führt uns die Spur weiter zum innersten Wesen unserer selbst und dem der Schöpfung, deren Teil wir sind. Und folgen wir der Spur noch weiter, führt sie uns in Dimensionen, in der Wissen oder Nicht-Wissen, Sein oder Nicht-Sein, Fülle oder Leere nur noch Begriffe sind. Im Ursprung sind sie eins, unterschiedlich nur dem Namen nach.

Hier angekommen, haben wir nichts weiter zu tun, als das Sein zu erleben. In seiner ganzen Fülle, in seiner Widersprüchlichkeit und seiner unbegreiflichen Einheit. Und im Erleben dieser unfaßbaren Einheit ist man in sich selbst frei.

Wie vielfältig und vital der Raum unseres inneren Wesens tatsächlich ist, können wir nur ermessen, wenn wir das in sich geschlossene System einer vom Rest des Universums getrennten Ich-Wahrnehmung verlassen und eintauchen in den vielstimmigen Chor universellen Seins jenseits der Gegensätze und Unterschiede. Jenseits davon wird man immer auf das Unendliche, auf das Ewige, auf Nicht-Raum, Nicht-Zeit und Nicht-Sein kommen. Es wird niemals möglich sein, derartiges mit dem Verstand zu erfassen, denn Begriffe bleiben abstrakt. Man kann sie nie wirklich mit Inhalt füllen, da sie ihrem Wesen gemäß »leer« sind.

Und trotzdem können wir dieses Geheimnis der Geheimnisse im Innen erfahren, es erkennen und fühlen, schon allein deshalb, weil wir daran teilhaben. Und in Momenten des Eintauchens in den Urquell endet das Geschwätz des Verstandes und wird zum Schweigen. Momente des Schweigens führen zum Nicht-Denken oder besser gesagt zum absoluten Sein. Das Unfaßbare kann man nicht fassen, das Unendliche nicht einordnen, das Ewige sich nicht vorstellen. Das absolute Eine ist jenseits von Sinn und Sein, und doch erhält und vollendet es alles.

# TÜCKISCHE PHÄNOMENE

Außerkörperliche Erfahrungen, Visionen und mediale Phänomene werden oft mit Erleuchtungszuständen verwechselt, haben aber nichts damit zu tun. Im Taoismus und im Zen werden all diese Phänomene als Nebenprodukte, als Zwischenstationen und Abschweifungen unseres komplexen Geistes begriffen. Wenn man sich darin übt, den Geist zur Ruhe zu bringen, um zu erkennen, wer man in seinem innersten Wesen ist, kommt es zu solchen Erscheinungen, weil man Zugang zu allen möglichen Ebenen des Geistes erhält, deren man sich normalerweise nicht bewußt ist. Aber sie haben nichts mit unserer wahren Natur zu tun, sondern führen eher auf Abwege, wenn wir uns mit ihnen identifizieren.

*Ein junger Zen-Schüler ging mit seinem Meister am Flußufer spazieren. Um den Meister zu beeindrucken, lief der Schüler plötzlich auf den Fluß hinaus und auf dessen Oberfläche mehrmals von einem Ufer zum anderen. Der Meister schaute ihm eine Weile zu und sagte dann:* »*Wenn ich gewußt hätte, was du vorhast, wäre ich nicht mit dir hierher gekommen. Für ein bißchen Geld kannst du mit der Fähre hinüberfahren.*«

Einen Menschen, der nach der ursprünglichen Identität seiner selbst und aller Dinge sucht, kann man mit außerordentlichen Fähigkeiten nicht beeindrucken. Noch nicht einmal damit, daß man übers Wasser gehen kann. Mediale Fähigkeiten und außerordentliche Begabungen sind zwar nicht »schlecht«, aber eben auch nicht notwendig, sie sind einfach Teil der erfahrbaren Welt, auch wenn sie uns mit Ebenen in Kontakt bringen, die dem Alltagsbewußtsein verschlossen bleiben. Tückisch werden sie allerdings dann, sobald man zu glauben beginnt, man sei auf Grund seiner Visionen, außergewöhnlichen Fähigkeiten und medialen Begabungen etwas Besonderes und über andere Menschen erhaben. Dann steht das Ego händereibend daneben und freut sich.

Zum Thema mystische Phänomene gibt es im Zen eine große Auswahl an Lehren und Schriften, die dem Schüler dabei helfen sollen, mit den Versuchungen und Gefahren solcher Bewußtseinszustände umzugehen und sie richtig einzuordnen. Die Buddhisten nennen diese Phänomene *Makyo* und die wörtliche Übersetzung lautet: diabolische Phänomene, die in der objektiven Welt entstehen.

Philip Kapleau Roshi (geb. 1912), der erste offiziell bestätigte westliche Zen-Lehrer, beschreibt in seinem Buch »Die drei Pfeiler des Zen«: »Sei nie versucht, zu glauben … daß die Visionen selbst irgendeine Bedeutung haben. Eine schöne Vision von einem Buddha zu haben bedeutet nicht, daß man näher daran ist, man selbst zu werden – so wie ein Traum davon, Millionär zu sein, nicht bedeutet, daß man reicher ist, wenn man aufwacht. Daher gibt es keinen Grund, von Makyo begeistert zu sein. Gleichermaßen gibt es keinen Grund für Alarm, wenn dir plötzlich schreckliche Monster erscheinen. Laß dich vor allem nicht durch Visionen des Buddha oder von Göttern verführen, die dich segnen oder dir göttliche Botschaften bringen, oder von Makyo, bei denen es um Prophezeiungen geht, die sich als wahr erweisen. Du verschwendest nur deine Energien in der törichten Verfolgung des Unwichtigen … Im weitesten Sinne ist alles außer wahrer Erleuchtung Makyo.«

Im Gegensatz zu anderen Religionen und Sekten, in denen Visionen, dem Vollbringen von Wundern, dem Empfangen von göttlichen Botschaften, besonderen körperlichen Empfindungen oder verschiedenen Ritualen große Bedeutung zukommt, vertritt man im Zen den Standpunkt, daß sie nur Produkte unseres Verstandes und der Psyche sind. Es sind Versuche, den Erscheinungen dieser Welt und unseren Ängsten und Hoffnungen Gestalt zu geben. Derlei Erfahrungen werden als vorübergehende mentale Zustände begriffen, die eintreten, wenn die Gedankenwellen an der Oberfläche des Verstandes teilweise zur Ruhe kommen und unsere Aufmerksamkeit sich anderen Ebenen zuwendet.

Obwohl solche Erfahrungen das Gefühl einer erweiterten Realität vermitteln und durchaus nicht nur irrational, sondern sehr real sein können, gelten sie auch dann als Makyo. Selbst wenn sie aus einem sehr tiefen Bereich der Psyche aufsteigen und einen starken Eindruck sowie hohen Respekt vor der Welt des Mystischen hinterlassen, mißt der Zen-Buddhismus ihnen keinerlei Bedeutung zu. Interessanterweise unterscheidet er auch nicht zwischen angenehmen und unangenehmen Erfahrungen. Ganz gleich ob Visionen Buddhas oder des Teufels, sie sind alle gleichermaßen »heilig« oder »unheilig«, aber nicht wirklich wichtig auf dem Weg zur Quelle des Bewußtseins.

Im Taoismus und im Zen ist man an hellsichtigen, medialen oder prophetischen Fähigkeiten nicht interessiert. Es kümmert sie nicht, ob Lehrer oder Schüler über besondere Kräfte und außerordentliche Fähigkeiten verfügen. Ihr einziges Interesse gilt dem Erkennen der ursprünglichen Natur und dem Verweilen in dieser Realität, um dort dienen zu können. Aus dieser Perspektive heraus sind selbst persönliche Segnungen von Buddha unbedeutend, trägt man seine eigene Buddha-Natur doch in sich. So wird auch der zunächst absurd erscheinende Rat der Meister an die Schüler verständlich: »Begegnest du Buddha, schlag ihm den Kopf ab!«

# NACH DER ERLEUCHTUNG IST
## VOR DER ERLEUCHTUNG

Erleuchtung, Befreiung oder Erwachen, gleich welches Wort man benutzt, es wird meist als Gipfelerlebnis des spirituellen Lebens gepriesen. Ob Erleuchtung der höchste Ausdruck eines spirituellen Lebens ist, hängt natürlich entscheidend davon ab, was man darunter versteht. Glaubt man, daß ein flüchtiger Blick durch die »Wand« und Momente egolosen Seins schon das Ende des Weges bedeuten, dann ist man bereits angekommen.

In alten Zeiten war der Begriff Erleuchtung so weit gefaßt, daß er völlig offenblieb. Erleuchtung konnte sich in allen Lebensbereichen auswirken und sich fortwährend ausdehnen und vertiefen. Heute geht man fast ausnahmslos davon aus, Erleuchtung sei dann erreicht, wenn die dualistische Wahrnehmung sich in einem nicht-dualen, egolosen Zustand auflöst. Wir modernen Menschen glauben gerne, ein flüchtiger Blick in die Leere und erste Erkenntnisse seien schon das Ziel. Doch diese Erfahrungen sind nur Schritte auf einem lebenslangen Weg.

Die alten Zen-Meister gebrauchten noch nicht einmal das Wort »Erfahrung«, sondern das Wort »das Erfahrene«, denn Erfahrung klingt wie etwas Fertiges, wie etwas, das einen Endpunkt darstellt. Das gleiche gilt für alle anderen Substantive wie Wissen, Einsicht, Verständnis, Erkenntnis, Einheit, Erleuchtung etc. Sie vermitteln den Eindruck, man habe etwas Endgültiges gefunden. Aber all diese Worte sollen viel eher etwas wie einen Prozeß als einen Schlußpunkt bezeichnen. Wenn wir aufhören, weiterhin wissen, immer wieder Neues erkennen und neu verstehen zu wollen, sind wir vom lebendig fließenden Lebensstrom abgeschnitten. Wir sind an einem toten Punkt angekommen.

Leben heißt sich entwickeln, suchen, finden und weitergehen.

Schon das Wort Leben wird nicht dem gerecht, was es ist, nämlich ein ständiges *lebendes* Voranschreiten. Verben werden dem, was geschieht, sehr viel gerechter, weil sie lebendige Prozesse beschreiben und nicht statische Zustände. Beispielsweise vermittelt das Wort Fluß eher etwas Statisches, ein Wort wie »der Fließende« macht sehr viel deutlicher, daß er sich ständig bewegt, anpaßt und verändert. Eben noch zum Strom geworden, ergießt er sich in den Ozean, steigt in den Himmel auf, fliegt als Wolke am Himmel dahin, um später als Regen wieder herabzufallen, sich in Flüssen zu sammeln ... ein ewiger lebendiger Kreislauf, der nie aufhört.

Erleuchtung, in welcher Tiefe auch immer, erreicht ebenfalls nie einen Endpunkt. Natürlich kann man sagen »Ich habe es geschafft! Meine Wahrnehmung ist jetzt jenseits der Polaritäten« oder »Mein ›Ich‹ ist verschwunden!«. Selbst wenn es tatsächlich so ist, das Leben geht weiter, und im täglichen Leben wird sich zeigen, was diese Veränderung bewirkt und wie die Beziehung zu sich selbst und zu anderen sich weiterentwickelt. Der Weg zur Erleuchtung fordert ständig und langfristig ein An-sich-Arbeiten und Befreien und Erwachen und Erfahren. Er endet nie. Es ist ein immerwährender Prozeß, der nie zu Ende geht, ein unendlicher Weg, der immer wieder zu neuen Horizonten führt, an denen das Bewußtsein sich immer weiter entfaltet.

Jakusho Kwong Roshi sagt dazu: »Erleuchtung ist eher wie ein Kreis: Erleuchtung, dann Täuschung, dann wieder Erleuchtung, dann wieder Täuschung. Durch die Täuschung werden wir erleuchtet, und dann werden wir durch unsere eigene Erleuchtung getäuscht. Dann werden wir wieder durch unsere Täuschung erleuchtet. Es gibt weder einen Anfang noch ein Ende.«

### Gleichnis

*Solange wir nicht verstehen, sind*
*die Berge einfach Berge, das Wasser eben Wasser.*

*Wenn wir anfangen zu verstehen, sind die*
*Berge nicht mehr Berge, Wasser nicht mehr Wasser.*
*Sobald wir verstanden haben, sind*
*Berge wieder Berge, und Wasser ist wieder Wasser.*

Der Prüfstein, wie weit wir vorangeschritten sind, ist das profane Leben. Erleuchtung will gelebt werden, und zwar mitten auf dem Marktplatz und nicht in einsamen Berghöhlen außerhalb der alltäglichen Wirklichkeit. Buddha blieb nach seiner Erleuchtung nicht unter dem Feigenbaum sitzen, sondern reiste die nächsten vierzig Jahre lehrend über Land. Er zog sich nicht zurück in ein vergeistigtes Leben, jenseits des normalen alltäglichen Getriebes mit seinem Leid, Glück und Schmerz, sondern er nahm teil am Leben.

Erleuchtung ist eben nicht nur der Moment des Erwachens, in dem der Geist entspannt und weit und klar wie ein Spiegel wird, sondern ein Wiedereintreten in die normale, dualistische Welt, nachdem man die Nicht-Dualität, das Einssein mit allem, erfahren hat. Das ist erleuchtete Dualität. Darin lebt, wer die allem zugrundeliegende Einheit erkannt hat und mit dieser Erkenntnis zurückkommt, damit sie in der weltlichen Polarität gelebt werden kann. Eine reife Ausdrucksform von Erleuchtung zieht sich nicht zurück, sondern lebt diese im Hier und Jetzt.

Die meisten hoffen, als erleuchtete und befreite Menschen irgendwo jenseits der irdischen Wirklichkeit und des alltäglichen Lebens leben zu können. Fast jeder möchte gerne in ekstatischen und beglückenden Zuständen bleiben, aber das ist nicht das normale Leben. Erleuchtung erteilt keine Absolution vom Hier und Jetzt und der Realität der Alltagswelt. Es gibt keine spirituelle Erfahrung, keine höchste Erkenntnis und kein noch so beglückendes Gefühl, die uns von der Bürde der Wirklichkeit befreien können – von der Last des Lebens, so wie es tatsächlich ist.

Hat man erst einmal seine vergeblichen Versuche aufgegeben, die Wirklichkeit den eigenen Hoffnungen und Wünschen anzupassen, und anerkannt, daß sie sich zu ihren eigenen Bedingungen entfaltet,

so wird all die Energie frei, die zuvor in dem törichten Verlangen, das Universum zu seinen Gunsten beeinflussen zu wollen, gebunden war. Und in diesem Zustand kann man alle manipulativen Bemühungen aufgeben und sich selbst und die Wirklichkeit, so wie sie sich zeigt, in die Hände einer unermeßlichen Kraft legen, die machtvoller ist als all unser Streben, unsere Erkenntnisse und Bemühungen.

Aus der Perspektive einer erleuchteten Dualität, zeigt sich die Realität in neuem Licht, und anstatt Befreiung jenseits von ihr suchen, stellt sich der Erleuchtete in ihren Dienst. Ist man in einem reifen menschlichen Zustand angekommen, so besteht das unmittelbare Ziel nicht darin, der Wirklichkeit mit all ihrem Leid zu entkommen, sondern vielmehr darin, die Erfahrungen so umfassend wie möglich zu leben. Allerdings nicht nur für sich. Denn aus dem Erfahren von Einheit und der Rückbesinnung seiner ursprünglichen Natur sprudelt so viel Liebe und Großzügigkeit hervor, daß diese Gefühle für weit mehr als das eigene Leben reichen, sie strömen auf natürliche Weise über das Selbst hinaus und in die Umwelt hinein.

Wie tief und bleibend Erleuchtungserfahrungen sind, zeigt sich auch darin, wieviel Liebe, Geduld und Hingabe wir für andere aufbringen. Ein solch liebevoller Dienst kann viele Formen annehmen und besteht aus mehr, als zu lehren oder seine Kraft unterdrückten, armen und leidenden Menschen zu widmen. Er schließt ebenfalls den ganz profanen Alltag mit Familie, Kindern, Freunden und Kollegen, Nachbarn, Tieren und ebenso die ganze Welt mit ein. Er umfaßt alle Handlungen, die ein natürlicher Ausdruck von Hingabe und liebevollem Annehmen sind. In einem lebendigen Erleuchtungszustand ist es einfach so, daß wir uns hingeben können, daß wir nachgeben und verzeihen können und uns nicht an Dingen festhalten, die wir für gut halten. Mit einer demütigen, hingebungsvollen Haltung, die das, was ist, nicht leugnet und allem mit Liebe begegnet, sind wir der Erleuchtung wahrscheinlich näher als nach einem kurzen Eintauchen in den Zustand von Einheit und erleuchteter Glückseligkeit.

*Ein ehemaliger Übersetzer des Dalai Lama erzählte, daß dieser sagte, er würde gern mehr Zeit haben, um an einer Reihe von Meditations-Retreats teilzunehmen, um zu einem erleuchteten Menschen zu werden. Leider fehle ihm die Zeit dazu, weil er als Dalai Lama soviel Arbeit habe. Und dann sagte er: »Wenn ich erleuchtet wäre, dann würde ich all meine Zeit damit zubringen, anderen fühlenden Wesen zu helfen, glücklicher zu sein. Und was tue ich jetzt? Ich bringe all meine Zeit damit zu, anderen fühlenden Wesen zu helfen, glücklicher zu sein. Also vermute ich, daß es nicht wichtig ist, erleuchtet zu sein.«*

Wenn ein wesentliches Element von Erleuchtung sich darin zeigt, daß man entschlossen ist, das Leben eines Buddha zu leben, also eines Menschen, der gelobt, keinem anderen Wesen zu schaden, der freundlich, aufgeschlossen, vorurteilsfrei ist und bescheiden lebt, welcher der Buddha-Natur auch in all jenen begegnet, die selbst noch weit davon entfernt sind, sie in sich selbst entdeckt zu haben, dann ist der Dalai Lama unseres* Dafürhaltens erleuchtet. Auch wenn er sich selbst nicht für erleuchtet hält. Obwohl man natürlich nicht schon deshalb ein erwachter Mensch ist, weil man sich darin übt, wie ein Buddha zu leben, ist eine solche Lebenshaltung ein solides Fundament.

# WO FÄNGT DAS EINE AN,
## WO HÖRT DAS ANDERE AUF?

Die wenigsten Leser dieses Buches werden sich als erleuchteten oder erwachten Menschen betrachten und wahrscheinlich noch nicht einmal die Lebenseinstellung und Haltung des Dalai Lama in ihrem Leben verwirklichen. Viel wahrscheinlicher ist, daß sie sich angesichts dessen, was gelebte Erleuchtung bedeutet, wie

---

*die Autoren

Carlos Castaneda fühlen, als er bei dem mexikanischen Zauberer Don Juan in die Lehre ging.

*Eines Tages klagte ein deprimierter Carlos Castaneda seinem Lehrer, daß ein so rationaler und vom westlichen Leben geprägter Typ wie er nie ein guter Zauberer werden könne. Außerdem sei sein ganzes Verhalten sowieso verlogen, verklemmt und aufgesetzt, und er sehe keine Chance, wie er dem entkommen könne. Und Don Juan antwortete: »Da hast du vollkommen recht! Genau so einer bist du! Aus so einem rationalen Typ wie dir wird nie ein guter Zauberer werden. Da kann man gar nichts machen!« Und dann, nach einer Pause, fügte er hinzu: »Aber ich hätte eine wirkungsvolle Übung für dich: Du tust einfach hin und wieder so, als ob du ein guter Zauberer wärst. Wir wissen beide, daß du keine guten Voraussetzungen mitbringst, jemals einer zu werden. Aber wenn dein ganzes Leben sowieso auf falschen Voraussetzungen aufbaut, was hindert dich daran, einfach so zu tun, als ob du ein guter Zauberer wärst?«*

Don Juan ist ein kluger Mann, er weiß um die Macht des »so tun, als ob«. Denn es bedeutet, daß ich etwas erreiche, bevor ich tatsächlich dort bin. Wie werde ich ein Zauberer? Ich tue und verhalte mich so, als ob ich bereits ein Zauberer wäre. Damit ist nicht gemeint, daß man sich der Welt gegenüber fälschlicherweise als Zauberer ausgibt, das wäre nur Futter für das Ego, vielmehr nimmt man sich vor: Die nächste Stunde, werde ich so leben, wie meinem besten Verständnis zufolge ein Zauberer lebt. Zwar habe ich diesen Zustand noch nicht wirklich erreicht, aber durch das »so tun als ob«, sorge ich dafür, daß mein Verhalten, mein Bewußtsein und meine Erfahrungen zu dem angestrebten Zustand passen, sich sozusagen einen Erfahrungsraum schaffen, in den ich hineinwachsen kann. Erfolgt diese Übung aus der Perspektive heraus, daß Sie bereits jetzt ein Zauberer bzw. ein erwachter Mensch sind, statt irgendwann in der Zukunft vielleicht einer zu werden, dann wird jeder einzelne Schritt im Hier und Jetzt eine erleuchtete Lebenshaltung zum Ausdruck bringen.

Vielleicht haben Sie aber auch schon Momente erlebt, in denen Sie nicht mehr in der Illusion von Trennung und Dualität gefangen waren, sondern einen Blick hinter die weltlichen Kulissen geworfen haben. Damit diese kleinen und vorübergehenden Momente nicht wieder verblassen und im Alltagsleben untergehen, kann man sich darin üben, gemäß dem zu leben und zu handeln, was man wahrgenommen hat, während man sich in diesem Zustand befand. Dann werden alle Gefühle und Handlungen davon berührt und zu einem Ausdruck unserer Buddha-Natur, auch wenn der innere Zustand dem im Moment gerade nicht entspricht.

Der großen Bereicherung, welche die Übung einer angenommenen Erleuchtung bietet, steht die große Gefahr der Selbsttäuschung gegenüber. In dem Moment, in dem man vergißt, daß man nur »so tut, als ob«, und davon ausgeht, es habe bereits tatsächlich eine Bewußtseinsverschiebung stattgefunden, während man in Wirklichkeit nur übt und sie anstrebt, ist man in die Falle der Selbsttäuschung getappt, und das Ego hat wieder einmal den Sieg davongetragen. Bei dieser Übung ist es von entscheidender Wichtigkeit, daß man sich bewußt bleibt, daß es einen Unterschied zwischen der Übung angenommener Erleuchtung in einem Rahmen von »so tun, als ob« und einer unbewußten, selbsttäuschenden Anmaßung von Erleuchtung gibt. – Eine erleuchtete Position einzunehmen, ohne bereits erleuchtet zu sein, gleicht einer Gratwanderung. Sie kann enormen Gewinn bringen und einen entscheidenden Sprung in die angestrebte Richtung bedeuten oder aber zu anmaßender Arroganz und Überheblichkeit führen.

In der Natur unseres Egos liegt es, uns auf der Ebene des eingefahrenen, überlebensgesteuerten Funktionierens zu halten und unsere Persönlichkeit als einzig gültige Maxime zu begreifen. Diese Position wird es freiwillig nicht aufgeben, sondern im Gegenteil heftig verteidigen und immer wieder versuchen, die Kontrolle wiederzuerlangen. Bleibt man sich dieser Gefahr bewußt und behält das Ego mit seiner Neigung im Blick, sich selbst zu überhöhen und in den Vordergrund zu spielen, besteht eine gute Chance, es allmählich zu transzendieren.

## SELBSTTEST

**B**eim Schreiben dieses Kapitels über Erleuchtung sind wir* davon ausgegangen, daß Sie nicht Schüler eines Lehrers sind, der Sie unterweist, Ihnen Übungen zuteilt, Ihre Fortschritte überprüft und Illusionen über den Grad der eigenen Befreiung aufdeckt. Illusionen und Selbsttäuschungen lauern überall, und niemand ist dagegen gefeit, auf die Spiele seines Egos hereinzufallen. Aber auch ohne einen Meister und Mitschüler an der Seite (die ja meistens viel genauer sehen, wo wir uns verirren oder festhängen oder in Selbsttäuschungen verheddern) können Sie, zumindest ansatzweise, selbst überprüfen, wie es um Ihre Entwicklung hin zur erleuchteten Dualität bestellt ist.

Ein sehr einfacher, doch hervorragender Test, wieweit wir uns der Macht unseres Egos entzogen haben, besteht darin, das eigene Verhalten zu beobachten. Sich in guten Zeiten gelassen und friedlich zu fühlen, ist kein großer Beweis unserer inneren Befreiung. Wie aber verhalten und fühlen Sie sich, wenn jemand Sie in die Enge treibt oder andere Vorstellungen davon hat, wie etwas laufen soll? Reagieren Sie aggressiv oder mit Selbstzweifeln, oder bleiben Sie liebevoll und gleichmütig? Und was geschieht in Ihnen, wenn Ihnen jemand auf die Füße tritt, Sie beleidigt, ignoriert oder mobbt? Und was passiert in Ihnen, wenn Sie großen Belastungen, Unannehmlichkeiten oder Schmerzen ausgesetzt sind? Was erleben Sie, wenn die Dinge nicht so laufen, wie Sie es sich erhofft haben, oder Sie mit einer Krise konfrontiert werden, auf die Sie nicht vorberei-

*die Autoren

tet sind? Können Sie auch dann in Ihrer Buddha-Natur verweilen und gleichmütig und gelassen ganz in sich ruhen?

Die Art und Weise, wie wir mit dem umgehen, was das Leben uns präsentiert, ist ein deutlicher Hinweis darauf, wo wir stehen. Allerdings ist es nicht immer einfach, die Hinweise auch richtig zu deuten, denn die Filter unserer Persönlichkeit blenden viele Dinge lieber aus oder interpretieren sie in ihrem Sinne um. Solange uns aber unangenehme Dinge aus der Bahn werfen und wir nach Schuldigen suchen oder vor Scham im Boden versinken möchten, liegt noch ein langer Weg vor uns. Was nicht weiter schlimm ist, nur von der Einschätzung, daß wir den Weg schon weitgehend zurückgelegt haben, sollten wir uns dann verabschieden.

Das Leben und seine Herausforderungen sorgen für ständige Rückmeldungen, wo wir gerade stehen. Aber auch unsere Partner, Kinder, Kollegen und Freunde geben uns kontinuierlich Feedback, so wir bereit sind, es zu hören und anzunehmen. Und nicht zuletzt sprechen die Ergebnisse unseres Handelns eine deutliche Sprache. Jemand sagte zu Gandhi: »Du sagst, du wirst geführt. Hitler behauptete ebenfalls, geführt zu werden. Welche Möglichkeiten hast du, zu unterscheiden?« Und Gandhi antwortete: »Betrachte die Ergebnisse.«

Betrachten Sie die langfristigen Ergebnisse Ihres Handelns und Ihre spontanen Reaktionen auf ein unmittelbares Ereignis, und Sie erhalten ein deutliches Bild Ihrer Entwicklung. Das tägliche Leben und unsere Mitmenschen sind hervorragende Lehrer, wenn es darum geht, unsere tatsächlichen Fortschritte auf dem Weg zur Erleuchtung zu überprüfen. Und wenn es Ihnen dann noch gelingt, Ihr Verhalten, Ihre Reaktionen, Ihre Gefühle wie von außen zu beobachten, ohne sich damit zu identifizieren, einfach nur Zeuge zu sein, werden Sie mehr und mehr in das eintauchen, was Sie schon immer waren und in der Essenz sind – ein Tautropfen, in den der Ozean gefallen ist.

# DER ERLEUCHTETE IST EINER VON EUCH

*Über den alten Häusern des Dorfes lag gespenstische Ruhe. Die meisten Dächer boten schon längst keiner Menschenseele mehr Schutz, und die einstmals sorgfältig gepflegten Gärten und Felder waren von Dornenhecken und Disteln überwuchert. Die alten Obstbäume rund ums Dorf trugen noch immer Früchte, doch zur Zeit der Ernte zog niemand mehr zu ihnen hinaus, und so verfaulten sie im Gras. Die wenigen Alten, die noch immer im Dorf wohnten, saßen oft sorgenvoll zusammen und beklagten ihr sterbendes Dorf. Eines Tages hörten sie, daß ein weiser Mann sich in ihrer Nähe niedergelassen hatte.*

*»Laßt uns den Weisen um Rat fragen«, sagte einer von ihnen. »Er wird wissen, wie wir unser Dorf vielleicht noch retten können.«*

*Und so wählten sie einen aus und schickten ihn mit der Bitte zu dem Weisen, ihnen einen Rat zu erteilen. Der Weise begrüßte seinen Besucher herzlich, doch als der alte Dörfler sein Anliegen vortrug, schüttelte er bedauernd den Kopf. »Leider weiß ich euch keinen Rat«, sagte er, »ich weiß nur zu genau, wie das ist. Zu mir kommt auch fast niemand mehr. Die jungen Leute haben heutzutage andere Interessen.«*

*Eine Weile klagten sie einander ihr Leid, doch dann wandten sie sich Wesentlicherem zu. Und so kam es, daß sie wunderbar anregende Stunden miteinander verbrachten, in denen sie den traurigen Grund ihres Zusammentreffens völlig vergaßen. Schließlich war es an der Zeit, Abschied zu nehmen.*

*»Diese Stunden werden mir unvergeßlich bleiben«, sagte der alte Dörfler, »aber eine Antwort auf unsere Frage nehme ich nicht mit. Was soll ich den anderen sagen? Gibt es nicht irgendeinen Rat, den du uns geben kannst?«*

*»Nein«, antwortete der weise Mann, »ich habe keinen Rat für euch. Das einzige, was ich dir sagen kann, ist, daß einer von euch erleuchtet ist und die Lösung kennt.«*

Verwirrt und nachdenklich kehrte der Alte ins Dorf zurück, wo ihn die anderen schon erwarteten.

»Er weiß auch keinen Rat«, berichtete er, »aber er hat zum Schluß etwas Seltsames gesagt. Er hat gesagt, daß unter uns einer lebt, der erleuchtet ist und die Lösung kennt. Das waren seine Worte. Mehr kann ich nicht sagen.«

In den folgenden Tagen und Monaten sinnierten die Alten über den geheimnisvollen Satz des Weisen und darüber, was er damit wohl gemeint haben könne. Wollte er damit andeuten, einer von ihnen sei erleuchtet? Und wenn ja, wer unter ihnen konnte es sein?

»Gewiß hat er die sanfte, heilkundige Marie gemeint. Unter ihren Händen ist schon so mancher Schwerkranke wieder genesen. Hat es nicht manchmal an ein Wunder gegrenzt, wie die Kranken in ihrer Obhut wieder kräftig und gesund wurden? Andererseits könnte er auch den alten Tobias meinen. Jeder weiß, wie geduldig er alle Schicksalsschläge seines Lebens hinnimmt. Tobias ist gewiß ein Erleuchteter. Vielleicht meint er aber auch Johann. Er sucht immer die Abgeschiedenheit und macht sich viele Gedanken über die Schöpfung und die Geheimnisse der Welt. Spricht nicht tiefe Weisheit aus seinen Worten? Bestimmt aber meint er nicht die häßliche Katharina von der Mühle. Immer hat sie schlechte Laune und weiß alles besser. Aber wenn man es recht überlegt, dann hat sie meistens auch recht behalten. Eigentlich immer. Vielleicht hat er auch Elisabeth gemeint. Niemand ist so bescheiden und unscheinbar wie sie. Gleichzeitig strahlt sie so viel Frieden und Glück aus, daß sie andere damit ansteckt. Und ganz gewiß hat er nicht mich gemeint. Auf gar keinen Fall kann er mich gemeint haben. Ich bin bloß ein ganz gewöhnlicher Mensch. Und wenn ich es doch bin? Nur einmal angenommen, er hat mich gemeint, und ich bin derjenige, der erleuchtet ist.«

Während sie so nachsannen und sich gegenseitig beobachteten, begannen sie, sich mit außergewöhnlicher Achtung und tiefem Respekt zu begegnen, für den äußerst unwahrscheinlichen Fall,

*daß einer von ihnen ein Erleuchteter sei. Und für den aller-*
*außergewöhnlichsten Fall, daß man selbst erleuchtet sein könn-*
*te, begannen sie auch, mit sich selbst achtsamer umzugehen und*
*sich um ihre Seele zu kümmern.*

*Das Dorf lag weit von den großen Städten entfernt in einem*
*sanft gewellten, fruchtbaren Tal. Plätschernde Bäche wanden sich*
*durch blühende Wiesen, auf denen keine Kühe und Schafe mehr*
*weideten. Die wilde Ursprünglichkeit, die das Tal langsam zu-*
*rückeroberte, verlieh dem Dorf eine romantisch-verwunschene*
*Aura. Und so dauerte es nicht lange, bis einige Städter ihre freien*
*Tage in der Stille und Abgeschiedenheit des fast verlassenen*
*Dorfes genießen wollten. Ohne daß sie sich dessen bewußt wa-*
*ren, begannen sie, die dortige friedliche Mischung aus besinnli-*
*cher Ruhe und urwüchsiger Natur zu vermissen, wenn sie in ihre*
*Städte zurückgefahren waren.*

*Doch das war es nicht allein. In Gegenwart der alten Leute*
*schienen ihre besten Seiten zum Vorschein zu kommen, so daß*
*sie viel liebevoller und aufmerksamer miteinander umgingen, als*
*sie es üblicherweise taten. Diese alten Männer und Frauen*
*strahlten etwas aus, das sie sich nicht erklären konnten, das sie*
*aber unwiderstehlich anzog. Sie erzählten ihren Freunden von*
*diesem besonderen Ort und luden sie ein, mit ihnen hinauszu-*
*fahren, um diese Stimmung selbst zu erleben. Und die Freunde*
*luden wiederum ihre Freunde ein. Es dauerte nicht lange, da*
*entschlossen sich einige, für immer dort zu wohnen, und so rich-*
*teten sie die verfallenden Häuser wieder her und füllten sie mit*
*Leben. Innerhalb weniger Jahre verwandelte sich das sterbende*
*Dorf in ein Zentrum blühenden Lebens, in dem der geheimnis-*
*volle Satz des Weisen noch heute zu spüren ist.*

Die alten Leute hatten nicht mehr gewollt, als ihrem Dorf eine
Zukunft zu geben. Gewonnen haben sie aber viel mehr: Sie haben
sich selbst und ihre Mitmenschen achten- und liebengelernt. Und
die Ausstrahlung eines Menschen, der sich selbst und andere achtet

und liebt, ist unwiderstehlich. Menschen benehmen sich manchmal schlecht, haben Charakterschwächen oder verhalten sich auf eine Art und Weise, die uns nicht gefällt. Wer jedoch hinter dem vordergründigen Verhalten das Wesentliche zu sehen beginnt, der entdeckt in jedem Menschen dessen wahres Wesen.

Versuchen Sie einmal, so zu tun, als ob Sie in jedem Menschen die ursprüngliche Lebensenergie als leuchtenden Kern sehen würden! Es ist wie ein pulsierendes Licht, das seinen Mittelpunkt im Solarplexus hat und von dort ausstrahlt. Bei manchen Menschen wird Ihnen das leichtfallen, weil Sie sie entweder lieben oder weil deren Ausstrahlung deutlich spürbar ist. Bei anderen werden Sie vielleicht Schwierigkeiten haben und das leuchtende Licht kaum spüren können. Das kann einerseits an Ihnen liegen, oft ist es aber so, daß die Lebensenergie vieler Menschen unter dicken Schichten aus verkrusteten Konventionen, Ablagerungen vergangener Jahre und einschränkender Überzeugungen vergraben liegt und kaum noch wahrzunehmen ist.

Schauen Sie sich einen Menschen an, und stellen Sie sich vor, Sie würden Schicht um Schicht all die Dinge zur Seite schieben, die sein ursprüngliches Wesen verhüllen. Wenn Ihnen dieser Mensch beispielsweise arrogant erscheint, schieben Sie seine Arroganz einfach beiseite. Was verbirgt sich dahinter? Möglicherweise entdecken Sie jetzt, daß sein Verhalten ihn schützen soll und dahinter Verletzlichkeit auftaucht. Schieben Sie jetzt auch diesen Wesenszug beiseite, und schauen Sie, was sich dahinter verbirgt. Was auch immer an Charaktereigenschaften, Verhalten oder Wesensmerkmalen auftaucht, tun Sie so, als könnten Sie es wegnehmen und dahinterschauen. Vielleicht müssen Sie vieles wegräumen, aber irgendwann werden Sie unter all den äußeren Erscheinungen und inneren Schichten das Wesentliche finden: die Buddha-Natur dieses Menschen, ein Geschenk des Lebens an sich selbst.

# ALLHEIT, EINHEIT, EWIGKEIT

 Wir verwenden Begriffe wie Allheit, Einheit, Ewigkeit, aber sie alle haben in unserem bisherigen Alltag wenig Bedeutung. Und doch erfassen sie gerade das, wonach sich viele Menschen bewußt oder unbewußt sehnen.

Wie können wir unsere Essenz finden? Wo kann man der Ewigkeit begegnen? Können wir das Leben, das Bewußtsein, den Geist erschaffen? Die Antwort ist schlicht, ja sogar ergreifend einfach: Man kann es nicht, und man braucht es auch nicht, denn man ist es sowieso. Man ist es und kann sich dessen bewußt sein, obwohl solcherart Erfahrungen in den Bereich des Unaussprechlichen, Unsagbaren gehören.

In der Natur der Worte und Begriffe liegt der Anspruch, Definitionen möglichst eng zu fassen. Aber Begriffe wie Essenz, Potential, Ewigkeit, Geist etc. verweisen auf weitaus höhere Dimensionen, die mit unserem bestehenden Vokabular nicht mehr zu beschreiben sind. Nur durch tiefes Verstehen sind sie zu erleben, zu fühlen. Namen und Begriffe werden bei ihnen bedeutungslos. Den Bedeutungen, die wir den Dingen verleihen, sind in diesen Bereichen Grenzen gesetzt. Das heißt aber nicht, daß es diese Grenzen gibt. Es sind nur Grenzen der Sprache, nicht des Seins.

Geht man davon aus, daß es universelles Sein, Tao, Geist, das Absolute oder Eine (oder wie immer man es nennen mag) überhaupt gibt, dann muß es allgegenwärtig, alldurchdringend und allumfassend sein. Es kann keinen Ort, kein Ding, kein Wesen geben, wo der Geist des Seins nicht anwesend ist, sonst wäre er nicht grenzenlos und alldurchdringend. Deshalb ist er auch eben hier und jetzt in Ihrem Bewußtsein vollkommen gegenwärtig, gleichgültig, ob Sie ihn wahrnehmen oder nicht. Ihr momentaner Bewußtseinszustand, so wie er gerade ist und ohne daß Sie daran etwas ändern müßten, ist in diesem Augenblick vollkommen davon durchdrungen.

Denn es kann nicht sein, daß das universelle Sein zwar allgegenwärtig ist, Sie jedoch in einem besonderen geistigen Zustand oder gar erleuchtet sein müßten, um es wahrnehmen zu können. Und es ist auch nicht so, daß Sie zwar mit diesem Sein eins sind, es aber nicht wissen. Denn das würde ja bedeuten, daß es doch einen Ort, einen Bewußtseinszustand, gibt, wo das universelle Sein nicht ist. Das aber wäre ein Widerspruch in sich. Ihre ursprüngliche Bewußtheit ist immer schon eins mit dem Sein und in jedem Augenblick des Wahrnehmens ist dieses Sein bereits gegenwärtig. Sie schauen mit universellem Bewußtsein das universelle Bewußtsein an. Einen Ort, wo das universelle Sein nicht wäre, gibt es nicht.

Genausowenig wie es eine Zeit gibt, in der das universelle Sein nicht ist, denn dieses Sein ist ohne Anfang und ohne Ende. Gäbe es einen Anfang in der Zeit, dann wäre das Sein nicht zeitlos und ewig. Für Ihre eigene Bewußtheit bedeutet dies, daß Erleuchtung nicht irgendwann in der Zukunft erlangt werden muß, denn dann hätte dieser Bewußtseinszustand ja einen Anfang in der Zeit und wäre nicht wahres Erwachen in die Einheit. So betrachtet müssen Sein und Erleuchtung etwas sein, das Ihnen gerade jetzt, in diesem Moment vollkommen gegenwärtig ist. Wir sind dieses Sein und begegnen ihm überall, wir erkennen es bloß nicht, oder besser gesagt: Wir erkennen es nicht wieder.

Dieses Wahrnehmen bzw. Nicht-Wahrnehmen läßt sich mit Suchbildern vergleichen. Auf den ersten Blick sieht man darauf vielleicht nur eine Landschaft, doch darunter steht, daß sich darin Tiere oder Gesichter verbergen, die man suchen soll. Nun ist es bei diesen Bildern ja so, daß Sie die Tiere oder Gesichter bereits anschauen, gleich ob Sie sie nun erkennen oder nicht. Sie betrachten das Verborgene in den Suchbildern bereits und müssen, um es zu erkennen, nicht noch zusätzlich etwas dazunehmen, etwas erlernen oder verändern. Alles ist bereits da. Sie sehen die Tiere oder Gesichter schon, aber möglicherweise *erkennen* Sie sie im Moment noch nicht. Manchmal hilft es, alles aus einer anderen Perspektive zu betrachten, damit man plötzlich und ganz leicht das verborgen

Vorhandene erkennt. Und wenn es Ihnen gar nicht gelingen will, dann braucht nur jemand zu kommen und Ihnen das Gesuchte schlicht und einfach zu zeigen – das ist dann wie der Fingerzeig eines Lehrers.

Sie müssen Ihren Bewußtseinszustand nicht verändern, um die im Bild verborgenen Dinge zu finden, und genausowenig müssen Sie Ihren gegenwärtigen Bewußtseinszustand verändern, um erleuchtet zu werden. Denn Erleuchtung verlangt keine Zustandsänderung, vielmehr ist sie das unmittelbare Gewahrwerden der ursprünglichen Wesenheit eines jeden Zustandes. Sie müssen nichts unternehmen oder unterlassen, um Gewahrsein zu erlangen, denn es ist bereits vorhanden. Ihr Bewußtsein ist schon eins mit dem universellen Sein und ist es immer gewesen, weil es zeitlos und daher ohne Anfang ist und weil es sich in jedem Moment und in allem, was ist, grenzenlos widerspiegelt.

Auf Erleuchtung als ein zukünftiges Ereignis zu warten und darauf hinzuarbeiten, ist so, als wolle man in ein Suchbild verborgene Tiere hineinmalen, um sie dann erkennen zu können. Aber man muß in das Bild nichts hineinmalen oder etwas daran ändern, sondern nur erkennen, was man ohnehin schon sieht.

Die grundlegende Bewußtheit ist nichts, was wir suchen oder finden müssen, wir haben sie schon, und zwar in Form der Fähigkeit, zu betrachten und wahrzunehmen, was sich gerade in uns und vor unseren Augen abspielt. Im Zen heißt es: »Du hörst die Vögel? Du siehst die Sonne? Wer ist nicht erleuchtet?«

Niemand kann sich einen Zustand, in dem keine grundlegende Bewußtheit ist, auch nur vorstellen, denn wir wären uns dabei immer noch bewußt, daß wir das Bewußtsein wegdenken. Sogar im Schlaf ist noch Bewußtheit vorhanden, ja sogar selbst wenn das Ich sich seiner selbst nicht bewußt ist. In der Essenz gibt es keine verblendete oder erleuchtete Bewußtheit. Es gibt nur Bewußtheit. Und diese Bewußtheit, so wie sie jetzt gerade ist, ohne Veränderungen und Korrektur, *ist* der universelle Geist des Seins. Der Versuch,

Bewußtheit als zukünftiges Ereignis erlangen zu wollen, ist vollkommen unnötig und sinnlos. Alles, was Sie tun müssen, ist: Erkennen Sie die Bewußtheit, erkennen Sie den Zeugen, und halten Sie diesen Zustand der Erkenntnis aufrecht. Und wenn Sie feststellen, daß Sie die reine Bewußtheit, das Sein hinter dem Schein, nicht sehen, dann ist dieses bewußte Wahrnehmen, daß Sie es nicht wahrnehmen, schon Ausdruck der universellen Bewußtheit in Ihnen. Sie können Achtsamkeit üben, denn es gibt Unachtsamkeit, Sie können Demut und Annehmen üben, weil es Hochmut und Selbsttäuschung gibt – aber Bewußtheit kann man nicht üben, denn es gibt nur Bewußtheit. Keine Bewußtheit zu haben, ist ein Ding der Unmöglichkeit.

Im Zustand reiner Bewußtheit zu sein, heißt, einfach den Bewußtseinszustand in dem Moment wahrzunehmen, bevor man sich um etwas bemüht, bevor man etwas anstrebt. Es bedeutet schlicht, das Hier und Jetzt wahrzunehmen und zu erfahren. Sich um etwas wie Demut oder Achtsamkeit zu bemühen setzt einen zukünftigen Moment voraus, in dem es erreicht sein wird. Reine Bewußtheit ist jedoch dieser gegenwärtige Augenblick, dieser Moment, bevor man etwas unternehmen will, bevor man sich um Zukünftiges bemüht. Jetzt und hier sind Sie schon bewußt, sind Sie schon erleuchtet, weil es die Natur Ihres reinen Bewußtseins ist, die lebt und wahrnimmt. Sie mögen nicht immer achtsam sein, nicht immer annehmend, nicht immer illusionsfrei und jenseits der Dualität sein, aber Ihr ursprüngliches Bewußtsein ist immer schon erleuchtet, ist immer mit der Quelle allen Seins verbunden.

Grundlegende Bewußtheit ist nicht schwer zu finden, vielmehr ist es unmöglich, ihr zu entkommen! Hier und eben jetzt zeigt sie sich in allem, was ist. Es ist eher ein Wiedererkennen oder ein Erinnern der ursprünglichen Wesenheit, keine Frage des Suchens und Findens. Diese wahre Natur – oder, wie es im Zen heißt, »dein ursprüngliches Gesicht vor der Geburt deiner Eltern« –, also Ihr zeitloses, ewiges und jenseits von Leben und Tod beheimatetes ursprüngliches Wesen, zu entdecken, dazu ist keine Erkenntnis vonnöten, die etwas Neues erschaffen muß. Vielmehr ist es das Erkennen von etwas, das immer schon da war und gerade jetzt da ist – gleichgültig ob Sie es wahrnehmen oder nicht. Sie selbst und die ganze Welt sind nichts anderes als ein Spiegelbild des universellen Seins, reflektiert im Spiegel Ihres Bewußtseins. Sie müssen nichts ändern, auf nichts warten, Sie schauen es eben jetzt direkt an!

Die sichtbare Erscheinung ist die Gesamtheit des Universums, die Allheit, der Kreis, der alles umschließt. Aber im Zentrum des Kreises wirkt ein Potential*, das jenseits aller sichtbaren Erscheinungen seinen Ursprung auf einer feinstofflichen Ebene haben muß – nicht substantiell und doch Ursprung einer Substanz. Weder Dasein noch Nicht-Dasein. Beides zugleich, und jenseits davon.

# Das Grosse Bild hat keine Form

 Auf den folgenden Seiten finden Sie eine Reise, die im Hier und Jetzt beginnt, zu den Ursprüngen des Universums zurückführt, um schließlich wieder im Hier und Jetzt anzukommen. Es ist eine Abenteuerreise in das allumfassende Bild unserer Existenz – vom großen Zusammenhang zum kleinsten Teil des Ganzen – und darüber hinaus.

Sie können den Text so lesen, wie Sie üblicherweise lesen. Viel wirkungsvoller und intensiver werden Sie diese Reise allerdings dann erleben, wenn Sie ihn langsam lesen und Ihren inneren Bildern Zeit lassen, sich zu entfalten. Ein wiegender Sprachrhythmus hilft, schnell und leicht in einen meditativen, sehr entspannten Zustand zu gleiten.

Lesen Sie den folgenden Satz einmal so, wie Sie üblicherweise lesen: Und während ich diesen Satz lese, beginne ich wahrzunehmen, wie

---

*eine Kraft geballter Möglichkeiten

ich ein- und wieder ausatme. Und jetzt lesen Sie den gleichen Satz, indem Sie ihn langsam lesen und überall dort kurze Pausen einlegen, wo Sie folgende Markierungen ... finden: Und während ich diesen Satz lese ... beginne ich wahrzunehmen ... wie ich ein- ... und wieder ausatme ...

Spüren Sie den Unterschied? Selbstverständlich können Sie auch noch dort Pausen einlegen, wo wir keine Pünktchen-Markierungen gemacht haben. Teilen Sie die Sätze in Ihren eigenen Rhythmus, und machen Sie immer dort kurze oder längere Pausen, wo es Ihnen richtig und angenehm erscheint. Sie werden schnell ein sicheres Gespür für diesen speziellen Sprachrhythmus entwickeln. Überlassen Sie sich ganz Ihrem inneren Gefühl, es weiß am besten, was Ihnen guttut und welches Tempo das richtige für Sie ist.

Wir wünschen Ihnen eine gute Reise und ein erfülltes Nachhausekommen!

## ➡ DAS GROSSE BILD

*Und der erste Schritt auf dem Weg zum Großen Bild ... besteht darin, mit der Aufmerksamkeit nach innen zu gehen ...*

*Und während Ihre Augen weiterhin diese Worte lesen ... können Sie gleichzeitig beginnen, Ihren eigenen Körper deutlicher wahrzunehmen ...*

*Spüren Sie einfach in sich hinein, und beobachten Sie Ihren eigenen Atem ... und Sie werden feststellen, daß bei jedem Einatmen ... ein Strom kühler Luft an der Innenwand Ihrer Nase entlangstreicht ... und sich dabei gleichzeitig Ihr Brustkorb hebt ...*

*Und bei jedem Ausatmen spüren Sie ... wie ein Strom warmer Luft aus Ihrem Körper hinausfließt ... während sich dabei Ihre Brust senkt ...*

*Und weil sich bei jedem tiefen Ausatmen die Muskeln mehr und mehr entspannen ... können Sie vielleicht schon jetzt oder in einer kleinen Weile bemerken ... wie Sie immer ruhiger und gelassener werden ... während Sie gleichzeitig Ihr Aus- und wieder Einatmen ... viel intensiver als normalerweise erleben*

*...*

*Und genauso intensiv können Sie jetzt Ihren Körper wahrnehmen ...*

*Zum Beispiel wie er jetzt gerade auf der Unterlage ruht ...*

*Sie können nachspüren, ob Ihr Gewicht gleichmäßig verteilt ist ... und wie bequem Ihre momentane Haltung für Sie ist ... Und wenn Sie jetzt Ihre Aufmerksamkeit auf Ihre Arme und Beine lenken ... Wie sind sie angewinkelt? Und wo finden sie sicheren Halt? ...*

*Auf Ihrer Unterlage? ...*

*Auf der Erde? ...*

*Oder im Universum rundum?*

*Und mit jedem weiteren tiefen Ausatmen, können Sie mehr und mehr Abstand gewinnen ...*

*Abstand zu dem, was Sie gerade beschäftigt ...*

*Abstand zu Ihren Gefühlen und Gedanken ...*

*Mehr und mehr verblassen all die Dinge, die jetzt unwichtig sind ... weil mit jedem Ausatmen wieder ein Stück Spannung Ihren Körper verläßt ... und mit jedem Einatmen mehr Raum für neue Gedanken und Erfahrungen entsteht ...*

*Und auch die Muskulatur in Ihrem Bauch beginnt weicher und lockerer zu werden ... genauso wie die Muskeln im Schulter- und Nackenbereich sich jetzt entspannen und loslassen können ... vielleicht begleitet von Bewegungen, um es sich noch bequemer zu machen ... oder von einer Körperempfindung von Schwere oder Leichtigkeit ... die sich jetzt im ganzen Körper auszubreiten beginnt ...*

*Und auch in Ihrem Kiefer und rund um Ihren Mund ... lockern sich die Muskeln und Nerven und lassen los ... genauso wie der ganze Bereich um Stirn und Augen sich entspannt ... um jetzt den Blick in Ihr inneres und äußeres Universum freizugeben ...*

*Und um das Große Bild zu finden ... brauchen Sie, brauchst*

*du, nichts weiter zu tun ... als dir eine Treppe mit zehn Stufen
vorzustellen ...*

*Und während du die Treppe noch betrachtest ... dir ihre Form
und Farbe anschaust ... entdeckst du am Ende der Treppe eine
Tür ...*

*Und du beginnst vielleicht schon zu ahnen ...: Hinter dieser
Tür liegt ein ganz besonderer Ort ... ein Ort, den du vielleicht
noch nie gesehen hast ... und der dir doch zutiefst vertraut ist
... denn es ist die sichere Heimat deiner ursprünglichen Existenz ...*

*Und dort wirst du ganz bei dir sein ... geborgen im Ganzen
und verbunden mit der Urquelle des Lebens ... jenseits von
Ängsten und dem Gefühl, getrennt zu sein ...*

*Und du erinnerst dich, daß dein Leben, alles Leben, dort seinen
Anfang nahm, lange bevor es dich als Person gab ...*

*Und weil dein innerstes Wesen sich dort zu Hause fühlt ... si-
cher und geborgen ... kannst du dich vertrauensvoll auf den Weg
begeben ... in deinem ganz eigenen Tempo ... und erfahren, was
es für dich zu erfahren gibt ...*

*Und sobald du deinen Fuß auf Stufe* eins *der Treppe gesetzt hast
... tauchen vielleicht Gedanken und Gefühle auf ... und du läßt
sie wie Wolken am Himmel vorüberziehen ... und wieder aus
deinem Blickfeld verschwinden ...*

*Und einen Schritt weiter, auf Stufe* zwei *... bemerkst du, wie
deine Tageseindrücke immer blasser und blasser werden ... bis
sie so klein und farblos geworden sind ... daß sie vollkommen
unwichtig geworden sind ... weil sie keine nennenswerte Bedeutung mehr haben ...*

*Und wieder eine Stufe höher oder tiefer,* drei *... stellst du fest,
daß du auch deinen inneren Dialog abstellen kannst ... indem
du, wie mit einer Fernbedienung ... den Ton leiser und immer
leiser werden läßt, bis er völlig verstummt ...*

*Und erstaunt stellst du fest, daß du mit jeder Stufe, die du hin-*

*ter dir läßt, ...* vier, *immer ruhiger und gelassener wirst ...*
*Und mit jeder weiteren Stufe,* fünf *... näherst du dich mehr und*
*mehr jenem besonderen Ort ... an dem du zu überraschenden*
*Einblicken gelangen kannst ...*
*Und weil du weißt, daß eine besondere Erfahrung,* sechs *...*
*mit einem veränderten Bewußtseinszustand einhergeht ...*
*kannst du vielleicht schon jetzt bemerken, wie deine Wahrneh-*
*mung klarer wird ... und du am Ende der Treppe,* sieben *...*
*genau* die *Erlebnisse haben wirst, die für dich wichtig sind ...*
*Und während du Stufe* acht *betrittst ... fühlst du in dich hin-*
*ein ...*
*Und noch während du in dich hineinspürst und dabei weiter-*
*gehst,* neun *... konzentrieren sich deine Augen auf die Tür ...*
*Deine ganze Aufmerksamkeit ist jetzt auf die Tür gerichtet ...*
*auf das Dahinter ... von dem du jetzt noch nicht wissen kannst,*
*wie es aussieht ...*
*Und doch ahnst du schon, während du dir die Tür noch genauer*
*anschaust ... daß du hinter der Tür einen grandiosen Ausblick*
*haben wirst ...*
*Und jetzt trennt dich nur noch ein Schritt von der Tür ...*
*Und auf Stufe* zehn *verharrst du einen kurzen Moment auf der*
*Schwelle ... bevor du deine Hand ausstreckst und die Tür öff-*
*nest ...*
*Und jetzt öffnest du sie ...*

*Was auch immer du bis jetzt hinter dieser Tür erwartet hast ...*
*du kannst es in diesem Augenblick vergessen ... denn du stehst*
*auf der Türschwelle und schaust hinaus ...*
*Du schaust ganz konzentriert dort hinaus oder hinein ... aber*
*deine Augen, deine Ohren, dein Geruchssinn ... all deine Sin-*
*nesorgane ... nehmen absolut »nichts« wahr ...*
*Nur leeres Nichts ...*

*Es gibt nichts, was man als Raum, als Zeit, als Licht ... oder*

*als irgend etwas bezeichnen könnte ...*
*Es ist dort nicht einmal dunkel ... was nur die Abwesenheit von*
*Licht wäre ...*
*Aber wo kein Licht, kein Dunkel ... nur Leere ... und Nichts*
*...*
*Und es gibt wirklich nichts zu bemerken ... weil einfach nichts*
*da ist ... ein allgegenwärtiges oder allabwesendes Nichts ...*
*Und da das eine sich vom anderen nicht unterscheidet ... ist es*
*unendlich offen und weit ... absolut und grenzenlos ...*
*erscheinungslos ... unbewegt ... ohne Werden und Vergehen ...*
*seinsleer — jenseits allen Begreifens ...*
*leerelos leer ...*

*Das einzige, was es in diesem Augenblick gibt ... ist dein auf-*
*merksamer Geist, der dort hinschaut ... wo es nichts zu sehen*
*gibt ...*
*Der eine Vorstellung davon entwickeln kann ... daß es hier keine*
*Gefühle, ja noch nicht einmal eine Vorstellung davon gibt ...*
*Im Moment gibt es nur dein Innen ... denn außen ist nach wie*
*vor absolut nichts ...*
*Nur du selbst und kein Gegenüber ... ein einziges Herz, dein*
*Herz ... das weiterhin ruhig schlägt ... und dein Atem, der*
*weiter in dich ein- und aus dir hinausströmt ...*
*Und es gibt nichts zu tun ... als weiterhin in das Nichts zu*
*schauen ...*
*die leerelose Leere ...*

*Und vielleicht umfängt dich jetzt ein Gefühl ... von unglaubli-*
*cher Stille und Ruhe ... von Losgelöstheit und absoluter Frei-*
*heit ...*
*Weil die Zeit hier keine Rolle spielt ... denn die Zeit hat sich*
*noch nicht entrollt ...*
*Es ist der Zustand, in dem die große Weltenseele schläft ...*
*Und du, der Beobachter, schaust einfach nur das leere Nichts ...*

*Aber dann, irgendwo in der grundlosen Weite des Nichts ... gibt es plötzlich eine kleine Bewegung ...*

*In weiter, weiter Ferne springt ein Funken aus dem Nichts hervor ...*

*Ein winzig kleines Licht ... das fast unmerklich größer wird ... und plötzlich, wie ein Blitz aus heiterem Himmel ... das Nichts erhellt ...*

*Und in einer gewaltigen Explosion, entsteht ein neues Universum ...*

*Und du siehst, wie diese winzig kleine Explosion sich auszudehnen beginnt ...*

*Wie sie in sich die grundlegenden Elemente ... dieses neuen Universums mit sich führt ...*

*Die Urbedingungen zur Entfaltung des Alls sind geboren ...*

*Und all dies entsteht im Moment des Urknalls ... der Urblüte ...*

*Und das Nichts, die Leere, beginnt sich mit kosmischer Existenz zu füllen ...*

*Und dieser erste blitzartige Materieschub dehnt sich weiter aus ... wird mehr und mehr zu dem, was wir heute als Universum kennen ...*

*Aus den Leeren der Ewigkeit zündet ein Funke ... und der gigantische Transformationsprozeß der Urmaterie ... nimmt seinen Lauf ...*

*Und während du weiterhin auf der Türschwelle stehst, siehst du ... wie sich aus den explosionsartigen Anfängen Elementarstrukturen ... und später die ersten großen Partikelwolken formieren ...*

*Und diese Wolken verdichten sich an einigen Stellen ... werden immer dichter und dichter ...*

*und beginnen ihren grandiosen Tanz ...*

*Und tanzend und drehend bilden sich darin die erste Sterne ...*
*Und die Anzahl der Sterne ist schier unendlich groß ....*
*Und wie von inneren unsichtbaren Energien geleitet ... führt*
*ihr Tanz sie zu großen langsam rotierenden Galaxien zusammen ...*
*Und obwohl sie jetzt schon in sich selbst rotieren ... sind nach*
*wie vor auch alle anderen neugeborenen Galaxien ... von der*
*Kraft der ursprünglichen Explosion bewegt ... dehnen sich in*
*alle Richtungen gleichzeitig aus ... und bleiben doch mit der*
*Quelle verbunden ...*

*Aber da du weiterhin als Beobachter in der Tür stehst ... weit*
*weg von diesem Geschehen dort draußen ... erscheint dir das*
*werdende Universum wie ein großer Luftballon ... den die Kraft*
*von Urknall oder Urblüte immer noch weiter ausdehnt ...*

*Und du siehst von außen, wie die anfängliche Leere das Universum füllt ...*
*Und weil der Urknall nie wirklich aufgehört hat ... wird der*
*große Ballon größer und größer ...*
*Und dein Geist löst sich von deinem bisherigen Beobachtungsort ...*
*Und mühelos gleitest du hinein ... in das Meer der Partikelwolken und ersten Galaxien ... in den Anfang allen Seins ...*
*Läßt dich hineintreiben und verzaubern von dem farbenprächtigen Schauspiel ... das sich dir jetzt offenbart ...*
*Und so bewegst du dich weiter und weiter hinein ... tauchst in*
*Galaxien ein, läßt andere an dir vorüberziehen ...*
*Und du weißt: All dies ist auf dem Weg ... die Unermeßlichkeit der »Leere« auszuloten ... und Möglichkeiten des Seins zu*
*erkunden ...*

*Und von einer bestimmten Galaxie ... fühlst du dich unwiderstehlich angezogen ...*

*Und wahrscheinlich ahnst du bereits – es ist die Milchstraße
...
Du siehst ihre gemächlich rotierenden Lichtbänder ... aus Myriaden von Sternen gewoben ...
Und der unsichtbare Faden lenkt deine Bahn ... zu einem kleinen Sonnensystem mit Planeten und Monden ...*

*Und ein kleiner Planet erweckt deine besondere Aufmerksam-
keit ...
Neugierig betrachtest du ihn aus näherer Ferne von außen ...
zu einer Zeit, kurz nachdem dieses Sonnensystem ihn aus
Sternenstaub erschaffen hat ... noch ganz ursprünglich ...
Zunächst glühend ... viel später von Wasser bedeckt ...
Ein kleiner blauer Wasserplanet ...*

*Und natürlich weißt du schon längst ... daß es sich bei diesem
blauen Planeten ... um deine zukünftige Heimat, genannt
»Erde«, handelt ...
Und du beginnst aus der Höhe deiner Umlaufbahn hinabzu-
schweben ... über die Wasser der Ozeane ...
Und du beobachtest, wie sich die ersten Anzeichen von Leben
... winzige Einzeller ... in den Ozeanen entwickeln ...
wie langsam eine dünne Atmosphäre um die Erde entsteht ...
und höher entwickeltes Leben möglich macht ...
Und während in der Weite des Meeres die Entwicklung des Lebens voranschreitet ... liegt das Land noch leer und öde vor dir
...
Doch im Laufe der Zeit entwickeln sich immer komplexere Lebensformen ... und es entstehen die ersten Amphibien ... Lebewesen, die zum Teil im Wasser ... zum Teil schon auf dem Land
leben können ... wo inzwischen die ersten Pflanzen das Land
fruchtbar machen ...*

*Und wie im Zeitraffer spulen sich vor deinen inneren Augen*

*... die Jahrmillionen der Entwicklungsphasen dieses Planeten ab ...*

*Am Anfang: Sternenstaub ... dann ein glühender Steinhaufen ... später ein blaues Juwel in den dunklen Weiten des Universums ... auf dem sich gewaltige Landmassen formieren ... Eiszeiten kommen und gehen ... Aus kleinsten Mikroorganismen entwickeln sich Pflanzen ... Insekten und Saurier entstehen ... Vögel ... und schließlich die Säugetiere ...*

*Und aus der Gattung der Säugetiere entwickeln sich die ersten Humanoiden ... Und mit unseren Ahnen gewinnt das »Versuchsfeld Leben« eine neue Qualität ... Die bisher der Natur eigene Kreativität ... springt auf die Menschen über ... Und sie beginnen, einfache Werkzeuge herzustellen ... Sprache zu entwickeln ... Und aus archaischen Stammesgesellschaften werden allmählich Hochkulturen ... wo man Städte baut und Handel zwischen weit entfernten Orten treibt ... All dies siehst du wie im Fluge an dir vorüberziehen ... Und während du vielleicht voller Bewunderung diesem großartigen Geschehen zuschaust ... kommst du in eine Zeit und eine Gegend ... die dir vertraut sind ... Und sobald du genauer hinschaust, kannst du deine Eltern entdecken ... zu einer Zeit, bevor es dich gab ... Du siehst, wie sich deine Eltern kennen- und liebenlernen ... Und dann, eines Tages ... inmitten eines sich weiterhin entfaltenden Universums ... auf diesem kleinen Planeten am Rande einer unbedeutenden Galaxie ... umkreist von Abermilliarden anderer Galaxien ... schickt dein Vater Millionen von Samen aus, daß sie sich mit der Eizelle in deiner Mutter vereinen ... Und jeder Same trägt die Möglichkeiten eines neuen Menschen*

*in sich ... aber nur einer kann gewinnen ... nur einer ...*
*Und die Chancen, daß ausgerechnet du entstehst ... waren eins*
*zu mehreren Millionen ...*
*Aber genau in dem Moment, wo dieser eine Same deines Vaters*
*sich mit dem Ei in deiner Mutter verbunden hat ...*
*genau da begann das Wunder deines Lebens ...*

*Und wenn du nun deine Aufmerksamkeit in den winzigen Or-*
*ganismus lenkst ... der sich in der warmen Bauchhöhle deiner*
*Mutter entwickelt, wo fast Schwerelosigkeit herrscht ... erlebst*
*du noch einmal den ganzen Evolutionsprozeß ...*
*Der Einzeller, der du zunächst bist, beginnt sich zu teilen ...*
*und immer noch weiter zu teilen und entwickelt sich ... zunächst*
*zu einem wurmähnlichen, dann lurchartigen ... und allmäh-*
*lich einem Säugetier immer ähnlicheren Wesen ...*
*Bis du am Ende ein fertiger kleiner Mensch geworden bist ...*
*Und die ganze Zeit hörst du den Herzschlag deiner Mutter ...*
*und das Ein und Aus ihres Atems ... der auch für dich arbeitet*
*... während du größer und reifer wirst ...*
*Und dann bist du so groß, daß der Raum in deiner Mutter zu*
*eng wird ...*
*Und du bist bereit, die erste große Schwelle deines Lebens zu über-*
*schreiten ...*
*Bereit, ein eigenständiges Wesen zu werden ...*

*Und mit der Geburt erblickst du das Licht der Welt ... die jetzt*
*zu deiner Welt wird ...*
*Eine neue Facette im Kaleidoskop der Evolutionsgeschichte ...*
*Und wie Milliarden Kinder vor und nach dir ... entdeckst du*
*spielend die Welt ... durchläufst unterschiedliche Entwicklungs-*
*phasen ... veränderst dich und bleibst dir doch gleich ...*
*Und mehr und mehr nimmst du wahr ... wie im unendlichen*
*Strom der Zeit ... die ursprüngliche Kreativität des Univer-*
*sums in dir wirkt ...*

*Und du beginnst, früher oder später, über deine Existenz nach-*
*zudenken ...*

*Und in dem Maße, wie du dir deiner eigenen Existenz bewußt*
*wirst ... erkennst du die unendlich komplexen Abläufe, die dein*
*Leben auf diesem Planeten ... und in diesem Universum erst*
*möglich werden lassen ...*
*Und wenn du aus dem Zentrum deiner Wahrnehmungsfähigkeit*
*heraus ... die Aufmerksamkeit nach außen richtest ... erkennst*
*du, wie endlich fein die Fäden des Lebens ... miteinander ver-*
*woben sind ...*
*Wie innerhalb deines Körpers unendlich viele Prozesse gleich-*
*zeitig ablaufen ... ohne daß du darüber nachdenken mußt ...*
*während gleichzeitig der bewußte Teil in dir sich mit ganz an-*
*deren Dingen beschäftigt ...*
*Wie dein ganz persönliches Leben mit dem deiner Familie ver-*
*woben ist ... und deine Familie mit der Gesellschaft rundum ...*
*und die Gesellschaft wiederum von kulturellen Überzeugungen*
*bestimmt wird ...*
*Und so unterschiedlich Menschen, Kulturen und ihre Überzeu-*
*gungen auch sein mögen ... wir alle sind eingebettet in die gro-*
*ßen Kreisläufe des Lebens ...*
*Und all diese einzelnen Elemente bedingen sich gegenseitig ...*
*bringen einander hervor ... befruchten und vernichten sich ...*
*All das und noch viel mehr ...*
*Und du erkennst, daß alles, was außerhalb von dir ist ... al-*
*lein nur in deinem »Innen« wahrgenommen werden kann ...*
*Die Welt spiegelt sich in deinem inneren Erleben ...*

*Und so ziehst du deine Aufmerksamkeit aus dem Außen wieder*
*zurück in dein Innen ... in das Zentrum deines Seins ...*
*An den Ort in dir, der die Fähigkeiten hat, zu fühlen und zu*
*denken ... der nach Sinn sucht und lieben kann ...*
*Und wenn du jetzt wieder ganz in deinem Zentrum bist ...*

*kannst du auch hier ein hochkompliziertes Netzwerk ineinandergreifender Prozesse finden ...*

*Dein Körper ist ein kleiner Kosmos ... dein Geist ein Universum für sich ... deine Seele ein All ...*

*Und um all die megakomplexen Abläufe eines ganz normalen Daseins zu meistern ... bedarf es vieler unterschiedlicher Funktionen ...*

*Und die allermeisten Funktionen werden von dem Wunderbarsten und Komplexesten, was dieses Universum hervorgebracht hat, gesteuert ... deinem Gehirn ...*

*Und dieses Gehirn verfügt über einzigartige Fähigkeiten ...*

*Unter vielem anderen kann es nahezu Unvorstellbares vorstellbar machen ...*

*Beispielsweise kann es sich vorstellen ... wie deine Aufmerksamkeit dich jetzt in die inneren Strukturen deines Körpers ... eintauchen läßt ... in Form, Farbe und Funktion deiner Organe ...*

*Und du zoomst durch deine Nervenzellen und Energiebahnen ... folgst den Botenstoffen auf ihrer Reise durch den Körper ... bis hinein in die Wunderwelt der DNS, zu deinen Erbanlagen ...*

*Und alle diese Teile bestehen aus Molekülen ... die sich wiederum aus Atomen und ihren noch kleineren Teilchen zusammensetzen ...*

*Und wenn du dort mit der Kraft deiner Vorstellung hineinschaust ... siehst du ... daß sich auch hier im Bereich des Kleinsten ... wieder riesige leere Räume auftun ...*

*Und wenn ein Atom so groß wie eine Kathedrale wäre ... dann wöre sein Atomkern etwa so groß wie eine Erbse ...*

*Und der leere Raum von einem Atom zu seinem nächsten Nachbarn ... scheint so unüberbrückbar wie die riesigen Entfernungen, die zwischen den Sternen liegen ...*

*Und Fragen drängen sich auf: Was ist eigentlich »dazwischen«?*

*... Was hält das alles zusammen? ... Woher wissen diese aller-*
*kleinsten Teilchen, daß sie Teil eines Moleküls sind? ...*
*Was läßt Moleküle sich zu Zellen zusammenschließen ... Zel-*
*len zu Organen ... und Sternenstaub zu Planeten? ...*

*Und wenn du ganz genau hinschaust ... wirst du vielleicht*
*entdecken können ... daß der vermeintlich leere Raum dazwi-*
*schen ... erfüllt ist von Schwingungen und Energiefeldern ...*
*aus einer unsichtbaren Quelle gespeist ...*

*Und hier ist der Übergang aus dem Reich der Materie ... hin-*
*ein in das Feld energetischer Schwingungsmuster ...*
*Jenseits des Übergangs liegt das Unbegreifliche, Unfaßbare ...*
*in dem alles mit allem verbunden ist ...*
*Ein universelles Netz ... ein Tanz virtueller Energien im lee-*
*ren Raum der ursprünglichen Fülle ...*
*Und obwohl zum Großteil immer noch leer ... ist alles erfüllt*
*mit Leben, mit wissender Energie ...*
*Ein virtuelles kosmisches Nervensystem ... das im großen gan-*
*zen so funktioniert wie dein Gehirn ... kreativ und schöpfe-*
*risch, gestaltend und erweiternd ...*
*Und spätestens hier wirst du dich vermutlich fragen: ... Wer*
*oder was ist diese gestaltende Kraft ... die all dies bewirkt, er-*
*hält und bewegt? ... Was ist die Essenz des ursprünglichen*
*Willens ...*
*von der Geburt des Universums ... bis hin zu deiner hoch kom-*
*plexen Existenz als bewußtes Wesen? ...*

*Und es ist etwas ganz Natürliches und Selbstverständliches ...*
*Du bist es – die Lebensenergie, der Wille zum Sein und Werden*
*... hat dich hervorgebracht, um sich weiterzuentwickeln ... in*
*einem neuen Gefäß – in dir ...*

*Und wenn du jetzt noch tiefer in die Strukturen des Lebens*

*hineinzoomst … in den leeren Raum dazwischen, erinnerst du
dich wieder …*

*An das Bild der Urblüte … an den Punkt des ersten kleinen
Lichtes … bevor es expandierte …*

*Schau es dir genau an … dieses erste kleine Aufglühen in der
Leere …*

*Was siehst du? …*

*Was fühlst du? ….*

*Wer bist du? …*

*Und du kannst dir alle Zeit der Ewigkeit nehmen … um es in
Ruhe anzuschauen …*

*Denn an diesem Punkt steht die Zeit noch still … ruht noch in
sich, kaum sichtbar, das erste kleine Leuchten … das schon alles
in sich trägt … um ein Universum zu schaffen … dich zu schaffen …*

*Schau hinein, begib dich hinein in das Licht des Anfangs …*

*Werde dieses Licht, das du bist …*

*Verschmelzen … auflösen … hineingehen …*

*So wie es damals war …*

*Zeitlos ist … damals wie heute … existierende Existenz …*

*Und in diesem ursprünglichen ersten Licht keimt die Idee von
dir …*

*Und du begibst dich hinein in diesen Keim der ursprünglichen
Idee … weiter hinein in dieses Licht … bis dieses Licht kleiner
und intensiver wird … dichter und kleiner …*

*Bis zu dem Punkt, wo es so klein ist … daß du es fast nicht
mehr sehen kannst …*

*Und du selbst wirst dabei auch immer kleiner …*

*Und du und das Licht, ihr werdet immer noch kleiner …*

*Und im selben Moment, in dem das Licht ganz verschwindet
… verschwindest auch du …*

*Soeben hast du das dir vertraute Universum verlassen ...*

*Jetzt bist du jenseits des Ursprungs ... hinter, vor, seitlich, un-*
*ter oder über der Urblüte ... wer weiß das schon so genau ...*
*Und was auch immer jetzt bewußt oder unbewußt wahrnimmt*
*... dein Atem fließt regelmäßig ein und aus ...*
*Und du atmest im Einklang mit der Einheit allen Seins ... be-*
*vor es etwas zu sehen gab ... bevor die Dinge in Erscheinung*
*treten ...*
*Das Universum nimmt hier seinen Anfang ... vielleicht als ein*
*zufälliges Ereignis ... vielleicht als Idee mit ungewissem Aus-*
*gang ... vielleicht als ein bis ins letzte Detail geplantes Unter-*
*nehmen ...*
*Irgendwie ist in diesem Nicht-Sein ... noch bevor irgend etwas*
*ist ... auf geheimnisvolle Weise schon alles enthalten ... so daß*
*es werden kann, was es tatsächlich geworden ist ...*
*Hier startet der große Tanz der Teilchen in die Leere, ins Licht*
*...*
*Hier ist der Urbeginn unserer universellen Existenz ...*

*Und jenseits der Existenz aller Dinge ... gibt es noch nicht ein-*
*mal eine flüchtige Idee von Sinn und Sein ...*
*Denn das Unfaßbare kann man nicht fassen ... das Unendli-*
*che nicht einordnen ... und das Unbegreifliche sich nicht vor-*
*stellen ...*
*Das Große Bild hat keine Form ... und doch enthält und er-*
*hält es alles ...*

*Und wenn du willst, kannst du hier eine Weile verweilen ...*
*bleib einfach nur in dieser grundlosen Ruhe ... ganz klar und*
*rein ... absichtslos ... jenseits von allem, was bisher vertraut*
*war ...*

*Und jenseits davon gibt es vielleicht noch ein Jenseits ... und*

*ein Jenseits auch dieses Jenseits ...*
*Und wenn du alle Unmöglichkeiten ausgeschlossen hast ... ist*
*das, was übrigbleibt ... das, was ist ... egal wie unmöglich es*
*dir auch erscheinen mag ...*

*Und in diesem unwahrscheinlichen Wahrscheinlichkeitsfeld*
*entdeckst du ... ein kleines, recht unwahrscheinliches rechtek-*
*kiges Licht ...*
*Und während du immer näher darauf zusteuerst ... erkennst*
*du einen Türrahmen ...*
*Und jemand steht in der Tür ... und es ist niemand anders als*
*du selbst ...*
*Du, der einst begann, in die Leere des Nichts zu schauen ...*

*Und zurück in dir selbst, erinnerst du dich ... daß du nie wirk-*
*lich von dir getrennt warst ... daß überhaupt nichts vom ande-*
*ren getrennt ist ...*
*Ein Teil von dir ging auf Reisen ... um dich an deine ursprüng-*
*liche universelle Existenz zu erinnern ...*
*und darüber hinaus ...*
*Und jetzt bist du wieder zu dir selbst zurückgekehrt ...*

*Und nach einer Weile wendest du dich bei* zehn *im Türrahmen*
*um ...*
*und gehst die erste Stufe bei* neun *wieder hinauf oder hinunter*
*...*
*und schaust be*i acht *nochmals zurück und siehst: Die Tür bleibt*
*offen ...*
*Und du weißt bei* sieben*: Ich kann jederzeit wieder dorthin*
*zurück ...*
*denn du erinnerst dich bei* sechs *an die Einheit allen Seins ...*
*und bist be*i fünf *neugierig, was sich in deiner Welt verändert*
*haben wird ...*
*Und bei* vier *beginnst du zu ahnen ...*

*was du bei* drei *weißt* ...
*Und bei* zwei *atmest du tief ein* ...
*Und bei* eins *bist du wieder ganz im Moment und hier* ...
*zu Hause.*

## ERLEUCHTUNG, EINE SEHNSUCHT

Ist Erleuchtung eine Sehnsucht? Und wenn ja, eine Sehnsucht wonach – wohin? Ist es tatsächlich dieses Zurückkehren zu einem ursprünglichen Zustand, in welchem es Lebensformen bekannter Art noch nicht gab, ja selbst das Universum noch nicht existierte? Und was war die Idee jenseits des Universums, die zu seiner Schöpfung geführt hat? Da es entstand, mußte es »aus« etwas gekommen sein. Geht die Sehnsucht dorthin zurück? Liegt unsere eigentliche Heimat jenseits der materiellen Schöpfung? Hatte es eine ursprüngliche Einheit gegeben, aus der sich die uns bekannte Vielheit entfaltet hat? Und welche Rolle spielt der Mensch darin, dessen Geist Augen hat, mehr als das Profane zu schauen, und der sich dieses gigantischen Entwicklungsprozesses bewußt wird?

Das Universum wird sich durch uns Menschen seiner selbst bewußt. Vielleicht ist das, was wir als Sehnsucht wahrnehmen, einfach nur die Erinnerung an den Zustand des Lebens jenseits des Universums. Eine Rückmeldung dazu, was daraus geworden ist. Vielleicht erinnert es uns tatsächlich nur daran, daß wir unserer eigentlichen Mission folgen. Vielleicht ist der Prozeß der Erkenntnis, des Erinnerns und Vergessens der Informationstransfer an den universellen Zentralspeicher: www.leben.net. Durch unsere Augen, unsere Gefühle, unser gesammeltes Wissen erfährt vielleicht der ursprüngliche Wille, der zur Schöpfung geführt hat, von den Ergebnissen seiner Schöpfung.

Das Experiment »Leben« wurde nur mit wenigen Grundbausteinen gestartet. Aus dem großen Willen entfaltete sich der

individuelle Wille jedes einzelnen Materiebausteins zu immer komplexeren Energiemustern und -feldern. Unser Universum als experimentale Anordnung; eine gigantische Versuchs- und Erkenntnissammlung, in deren Entwicklungsprozeß u.a. den Menschen ganz bestimmte Aufgaben zuteil wurden. Das, was wir als Evolution bezeichnen, wäre dann das unendliche Nachjustieren der Parameter. Da dieses Experiment nur als Ganzes zu verstehen ist, muß es auch eine in sich geschlossene, komplett vernetzte Struktur besitzen. Vielleicht ist so zu verstehen, daß der Erkennende vom Erkannten nicht zu trennen ist, weil es sich um ein allumfassendes, kosmisches Informationsnetz handelt, in das wirklich »alles« verwoben ist. Gehen wir davon aus, es wäre tatsächlich so. Dann würde dieser gesamte gebündelte Reflektionsprozeß der Evolution dienen. Das Brauchbare wird vom Unbrauchbaren geschieden, und das Informationsfeld kann sich neu justieren.

Auf Gegebenheiten, die bei uns Menschen zu Verblendung, zu Fesseln, zu Mängeln geführt haben, kann der nächste anliegende Entwicklungsschritt aufbauen und entsprechende neue Möglichkeiten begünstigen. Somit werden bestimmte Wirkungen von bedingenden Ursachen reflektiert, wird ursächliches Verhalten korrigiert, und neue Wirkungsweisen werden in das Experiment eingeführt und getestet. Evolution wäre demnach eine Endlosschleife von Versuch und Irrtum. Vielleicht ist die Sehnsucht des Menschen nach Glück, Freiheit und innerem wie äußerem Frieden eines der zeitgemäßen Experimente des Lebens.

All die bisherigen Mängel führten zwangsläufig irgendwie zu Veränderungen. Das Experiment organisiert sich selbst. Kraft der Selbstorganisation wird sich unser Geist seiner selbstorganisierten Entwicklungsmöglichkeiten bewußt. Der Mensch wird seiner selbst »einsichtig«. Diese Selbstorganisation des Menschen und seines freien Willens führt zur Selbstverantwortung in Denken und Handeln. Der Mensch erlangt ein Bewußtsein seiner kosmischen, irdischen, körperhaften, geistigen und seelischen Existenz. Es ist ein proaktiver Entwicklungsprozeß, ein stetiger Wandel, ein ewiges Lernen. Es ist eingebunden und wird gespeist aus der fundamentalen Lebensenergie, die wir nie verlassen haben, da wir ständig in aktiver Resonanz mit ihr in Verbindung stehen. – Die lebendige Wirklichkeit der Einsicht in das, was wirkt, wird selbst zum Werkzeug des Wirkenden.

Erinnern Sie sich an das Wasser als Ihr Lebenselixier? So wie Wasserstoff- und Sauerstoffatome sich durch einen Funken in Wasser verwandeln, so kann auch Ihre körperliche, geistige und seelische Natur blitzartig zu einer weiteren Möglichkeit des Da-Seins verschmelzen.

Der Überlieferung nach lautete Gautama Buddhas letztes Wort auf dieser Erde: Sammasati! Das bedeutet: rechtes Erinnern. Sein ganzes Leben, alle seine Lehren verdichten sich in diesem einen Wort. Seine letzte Botschaft faßte zusammen, worum es in seiner Lehre im wesentlichen geht:

*»Erinnere dich deines ursprünglichen Seins, erinnere dich deiner Unsterblichkeit, erinnere dich deiner tiefen Wurzeln in der Existenz, erinnere dich deiner ursprünglichen Identität jenseits aller Dualitäten. Erinnere dich deiner Zugehörigkeit zum Ganzen. In deiner ursprünglichen Identität bist du im Einklang mit dem Ganzen. Und was du im Einklang mit dem Ganzen erfährst, kann zu einem Ausdruck des Lebens werden – einem Ausdruck von Freude, Friede, Liebe und Mitgefühl in tiefer Verbundenheit mit allem, was ist.«*

Unsere wahre Identität ist nichts, was wir mühsam suchen und erreichen müssen. Sie war immer schon da, wir brauchen uns ihrer nur wieder zu erinnern ...

Viel Spaß dabei!

# QUELLENVERZEICHNIS

Bergoint, M. u. Holitzka, K.: Tao Te King. Schaffhausen 1998

Bottini, O.: Das große O. W. Barth Buch des Zen. München 2002

Caplan, M.: Auf halbem Weg zum Gipfel der Erleuchtung. Petersberg 2002

Hisamatsu: Die Fülle des Nichts. Weinsberg 1988

Holitzka, K. u. M.: I-Ging. Schaffhausen 1993

Holitzka, K. u. M.: Der kosmische Wissensspeicher. Darmstadt 2002

Holitzka, M. u. Remmert, E.: Systemische Familien-Aufstellungen. Darmstadt 2001

Holitzka, M. u. Remmert, E.: Systemische Paar-Aufstellungen. Darmstadt 2001

Mumonkan: Die Schranke ohne Tor. Mainz 1975

Osho: Das Zen Manifest. Gütersloh 1990

Suzuki, D. T.: Satori. München 1987

Seidl, A. u. Holitzka, K.: Die Leere des Zen. München 1992

Seidl, A.: Das Weisheitsbuch des Zen Bi-Yän-Lu. München 1988

Wilber, K: Mut und Gnade. München 1991

Die Trance-Reisen aus diesem Buch können Sie noch intensiver erleben, wenn Sie sie hören. Marlies und Klaus Holitzka haben sie deshalb auch auf CD produziert:

Marlies & Klaus Holitzka

GELASSEN

IM FLUSS DES LEBENS

*Ganz im Moment CD1*
Gesamtspielzeit: 41:42 Min.
ISBN 3-89737-160-3
Größere Gelassenheit ist ein sicherer Weg zu mehr Gesundheit, Zufriedenheit und Glück. Die Trance-Reise auf dieser CD führt Sie über körperliche Entspannung in Ihre Mitte, wo Sie Kraft schöpfen und Ruhe finden können.

Marlies & Klaus Holitzka

ZURÜCK ZUM

URSPRÜNGLICHEN WESEN

*Ganz im Moment CD2*
Gesamtspielzeit: 50:11 Min.
ISBN 3-89737-165-4
Als Erwachsene sind wir weit von unserem ursprünglichen Wesen entfernt. Die Trance-Reise auf dieser CD führt Sie zurück in ein unschuldiges, reines Bewußtsein, wo Sie völlige Freiheit und Heimkehr ins universelle Sein erleben können.

Marlies & Klaus Holitzka

DAS GROSSE BILD

*Ganz im Moment CD3*
Gesamtspielzeit: 62:02 Min.
ISBN 3-89737-166-2
Diese CD lädt Sie zu einer Reise ein, die im Hier und Jetzt beginnt, zu den Ursprüngen des Universums zurückführt, um Sie schließlich wieder sicher ins Hier und Jetzt zu bringen. Ziel ist ein Gefühl der Einheit und Ewigkeit, eine Erfahrung des großen Zusammenhangs und der Bedeutung des kleinsten Teils darin.

Mehr Informationen zu unseren
**Seminaren**
erhalten Sie unter:

**Marlies & Klaus Holitzka Seminare**
D-64756 Mossautal
Tel: 06062-6086770
Fax: 06062-912438
Email: info@holitzka-seminare.de
Internet: www.holitzka-seminare.de

**Schirner Verlag**
lesen, fliegen, landen
www.schirner.com

Kornelia Kuri, Dr. Frank Kuhnecke, Marlies Holitzka
**Heile Dich**
*Mobilisierung der Selbstheilungskräfte*
Spielzeit: ca. 45 Min.
ISBN 3-89767-156-5

Kornelia Kuri, Dr. Frank Kuhnecke, Marlies Holitzka
**SCHAM*los* glücklich**
*Schamgefühle verstehen und überwinden*
Spielzeit: ca. 45 Min.
ISBN 3-89767-155-7

Kornelia Kuri
**Rückenschmerzen**
*Ganz entspannt zu einem beweglicheren und schmerzfreien Rücken*
Spielzeit: 52:78 Min.
ISBN 3-89767-122-0

Kornelia Kuri, Dr. Frank Kuhnecke, Marlies Holitzka
**Tiefe Entspannung**
*Wege zu innerer Ruhe und Ausgeglichenheit*
Spielzeit: ca. 60 Min.
ISBN 3-89767-134-4

Kornelia Kuri, Dr. Frank Kuhnecke, Marlies Holitzka
**Loslassen**
*Neue Lebensperspektiven nach der Trennung*
Spielzeit: ca. 60 Min.
ISBN 3-89767-133-6

Marlies Holitzka
**Die Eltern annehmen**
*und dem Schicksal zustimmen*
Spielzeit: 46:38 Min.
ISBN 3-89767-118-2

Kornelia Kuri & Dr. Frank Kuhnecke
**Visionen**
*Ideen und Ziele finden, auswählen, erreichen*
Spielzeit: 52:48 Min.
ISBN 3-89767-111-5

Phillip Kansa (Spirit Bear)
**Reise zu Mutter Erde**
*Antworten finden im inneren Tempel*
Spielzeit: 45:13 Min.
ISBN 3-89767-144-1

Katharina Grawunder
**Stille finden**
*Eine Reise in die Entspannung mit Musik*
Spielzeit: 39:35 Min.
ISBN 3-89767-096-8

Katharina Grawunder
**Tor zur Kraft**
*Geführte Meditationsreise zur inneren Kraftquelle mit Musik*
Spielzeit: 42:07 Min.
ISBN 3-89767-084-4

Katharina Grawunder
**Sehnsucht**
*Geführte Phantasiereise mit Musik*
Spielzeit: 38:38 Min.
ISBN 3-89767-083-6

Susanne Hühn
**Loslassen und
Vertrauen lernen**
*Spirituelle Selbstverant-
wortung und innere
Heilung in 12 Schritten*
128 S., s/w-illustr.,
Paperback
ISBN 3-89767-140-9

Susanne Haag
**NLP – Eine
Einführung**
*Fähigkeiten entdecken,
Bewußtsein entwickeln,
Leben verändern*
208 S., Paperback
ISBN 3-89767-132-8

Marlies & Klaus Holitzka
**Der kosmische
Wissensspeicher**
*Akasha-Chronik &
Quantenphysik
aus Sicht des Netzwerks
Universum*
286 S., s/w-illustr.,
Paperback
ISBN 3-89767-129-8

Marlies Holitzka & Elisabeth
Remmert
**Systemische
Organisations-
Aufstellungen**
*für Konfliktlösungen in
Unternehmen und Beruf*
288 S., s/w-illustr.,
Paperback
ISBN 3-89767-066-6

Marlies Holitzka & Elisabeth
Remmert
**Systemische Paar-
Aufstellungen**
*Damit Beziehungen
gelingen*
304 S., s/w-illustr.,
Paperback
ISBN 3-89767-067-4

Marlies Holitzka & Elisabeth
Remmert
**Systemische Familien-
Aufstellungen**
*Konfliktlösungen für Söhne
– Töchter – Eltern*
304 S., s/w-illustr.,
Paperback
ISBN 3-89767-068-2

Meister Hsing Yun
**Von der Unwissenheit
zur Erleuchtung**
**BAND I**
208 S., Paperback
ISBN 3-89767-150-6
Kurze Texte mit Betrach-
tungen zu Alltagsthemen
aus der Sicht eines
buddhistischen Meisters

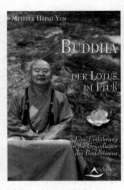

Meister Hsing Yun
**Buddha – Der Lotus
im Fluß**
256 S., Paperback
ISBN 3-89767-149-2
Eine vorstellung der
wichtigsten Ideen des
Buddhismus, geeignet als
praktisches Nachschlage-
werk ebenso wie zur
erhellenden Lektüre

Meister Hsing Yun
**Wahrhaftig Leben**
*Buddhistische Ethik
im Alltag*
224 S., **Paperback**
ISBN 3-89767-161-1
Eine in Themen gegliederte
Einführung in die
buddhistische Lebenswei-
se in eingängiger Sprache
und mit Beispielen aus
dem Alltag

Paul Ferrini
**Dem Glück auf der
Spur**
*Das Glück des Augen-
blicks liegt
in deiner Hand*
160 S., Paperback
ISBN 3-930944-67-7
Wenn wir aufhören, in
unserem Leben nach
Fehlern zu suchen, können
wir es erfüllter leben. Dann
bewegt sich unser Leben
mit Kraft, Zielgerichtetheit
und Integrität. Nichts fehlt,
nichts ist verbesserungs-
bedürftig, nichts kaputt. Es
ist vollkommen, so wie es
ist.

Paul Ferrini
**Zusammen Wachsen**
*Schritte zum liebevollen
Miteinander*
172 S., Paperback
ISBN 3-930944-82-0
Sieben Regeln für eine
faire Partnerschaft sind
hier knapp, aber
tiefgehend formuliert,
womit Sie das Werkzeug
an die Hand bekommen,
Ihre Beziehungen zu
überprüfen und, wo nötig,
zu korrigieren.

Paul Ferrini
**Aus der Tiefe des
Herzens**
*Vergebung entdecken,
erlernen, erleben*
184 S., Paperback
ISBN 3-89767-092-5
Vertrauen in das Leben,
Gleichwertigkeit mit
anderen, Verantwortung für
sich selbst übernehmen und
Vergebung, gelebt in jeder
Minute und das gegenüber
anderen wie sich selbst,
bilden die Schlüssel für die
Tür zu einem erfüllten und
selbstbestimmten Leben.